Flugzeuge der Welt
1998

Abbildung Umschlag:

Die EH101 von EH Industries, ein Hubschrauber für die vielfältigsten Einsatzspektren, steht kurz vor der Indienststellung.

Verfasser: Claudio Müller in Zusammenarbeit mit Martin Fricke

Lizenzausgabe für Deutschland und Österreich,
Motorbuch Verlag, Stuttgart 1998

ISBN 3-613-01860-8

Claudio Müller

Flugzeuge der Welt 1998

heute – morgen

Beschreibung der neuesten Flugzeugtypen

Motor
buch
Verlag

VORWORT ZUR AUSGABE 1998

Über die Luftfahrtindustrie gibt es in der 38. Ausgabe von Flugzeuge der Welt viel Positives zu berichten. Die sich seit einigen Jahren abzeichnenden Silberstreifen am Horizont haben sich – von einigen Ausnahmen abgesehen – zu kräftigen Kondensstreifen am Himmel entwickelt.

Hauptträger dieses Aufschwungs ist die Zivilluftfahrt, die sich nach Jahren der Krise nun kräftig erholt hat. Die meisten Fluggesellschaften weisen wieder nachhaltige Gewinne auf und bewegen sich langsam vom strikten Sparkurs weg in Richtung vernünftiger Investitions- und Ausgabenpolitik. Die Kunden erwarten wieder Service und sind eher bereit, dafür etwas mehr zu bezahlen. Die Folge des in den meisten Ländern nun recht kräftigen Wirtschaftswachstums ist ein bisher noch nicht erlebter Bestellungsboom für Verkehrsflugzeuge, welcher sogar jenen zu Beginn der achtziger Jahren in den Schatten stellt. Dabei zeichnet sich gerade der Frachtflugzeugmarkt durch besonders hohe Zuwachsraten aus. Dies ist der Grund, warum in dieser Ausgabe einer der beiden Schwerpunkte diesem Segment gewidmet ist.

Diese erfreuliche Entwicklung hat einige Hersteller an die Grenzen ihrer Leistungsfähigkeit gebracht. Am meisten davon ist Boeing betroffen. Das Unternehmen kommt nicht mehr nach mit Liefern, nicht zuletzt, weil auch die Unterlieferanten überfordert sind. So musste im Herbst 1997 die Produktion der 747 für einige Zeit eingestellt werden. Auch Airbus Industries kämpft derzeit mit Lieferproblemen.

Auch die Geschäftsfliegerei erlebt goldene Zeiten. Noch nie wurden so viele Firmenflugzeuge bestellt wie 1997. Hauptverantwortlich für diese Entwicklung ist das vor einigen Jahren lancierte Co-Sharing-Modell, welches innert kurzer Zeit einen eigentlichen Siegeszug angetreten hat. Der Leader in diesem Segment, die Executive Jet Aviation mit ihren Ablegern auf der ganzen Welt, wird bald einmal über eine Flotte von mehreren Hundert Firmenflugzeugen verfügen!

Doch noch nicht genug mit den positiven Nachrichten. Die während vieler Jahre in einer eigentlichen Agonie gewesene Sportfliegerei erlebt eine Renaissance. Bisher wurden altbewährte Muster wie die Cessna 172 nur leicht modernisiert neu aufgelegt. Nun zeichnet sich aber ein Generationswechsel ab. Dank moderner Fertigungsverfahren und unter Verwendung von Verbundwerkstoffen entstehen neue, sehr innovative Modelle. Als ein Beispiel dafür wäre die Cirrus SR20 zu nennen.

Doch gibt es nicht nur Positives zu berichten. Bei der Militärluftfahrt ist die nun bald zehn Jahre dauernde Krise noch lange nicht ausgestanden. Dieser Bereich bekommt kaum neue Impulse. In den USA und in Europa lässt sich von den laufenden neuen Programmen nicht viel Positives erzählen. Viele Vorhaben zeichnen sich durch Verzögerungen in der Einführung, Kostenerhöhungen der Programme und Reduktion der Beschaffungszahlen aus. Prominent vertreten sind – aber keineswegs die Ausnahme – die drei bedeutendsten Jägerprogramme der westlichen Welt, die amerikanische F-22, die französische Rafale oder der Eurofighter. Alle drei sollten nach ursprünglichen Plänen bereits im

Dienst sein. Finanzielle und politische – und meist nicht technische – Gründe sind dafür verantwortlich.

Doch gibt es einige interessante Ausnahmen vom Gesagten. Ausgerechnet die Länder der Zweiten und teilweise der Dritten Welt zeichnen sich durch sehr interessante Projekte aus. Russland bzw. andere ehemalige GUS-Länder sind sehr aktiv und reihen Projekt an Projekt. Meist bleibt es aus Geldmangel und wegen fehlender Nachfrage dabei. Doch zeigen solche Vorhaben, wie kreativ und ingeniös diese Konstrukteure weiterhin sind. Immer wieder gelingt es ihnen, die Weltöffentlichkeit mit vorher nicht angekündigten Entwicklungen zu überraschen, wie beispielsweise dieses Jahr mit der Antonow An-140, der Beriew Be-103 sowie mit dem neuesten Jagdflugzeug Suchoj S-37. Zwar wusste man von diesen Projekten, glaubte aber, dass es sich dabei um «Papierprogramme» handelt, die nie den Hangar als flugbereiten Prototyp verlassen werden. China, der zweite Schwerpunkt in dieser Ausgabe, entwickelt sich immer mehr zur ernst zu nehmenden Luftfahrtmacht. Jägerprojekte wie die F-10 und FC-1, aber auch andere Vorhaben, zeugen vom Willen Chinas, in diesem Markt in den nächsten Jahren ein gewichtiges Wort mitreden zu wollen. Indien, Iran, Korea und natürlich immer noch Japan verfügen auch über interessante Projekte.

Eine, so meine ich, in seiner heutigen Ausprägung ungute Entwicklung stellt die im unverminderten Tempo ablaufende Welle der Firmenzusammenschlüsse dar. Die Luftfahrtindustrie wird von einer eigentlichen «Fusionitis» geschüttelt, welche fast alle bestehenden Strukturen auseinanderbrechen lässt. Mit dem Zusammengehen von Boeing und McDonnell Douglas im vergangenen Jahr erlebte diese Entwicklung wahrscheinlich den eigentlichen Höhepunkt. Dieser Konzern kontrolliert nun mit einem Marktanteil von rund 70 % die gesamte Verkehrsluftfahrt! Ausser einigen kosmetischen Retouchen, um das Gesicht zu wahren, haben die Kartellbehörden der USA und der EU diesem Deal ihren Segen gegeben. Man kann sich fragen, welchen Sinn solche Behörden noch machen, wenn sie zulassen, dass ein einziger Konzern auf privatwirtschaftlicher Ebene weltweit ein Oligopol oder vielleicht sogar ein Monopol entstehen lässt? Wo ist da die vielbeschworene Konkurrenz des freien Marktes? Bei solchen Gebilden stehen meistens nach kurzer Zeit die absolute Marktkontrolle und die Gewinnmaximierung im Vordergrund. Was ist das grössere Übel – ein privatwirtschaftliches oder ein öffentlich-rechtliches Monopol? Die Zukunft wird es zeigen.

Trotz Fusionen und Rückgang der militärischen Luftfahrt zeigt diese Ausgabe von Flugzeuge der Welt, dass die Vielfalt an Modellen bisher kaum abgenommen hat. Im Gegenteil, jedesmal bereitet es mir Schwierigkeiten, im Angebot der neuen Programme möglichst viele zu berücksichtigen. Einige müssen aus Platzgründen weggelassen werden, selbst wenn sie einen Nachrichtenwert aufweisen. Vielleicht finden sie in der nächsten Ausgabe ihre verdiente Erwähnung.

Claudio Müller

AASI JETCRUZER 500P

Ursprungsland: USA.
Kategorie: Leichtes Firmenflugzeug.
Triebwerke: Eine Propellerturbine Pratt & Whitney Canada PT6A-66A von 1572 WPS (1200 kW) Leistung.
Leistungen (nach Angaben des Herstellers): Max. Reisegeschwindigkeit 593 km/h; Anfangssteiggeschwindigkeit 17,8 m/Sek; Dienstgipfelhöhe 9144 m; max. Reichweite 3013 km.
Gewichte: Leer 1397 kg; max. Startgewicht 2495 kg.
Zuladung: Ein Pilot und in der Normalausführung fünf Passagiere; verschiedene Einrichtungen für Fracht- und Sanitätseinsätze werden ebenfalls angeboten. Max. Nutzlast 1100 kg.
Entwicklungsstand: Der Erstflug der Jetcruzer 500P fand am 22. August 1997 statt. Erfolgreiche Erprobung vorausgesetzt, sollen die ersten Kundenablieferungen bereits im 3. Quartal 1998 starten. Bisher sind bereits 70 Einheiten bestellt worden.
Bemerkungen: Unter der Bezeichnung Jetcruzer 450 hat ein Team von ehemaligen Lockheed-Angestellten einen Erprobungsträger für ein einmotoriges, kostengünstiges Firmenflugzeug entwickelt, welches am 11. Januar 1989 erstmals flog. Daraus abgeleitet wurde die grössere, leistungsfähigere und mit einer Druckkabine ausgerüstete Serienmaschine Jetcruzer 500P. Der Rumpf besteht vollständig aus Verbundwerkstoffen, während die Flügel in Entenbauweise eine konventionelle Metallstruktur aufweisen. Der Anschaffungspreis soll nur rund US$ 1,4 Mio. betragen.
Hersteller: AASI Aircraft, Long Beach Airport, Long Beach, Kalifornien, USA.

Abmessungen: Spannweite des Hauptflügels 12,86 m, Länge 9,20 m, Höhe 2,13 m, Fläche des Hauptflügels 17,80 m², des Vorflügels 1,80 m².

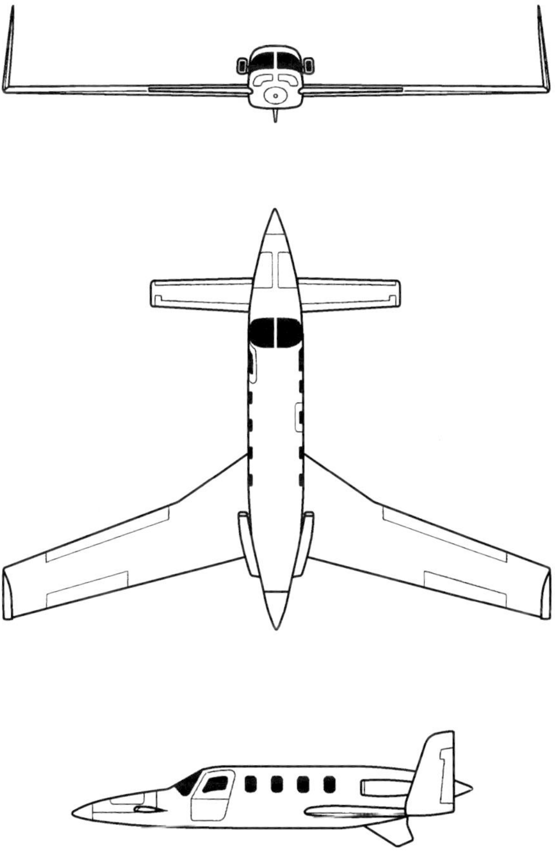

AERMACCHI MB-339CD

Ursprungsland: Italien.
Kategorie: Zweisitziger Basis-/Fortgeschrittenentrainer und leichter Erdkämpfer.
Triebwerke: Ein Strahltriebwerk Rolls Royce Viper 680-43 von 1996 kp (19,57 kN) Standschub (Lizenzbau Fiat).
Leistungen: Höchstgeschwindigkeit 902 km/h auf Meereshöhe, bzw. 834 km/h auf 10975 m; max. Anfangssteiggeschwindigkeit (mit 50 % Treibstoffzuladung) 40 m/Sek; max. Reichweite mit interner Treibstoffzuladung 1760 km; taktischer Aktionsradius (bewaffnet, Einsatzprofil hoch-tief-hoch) 593 km, mit vier Mk.82-Bomben und zwei 325-l-Zusatztanks 371 km.
Gewichte: Leer 3350 kg; normales Startgewicht für Übungsflüge 4635 kg; max. Startgewicht 6350 kg.
Bewaffnung: Bis zu 2040 kg Aussenlasten, verteilt unter sechs Flügelstationen; die inneren vier Stationen können je 454 kg, die beiden äusseren je 340 kg aufnehmen.
Entwicklungsstand: Erstflug dieser neuesten Version CD am 24. April 1996. Die 61. Brigata der italienischen Luftwaffe in Lecce erhält bis März 1998 15 MB-339CD. Neuester Besteller der vereinfachten Version MB-339C: Eritrea 6. Von allen früheren Ausführungen wurden rund 180 Maschinen hergestellt.
Bemerkungen: Die Ausführung CD unterscheidet sich von den Vorgängervarianten hauptsächlich durch ein neues, digitales Avioniksystem (Mil.-Std.-1553-Databus, zentralen Missonsrechner, GPS und je drei Sextant-Flüssigkristall-Farbdisplays im Cockpit). Mit dieser Ausstattung lässt sich ein breites Ausbildungsspektrum bis hin zu modernen Kampfeinsätzen abdecken. Ferner ist die MB-339CD mit einer Luftbetankungssonde ausgerüstet. Bei der italienischen Luftwaffe wird diese Version als Einführungstrainer für den Eurofighter EF-2000 dienen. Bei der MB-339FD handelt es sich um die Exportausführung der -CD.
Hersteller: Aermacchi SpA, Varese-Venegono, Italien.

Abmessungen: Spannweite inkl. Flügeltanks 11,22 m, Länge 11,24 m, Höhe 3,90 m, Flügelfläche 19,30 m².

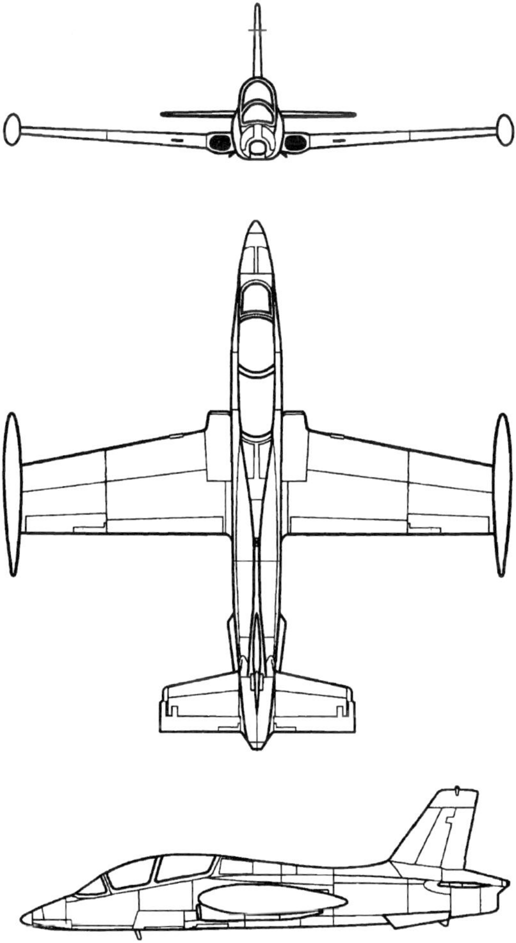

AERO L-159 ALBATROS

Ursprungsland: Tschechien.
Kategorie: Leichtes einsitziges und doppelsitziges Erdkampfflugzeug.
Triebwerke: Ein Mantelstromtriebwerk AlliedSignal/ITEC F124-GA-100 von 2850 kp (28 kN) Standschub.
Leistungen (geschätzt): Höchstgeschwindigkeit 930 km/h oder Mach 0,82 auf Meereshöhe; Anfangssteiggeschwindigkeit 47 m/Sek; Dienstgipfelhöhe 13200 m; Reichweite mit max. internem Kraftstoff und 10 % Reserven 1570 km.
Gewichte: Rüstgewicht 4160 kg; max. Startgewicht 8000 kg.
Bewaffnung: Kombination von Waffen an einer Station unter dem Rumpf und sechs unter den Flügeln für Luft-Luft-Lenkwaffen, Luft-Boden-Lenkwaffen, Bomben und Elektronikbehälter im Gesamtgewicht von 2340 kg.
Entwicklungsstand: Der erste Prototyp dieser Ausführung, ein Doppelsitzer, hat die Flugerprobung am 2. August 1997 aufgenommen. Eine einsitzige Ausführung folgt 1998. Die tschechische Luftwaffe hat 72 Einheiten bestellt, Auslieferung ab 1999. Von den Vorgängerausführungen L-39, L-59 und L-139 (siehe Ausgabe 1995) sind bisher über 2900 Maschinen für 18 Luftwaffen hergestellt worden.
Bemerkungen: Obwohl aus der bekannten L-39/L-59 abgeleitet, ist die L-159 in weiten Teilen eine Neuentwicklung. Der verlängerte Rumpf wurde im Frontbereich völlig überarbeitet, um dem modernen Avionik-System von Rockwell-Collins, u.a. bestehend aus Mehrzweck-Dopplerradar FIAR Grifo-L, MIL-Std-1553B-Databus, H-764G-Navigationssystem mit GPS usw. Platz zu machen. Dank des westlichen Triebwerks mit einem um 30 % erhöhten Schub konnten alle Flugleistungen markant gesteigert werden. Das Cockpit mit Flüssigkristallanzeigen ist weitgehend gepanzert. Zwei Ausführungen werden hergestellt: Der Doppelsitzer L-159T sowie der Einsitzer L-159 mit anstelle des zweiten Sitzes integriertem Zusatztank.
Hersteller: Aero Vodochody Ltd., Odolena Voda, CFR.

Abmessungen: Spannweite inkl. Flügelendtanks 9,46 m, Länge 12,73 m, Höhe 4,78 m, Flügelfläche 18,80 m².

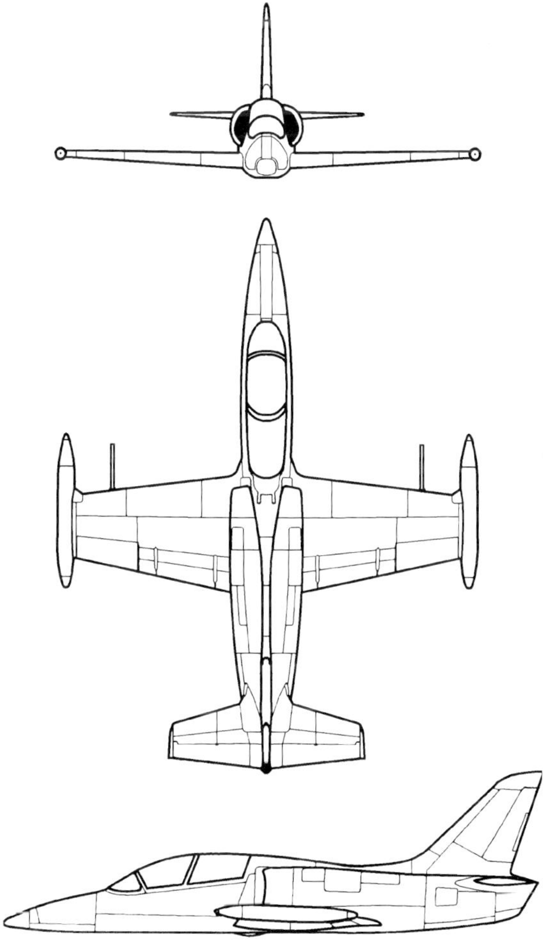

AGUSTA A109 POWER

Ursprungsland: Italien.
Kategorie: Leichter Mehrzweckhubschrauber.
Triebwerke: Zwei Gasturbinen Pratt & Whitney PW206C von je 640 WPS (477 kW) Leistung.
Leistungen (A109MAX): Höchstgeschwindigkeit 311 km/h; max. Reisegeschwindigkeit 282 km/h auf 1520 m; max. Schrägsteiggeschwindigkeit 8,6 m/Sek; Schwebehöhe mit Bodeneffekt 3474 m, ohne Bodeneffekt 2438 m; Reichweite 830 km; max. Flugdauer 4 Std. 20 Min.
Gewichte: Leer 1555 kg; max. Startgewicht 2720 kg mit interner Nutzlast bzw. 3000 kg mit externer Nutzlast.
Zuladung: Ein Pilot und sieben Passagiere. Als Ambulanzhubschrauber zwei liegende Patienten und zwei Helfer. Max. Nutzlast 1130 kg.
Bewaffnung (A109KM): Bis zu acht drahtgelenkte TOW-Lenkwaffen, ein unter dem Rumpf montiertes 7,62-mm-Maschinengewehr oder eine 12,7-mm-Kanone an der Türe befestigt.
Entwicklungsstand: Diese neueste Version fliegt seit 8. Februar 1995. Nach Erhalt der Zulassung begannen die Ablieferungen Mitte 1996. Agusta hat bisher über 40 Festbestellungen bekanntgegeben, darunter eine Einheit für das schweizerische Bundesamt für Zivilluftfahrt. Von allen Ausführungen sind bisher über 500 Einheiten hergestellt worden. Die Jahresproduktion beläuft sich auf etwa 20 bis 25 Einheiten.
Bemerkungen: Leistungsmässig liegt die A109 Power zwischen der A109C und der A109K2 (siehe Ausgabe 1991/92). Sie verfügt über einen neuen, weniger Teile umfassenden Hauptrotorkopf mit Titannabe und Elastomerlagern, welcher wesentlich wartungsfreundlicher sein wird. Die leistungsstärkeren Triebwerke verfügen über ein elektronisches Triebwerkmanagement FADEC. Das einziehbare Fahrwerk wurde überarbeitet. Schliesslich ist die Kabine etwas voluminöser ausgefallen. Agusta bietet eine Vielzahl von Varianten der A109 für die verschiedensten Aufgaben, die in früheren Ausgaben beschrieben wurden.
Hersteller: Costruzione Aeronautiche Giovanni Agusta SpA/Finmeccanica, Cascina Costa, Gallarate, Italien.

Abmessungen: Rotordurchmesser 11,00 m, Rumpflänge 10,71 m, Höhe 3,30 m.

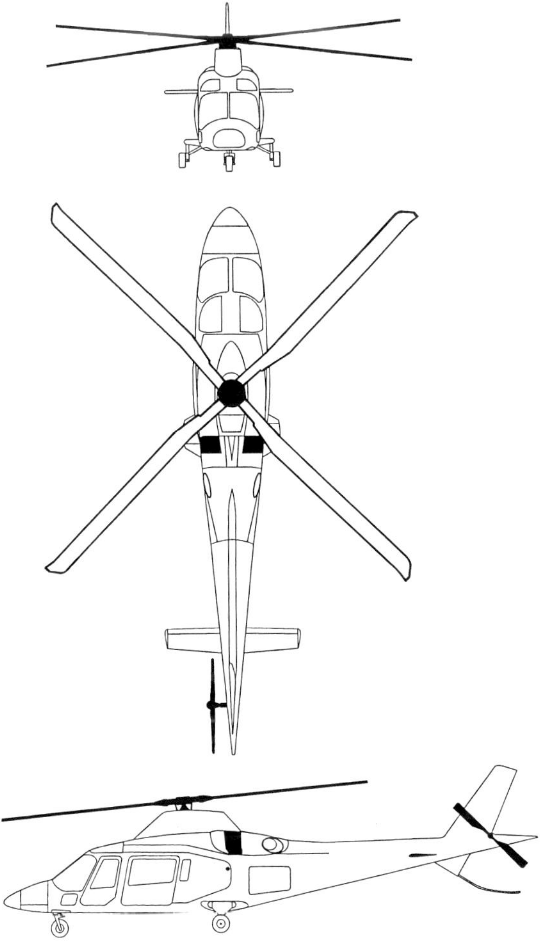

AGUSTA A119 KOALA

Ursprungsland: Italien.
Kategorie: Leichter Mehrzweckhubschrauber.
Triebwerke: Eine Gasturbine (Prototyp) Turboméca Arriel 1K1 von 800 WPS (596 kW) Dauerleistung bzw. (Serie) Pratt & Whitney Canada PT6B-37 von 1000 WPS (745 kW) Dauerleistung.
Leistungen (mit PT6B-37-Triebwerk): Höchstgeschwindigkeit 278 km/h; max. Reisegeschwindigkeit 260 km/h; Schwebehöhe mit Bodeneffekt 1230 m, ohne Bodeneffekt 2400 m; Dienstgipfelhöhe 5460 m; max. Flugzeit 3 Std. 48 Min. bzw. max. Reichweite 667 km.
Gewichte: Max. Startgewicht 2720 kg.
Zuladung: Pilot und bis zu sieben Passagiere. Max. Nutzlast 1354 kg.
Entwicklungsstand: Der erste von zwei Prototypen fliegt seit April 1995. Nach der Zulassung Mitte 1997, erfolgten die ersten Auslieferungen an Kunden im September 1997. Bisher sind sechs Einheiten bestellt worden, für rund 30 weitere bestehen Optionen. Die italienischen Carabinieri-Verbände sollen insgesamt bis zu 50 Einheiten erhalten. Der Beschaffungsentscheid steht aber noch aus.
Bemerkungen: Die A119 Koala stellt das günstige Einstiegsmodell der A109 dar. Von ihr sind die Zelle sowie der neue Rotor weitgehend übernommen. Was das Kabinenvolumen angeht, ist die A119 der derzeit grösste einmotorige Hubschrauber. In ihr finden acht Personen bzw. als Ambulanzhubschrauber bis zu zwei Bahren für liegende Patienten Platz. Zudem verfügt sie über einen voluminösen Gepäckraum. In der ganzen Auslegung wurde auf Wirtschaftlichkeit und Robustheit Wert gelegt. So ist die Koala nur mit einem Kufenfahrwerk erhältlich.
Hersteller: Costruzione Aeronautiche Giovanni Agusta SpA/Finmeccanica, Cascina Costa, Gallarate, Italien.

Abmessungen: Rotordurchmesser 11,00 m, Rumpflänge 10,71 m, Höhe 3,30 m.

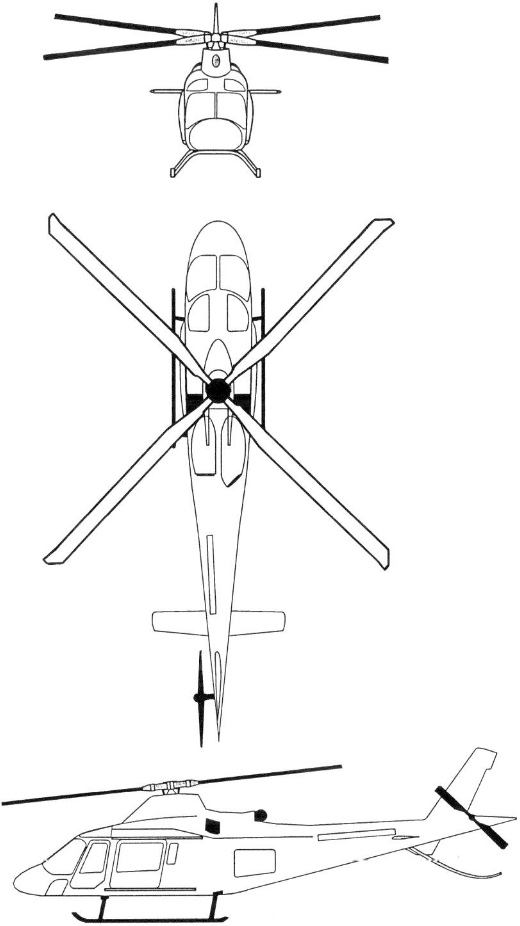

AGUSTA A129 INTERNATIONAL

Ursprungsland: Italien.
Kategorie: Zweisitziger Kampf- und Beobachtungshubschrauber.
Triebwerke: Zwei Gasturbinen LHTEC (Allison) T800 von je 1300 WPS (970 kW) Leistung.
Leistungen (geschätzte Mindestwerte): Höchstgeschwindigkeit 280 km/h auf Meereshöhe; max. Dauergeschwindigkeit 250 km/h; max. Schrägsteiggeschwindigkeit 12,00 m/Sek; Schwebehöhe mit Bodeneffekt 3140 m, ohne Bodeneffekt 1890 m; max. Flughöhe 4725 m; Reichweite 528 km; max. Flugdauer 3,07 Std.
Gewichte (geschätzt): Leer 2600 kg; normales Startgewicht für Panzerbekämpfungseinsätze 3850 kg; max. Startgewicht 5100 kg.
Bewaffnung: Eine dreiläufige 20-mm-Kanone M-197 im Bug und acht Panzerabwehrlenkwaffen TOW oder Hellfire plus Raketenwerfer für ungelenkte 70-mm-Raketen, Stinger-Flablenkwaffen usw. verteilt auf vier Aufhängepunkte mit einer Tragkraft von je 300 kg.
Entwicklungsstand: Erstflug dieser Weiterentwicklung am 9. Januar 1995. Die italienische Luftwaffe hat von der Vorgängerausführung Mangusta (siehe Ausgabe 1995) bisher 30 erhalten. Insgesamt sind 60 Einheiten bestellt. Die 15 zuletzt zu liefernden Mangustas werden der neuen Ausführung A129 International entsprechen.
Bemerkungen: Dank des um rund 40 % höheren Triebwerkschubs konnten sämtliche Leistungsdaten deutlich verbessert werden. Die International erhielt einen neuen, fünfblättrigen Rotor mit modifiziertem Rotorkopf sowie eine überarbeitete Avionik mit einem vorwärts gerichteten Infrarot-Zielsuchsystem. Die A129 International kann eine grössere Auswahl von Waffen mitführen. Weitere Verbesserungen sind geplant, um im harten internationalen Wettbewerb der Kampfhubschrauber bestehen zu können.
Hersteller: Costruzione Aeronautiche Giovanni Agusta SpA/Finmeccanica, Cascina Costa, Gallarate, Italien.

Abmessungen: Rotordurchmesser 11,90 m, Rumpflänge 12,27 m, Höhe inkl. Rotorkopf 3,35 m.

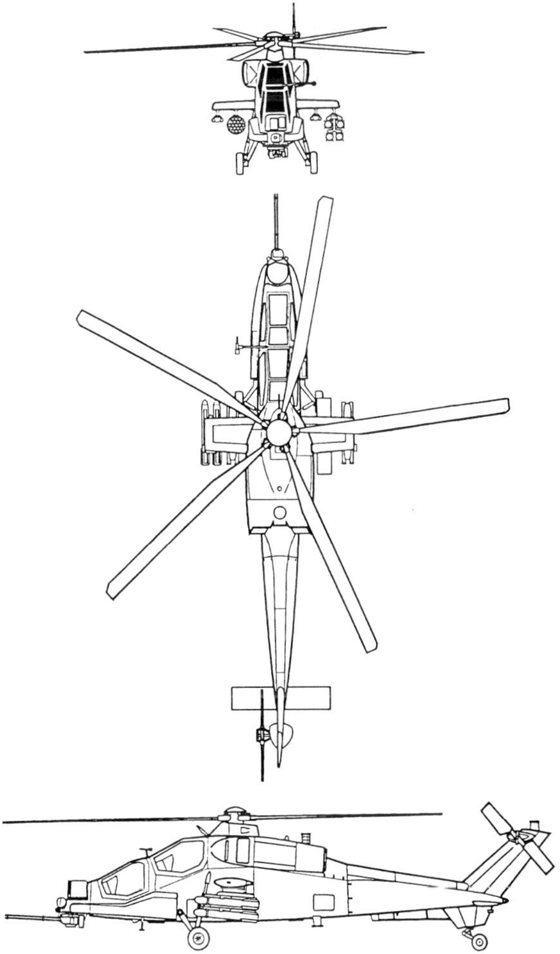

AIDS Ching-Kuo

Ursprungsland: Taiwan.
Kategorie: Einsitziger Luftüberlegenheitsjäger und zweisitziger Einsatztrainer und Marinekampfflugzeug.
Triebwerke: Zwei Mantelstromtriebwerke ITEC TFE1042-70 (Garrett/ AIDC F125) mit 2750 kp (26,9 kN) Standschub ohne und 4310 kp (42,2 kN) mit Nachbrenner.
Leistungen (geschätzt): Die Höchstgeschwindigkeit auf Meereshöhe beträgt mindestens 1275 km/h oder Mach 1,05 bzw. auf 10975 m 1800 km/h oder rund Mach 1,70; max. Anfangssteiggeschwindigkeit 254 m/Sek; Dienstgipfelhöhe 16760 m.
Gewichte: Rüstgewicht 6500 kg; normales Abfluggewicht 9525 kg, max. Abfluggewicht 12247 kg.
Bewaffnung: Eine 20-mm-Revolverkanone M61A1 Vulcan intern und als Abfangjäger vier Kurzstrecken-Luft-Luft-Lenkwaffen Sky Sword I und zwei Mittelstrecken-Luft-Luft-Lenkwaffen Sky Sword II, bei Marineeinsätzen zwei Antischiffs-Lenkwaffen Hsiung Feng II. Max. Aussenlasten unter zwei Rumpfstationen, vier Stationen unter den Flügeln und zwei an den Flügelenden 3900 kg.
Entwicklungsstand: Der erste von vier Prototypen (drei Einsitzer und ein Doppelsitzer) flog am 28. Mai 1989. Bis Ende 1997 sind rund 80 Ching-Kuo abgeliefert worden. Die erste Staffel ist seit Januar 1995 einsatzbereit. Bis ins Jahr 1999 erhält die taiwanesische Luftwaffe 130 Einheiten. Die monatliche Produktion beläuft sich auf 2 Maschinen.
Bemerkungen: Die Ching-Kuo wurde in enger Zusammenarbeit mit der früheren General Dynamics entwickelt. Daher weist sie eine gewisse Ähnlichkeit zur F-16 auf. Die Herstellung des Triebwerks von International Turbo Engine Company (Garrett/AIDS) erfolgt in Taiwan in Lizenz. Die Elektronik ist hochentwickelt und umfasst u.a. ein Mehrzweck-Dopplerradar Kam Lung GD-53 mit sog. «look-down-Fähigkeit» sowie ein dreifach redundantes Fly-By-Wire-System.
Hersteller: Aero Industry Development Center, Taichung, Taiwan.

Abmessungen: Spannweite ohne Lenkwaffen an den Flügelenden 8,53 m, mit 9,46 m, Länge mit Sonde 14,21 m, Höhe 4,42 m, Flügelfläche 24,20 m².

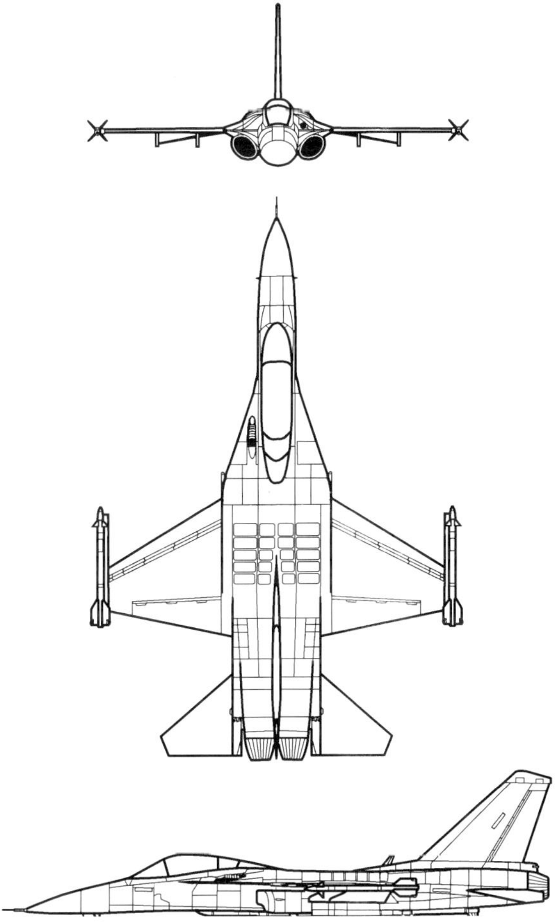

AI(R)/ATR 42-500/ATR 72-210A

Ursprungsland: Frankreich und Italien.
Kategorie: Regionalverkehrsflugzeug.
Triebwerke: Zwei Propellerturbinen Pratt & Whitney Canada (ATR 42-500) PW127E von 2400 WPS (1790 kW) bzw. (ATR 72-210A) PW127F von 2750 WPS (2050 kW) Leistung.
Leistungen: Max. Reisegeschwindigkeit 496 km/h auf 7620 m; ökonom. Reisegeschwindigkeit 450 km/h auf 7620 m; (ATR 42-500) Reichweite mit 48 Passagieren und max. Gepäckzuladung 1700 km und ohne Nutzlast über 4000 km.
Gewichte (ATR 42-500/ATR 72-210A): Rüstgewicht 11000/12850 kg; max. Startgewicht 17400/22500 kg.
Zuladung: Zwei Mann Cockpitbesatzung und verschiedene Innenausstattungen für (ATR 42-500) max. 48 bzw. (ATR 72-210A) 64 bis 74 Passagiere in Viererreihen mit Mittelgang.
Entwicklungsstand: Erstflug der neuesten Ausführung ATR 42-500 am 16. September 1994. Von allen ATR-42 wurden bisher rund 340, von der ATR-72 220 Einheiten von 95 Betreibern bestellt. Im September 1997 verliess die 500. ATR die Montagehalle. Zurzeit wird über eine Lizenzfabrikation der ATR 72-210A in der VR China verhandelt.
Bemerkungen: Die bereits zahlreiche ATR-Familie wurde durch die ATR 42-500 bereichert. Bei gleichen Abmessungen wie die früheren ATR-42-Versionen, stellt sie eine leistungsstärkere Variante mit Sechsblatt-Propeller dar. Um den Lärmpegel weiter zu verringern, wurde das Kabineninterieur überarbeitet und mit einem «Active-Noise-Control-System» ausgerüstet. Bis auf die Länge ist die neueste Variante ATR 72-210A (siehe Silhouette und Foto) genau gleich wie die ATR 42-500. Unter der Bezeichnung ATR 42-400MP wird eine Seeüberwachungsversion der ATR-42 entwickelt, ausgerüstet mit einem Radome und FLIR-Ausrüstung. Die italienische Guardia di Finanza hat zwei Exemplare erhalten.
Hersteller: AI(R) Aero International (Regional)/Avions de Transport Régional, Aérospatiale Toulouse-Blagnac (Frankreich) und Alenia (ex Aeritalia), Neapel (Italien).

Abmessungen (ATR 42-500/ATR 72-210A): Spannweite 24,57/27,16 m, Länge 22,67/27,17 m, Höhe 7,59/7,65 m, Flügelfläche 54,50/61,00 m^2.

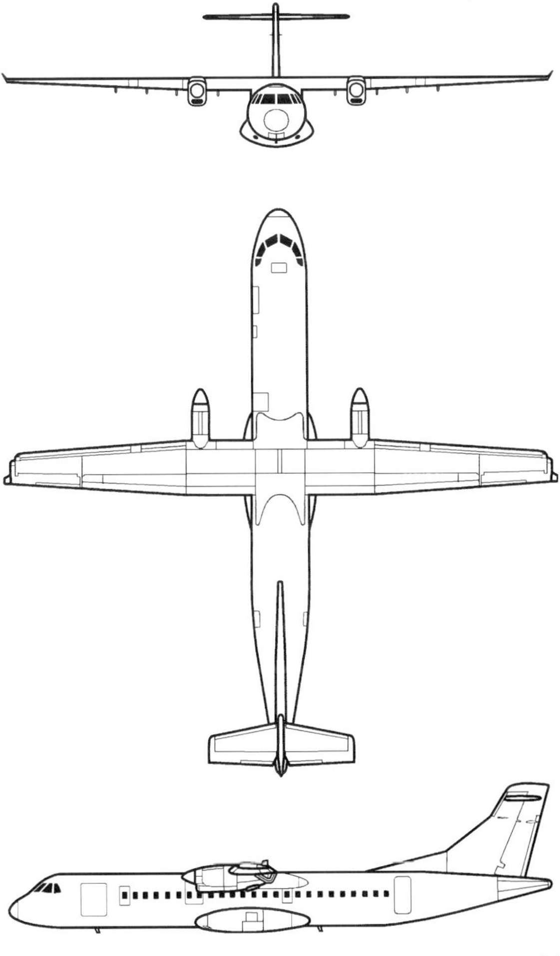

AI(R)/AVRO INTERNATIONAL RJ70/85/100/115

Ursprungsland: Grossbritannien.
Kategorie: Regionalverkehrsflugzeug.
Triebwerke: Vier Mantelstromtriebwerke Textron Lycoming LF507 mit reduzierter Leistung von je 2780 kp (27,3 kN) Standschub (RJ70) bzw. 3175 kp (31,15 kN) (RJ85/100/115).
Leistungen: Max. Reisegeschwindigkeit 800 km/h auf 8840 m; ökonom. Reisegeschwindigkeit 660 km/h; Dienstgipfelhöhe 9500 m; Reichweiten mit max. Passagierzuladung (RJ70) 2046 km, (RJ85/100) 2127 km, (RJ115) 2722 km.
Gewichte: Rüstgewichte (RJ70) 23781 kg, (RJ85) 24378 kg, (RJ100) 25365 kg, (RJ115) 26160 kg; max. Startgewichte (RJ70) 38102 kg, (RJ85) 42184 kg, (RJ100) 44225 kg, (RJ115) 46040 kg.
Zuladung: Zwei Piloten und bei typischer Bestuhlung Varianten zwischen (RJ70) 70 Passagiere in Fünferreihen bzw. (RJ85) 80 - 85 Passagiere in Sechserreihen und (RJ100) 100 Passagiere in Fünferreihen bzw. (RJ115) 115 Passagiere in Sechserreihen; max. Nutzlasten (RJ70) 8650 kg, (RJ85) 11457 kg, (RJ100) 12059 kg, (RJ115) 11265 kg.
Entwicklungsstand: Der Erprobungsträger der RJ70 (eine modifizierte BAe 146-100) fliegt seit Herbst 1990, gefolgt vom ersten Serienflugzeug Mitte 1992. Die Ablieferungen begannen Mitte 1993. Von der RJ-Serie sind bis Ende 1997 136 Einheiten (+ Optionen) bestellt und deren rund 100 ausgeliefert worden. Die Jahresproduktion beträgt derzeit rund 24 Maschinen.
Bemerkungen: Die bereits umfangreiche Familie der früheren BAe 146 (siehe Ausgabe 1992/93, 223 hergestellt) wurde in einigen wesentlichen Punkten überarbeitet. So hat man die Inneneinrichtung völlig neu konzipiert, das Cockpit mit elektronischen Bildschirmanzeigen (EFIS) ausgerüstet sowie neue Triebwerke eingebaut, die zur Verlängerung der Lebensdauer mit tieferen Eintrittstemperaturen arbeiten. Die RJ85 bzw. RJ100 sind auch als Combi-Frachter (QC) bzw. als Frachter (QT, siehe Silhouette) erhältlich.
Hersteller: AI(R) Aero International (Regional), Werk Woodford (Grossbritannien), Blagnac, Frankreich.

Abmessungen: Spannweite 26,21 m, Länge (RJ70/85) 26,20 m, (RJ100/115) 30,99 m, Höhe 8,61 m, Flügelfläche 77,30 m².

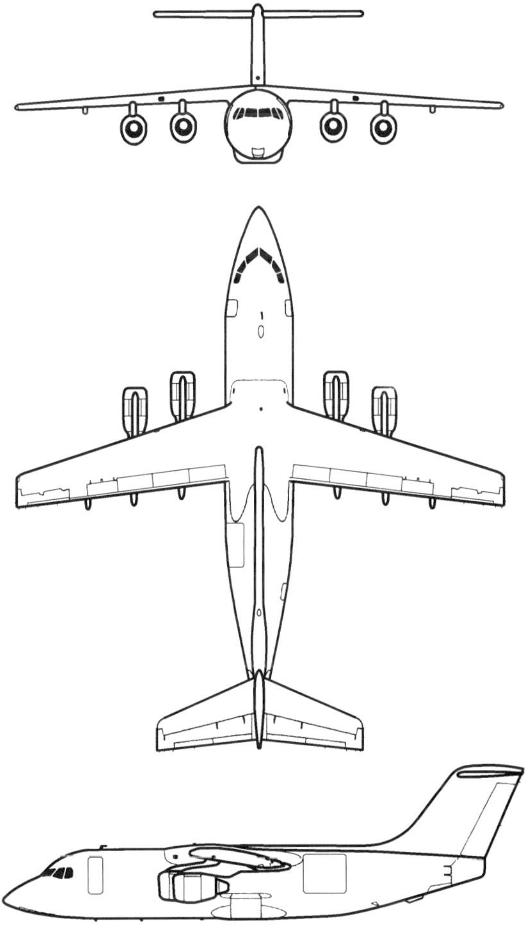

AIRBUS A321

Ursprungsland: Europäisches Konsortium.
Kategorie: Kurz- und Mittelstrecken-Verkehrsflugzeug.
Triebwerke: Zwei Mantelstromtriebwerke CFM International CFM56-5B1 von je 13607 kp (133,4 kN) bzw. -5B2 von je 14060 kp (138 kN) oder zwei IAE V2530-A5 von je 14060 kp (138 kN) Standschub.
Leistungen: Max. Reisegeschwindigkeit 903 km/h auf 8535 m; ökonom. Reisegeschwindigkeit 828 km/h auf 11280 m; Reichweite mit max. Passagierzahl inkl. Reserven 4350 km.
Gewichte: Rüstgewicht 47500 kg; max. Startgewicht 83000 kg.
Zuladung: Zwei Mann Cockpitbesatzung und Mehrklassenbestuhlung für normalerweise 16 Erstklasspassagiere in Viererreihen und 170 Passagiere in Sechserreihen. Einheitsklassen-Innenausstattung für max. 220 Passagiere.
Entwicklungsstand: Der Prototyp nahm am 11. März 1993 die Flugerprobung auf, erste Auslieferung am 27. Januar 1994. Bis Ende 1997 waren über 220 Einheiten bestellt, darunter auch von Lufthansa, Swissair und AUA. Vom Ausgangsmuster A320 (siehe Ausgabe 1991/92) gingen bisher Aufträge für rund 850 Maschinen ein. Die Monatsproduktion der A319/320/321-Familie beläuft sich derzeit auf 12 Einheiten, soll aber bis 1999 auf 18 Einheiten gesteigert werden.
Bemerkungen: Die A321 ist die erste Weiterentwicklung der A320. Der Rumpf wurde um je ein Einsatzelement von 4,27 m vor und hinter dem Flügel verlängert und fasst dadurch 36 Passagiere mehr in Sechserreihen. Ausser einem wegen des höheren Abfluggewichts verstärkten Fahrwerk und leistungsfähigeren Triebwerken sind die Änderungen gegenüber dem Grundmuster A320 bewusst auf ein Minimum beschränkt. Unter der Bezeichnung A321-200 fliegt seit 12. Dezember 1996 eine schwere Ausführung, welche dank leistungsfähigeren Triebwerken und auf bis zu 89000 kg (später auf 93000 kg) erhöhtem Abfluggewicht und grösserer Treibstoffzuladung Reichweiten bis zu 6400 km zulässt.
Hersteller: Airbus Industrie, Blagnac, Frankreich bzw. Werk Hamburg-Finkenwerder, BRD.

Abmessungen: Spannweite 34,09 m, Länge 44,50 m, Höhe 11,80 m, Flügelfläche 123 m^2.

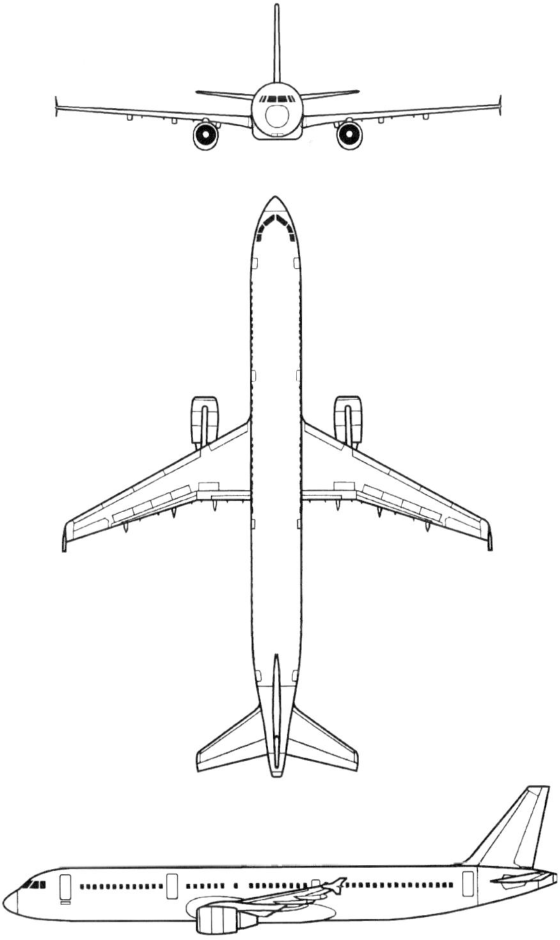

AIRBUS A319

Ursprungsland: Europäisches Konsortium.
Kategorie: Kurz- und Mittelstrecken-Verkehrsflugzeug.
Triebwerke: Zwei Mantelstromtriebwerke CFM International CFM56-5A4/-5B5 von je 10160 kp (99,7 kN) Standschub oder zwei IAE V2524 mit gleicher Leistung. Weitere Triebwerksvarianten mit grösserer Leistung als Option.
Leistungen: Max. Reisegeschwindigkeit 900 km/h auf 10050 m, normale Reisegeschwindigkeit 840 km/h auf 11280 m; Reichweite mit max. Nutzlast 3300 km, max. Reichweite 7700 km.
Gewichte: Rüstgewicht 39200 kg; max. Startgewicht 64000 kg, als Option 68000 kg.
Zuladung: Zwei Mann Cockpitbesatzung und je nach Innenausstattung bis zu 153 Passagiere in Sechserreihen, normalerweise aber 124 Passagiere in zwei Klassen. Max. Nutzlast 15000 kg.
Entwicklungsstand: Die erste A319 hat am 25. August 1995 die Flugerprobung aufgenommen und wurde im April 1996 in Dienst gestellt. Bis Ende 1997 sind über 200 Einheiten bestellt worden, darunter Air Canada (35), Air Inter (9 + 9 Optionen), Lufthansa (20), Northwest bis zu 50, Swissair (6), United (24). Von der gesamten A320/321/319-Familie sind bisher über 1500 Einheiten (+ Optionen) bestellt und deren 700 abgeliefert worden.
Bemerkungen: Die A319 ist die bisher kleinste Version der A320-Familie und soll vorwiegend die Bedürfnisse des Kurzstreckenverkehrs abdecken. Ausser einem kürzeren Rumpf, leistungsreduzierten Triebwerken und geringeren Gewichten fügt sie sich nahtlos in das modulare Konstruktionsprinzip von A320 und A321 ein. Zurzeit werden zwei Ausführungen mit unterschiedlichem Abfluggewicht und Reichweitenleistungen angeboten. Auch eine ab 1999 erhältliche Geschäftsreiseversion unter der Bezeichnung A319CJ ist ins Programm aufgenommen worden. Sie soll Reichweiten bis zu 11700 km zulassen. Sieben Einheiten sind bestellt, darunter zwei für die italienische und eine für die kuwaitische Regierung.
Hersteller: Airbus Industrie, Blagnac, Frankreich bzw. Werk Hamburg-Finkenwerder, BRD.

Abmessungen: Spannweite 34,10 m, Länge 33,84 m, Höhe 11,80 m, Flügelfläche 122,40 m^2.

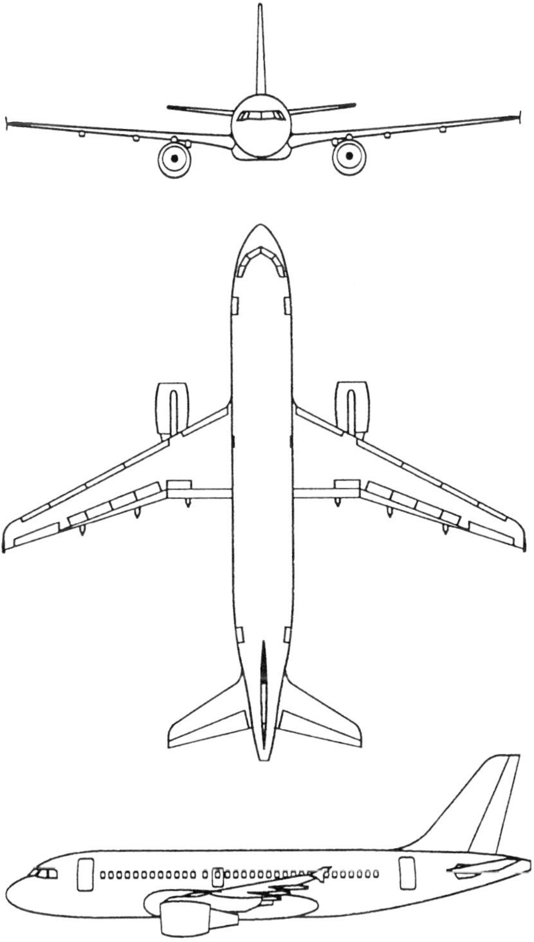

AIRBUS A330

Ursprungsland: Europäisches Konsortium.
Kategorie: Mittel- bis Langstrecken-Verkehrsflugzeug.
Triebwerke: Zwei Mantelstromtriebwerke General Electric CF6-80E, Pratt & Whitney PW4168 oder Rolls-Royce Trent von zwischen 28500 und 32700 kp (279,55 bis 320,75 kN) Standschub.
Leistungen: Max. Reisegeschwindigkeit 880 km/h auf 10060 m; ökonom. Reisegeschwindigkeit 861 km/h auf 11890 m; Dienstgipfelhöhe 12500 m; Reichweite mit 335 Passagieren 8800 km, bei höherem Abfluggewicht (Option) 9800 km, (-200) 12000 km.
Gewichte: Rüstgewicht 118000 kg; max. Startgewicht (-300, Normalversion) 212000 kg, (-300,Version mit auf Wunsch erhöhtem Abfluggewicht) 223000 kg, (-200) 230000 kg.
Zuladung: Zwei Mann Cockpitbesatzung und (-300) bei üblicher Zweiklassenbestuhlung 30 Passagiere in der Ersten- und 305 in der Touristenklasse in Sechser- bzw. Achterreihen mit zwei Mittelgängen. Max. 440 Passagiere in Neunerreihen, (-200) max. 381 Passagiere. Max. Nutzlast als Frachter 46149 kg.
Entwicklungsstand: Der Erstflug des Prototyps erfolgte im Oktober 1992. Die Auslieferungen begannen Ende 1993. Bis Ende 1997 sind Bestellungen für über 200 Einheiten eingegangen.
Bemerkungen: Die A330 verfügt über den gleichen Rumpfquerschnitt wie die anderen Modelle der A300-Familie (A300, A310 und A340). Mit der A340 gemeinsam sind auch der völlig neu konstruierte Flügel, das Seitenleitwerk, die Cockpitauslegung sowie alle übrigen Systeme. Neu wird die um 5,33 m verkürzte Langstreckenausführung A330-200 (Erstflug am 13. August 1997) angeboten. Rund 80 Einheiten (+ ca. 50 Optionen) sind bestellt, u.a. von AUA, Swissair und Sabena. Die Arbeiten an einer leicht verlängerten A330-400X mit einem auf 230 t gesteigerten max. Abfluggewicht und einer Variante mit einem auf rund 75 m gestreckten Rumpf (A330-600X) und dafür verkürzter max. Reichweite sind zurzeit eingefroren.
Hersteller: Airbus Industrie, Blagnac, Frankreich.

Abmessungen: Spannweite inkl. Winglets 60,30 m, Länge (-300) 63,70 m, (-200) 58,98 m, Höhe (-300) 16,83 m, (-200) 17,89 m, Flügelfläche 363,10 m².

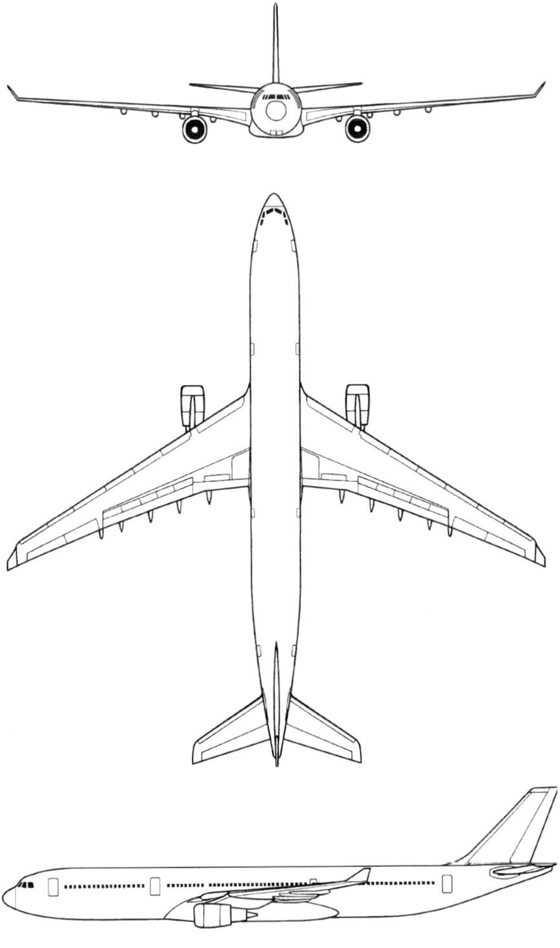

AIRBUS A340-300

Ursprungsland: Europäisches Konsortium.
Kategorie: Langstrecken-Verkehrsflugzeug.
Triebwerke: Vier Mantelstromtriebwerke CFM International CFM56-5C2 von je 14152 kp (138,8 kN) oder CFM56-5C3 von je 14765 kp (145 kN) Standschub; (-300E) CFM56-5C4 je 15420 kp (150 kN) Standschub.
Leistungen: Max. Reisegeschwindigkeit 914 km/h auf 10060 m; ökonom. Reisegeschwindigkeit 880 km/h auf 11890 m; Dienstgipfelhöhe 12500 m; Reichweite mit 295 Passagieren 12500 km, mit erhöhtem max. Abfluggewicht 13300 km (-300E).
Gewichte (-300): Rüstgewicht 126100 kg; norm. Startgewicht 257000 kg, maximal 275000 kg (-300E).
Zuladung: Zwei Mann Cockpitbesatzung und in einer Dreiklassenbestuhlung 18 Erstklasse-, 81 Businessklasse- und 196 Touristenklassepassagiere in Siebner-, Achter- und Neunerreihen. Max. 440 Passagiere in Neunerreihen. Max. Nutzlast 47127 kg.
Entwicklungsstand: Das erste Muster begann die Flugerprobung am 25. Oktober 1991. Bis 1997 waren rund 220 Einheiten bestellt.
Bemerkungen: Die vierstrahlige A340 und die zweistrahlige A330 haben konstruktiv viele Gemeinsamkeiten. So sind Flügel, Cockpit, Heck sowie Rumpfstruktur bei beiden Modellen gleich. Einziger wesentlicher Unterschied ist die Zahl der Triebwerke und der damit zusammenhängenden Systeme. Die A340-200 ist die Ultra-Langstreckenversion, während die A340-300 dank des längeren Rumpfes mehr Passagiere (max. 440) zulasten der Reichweite transportieren kann. Eine weiter angebotene A340-300 Combi nimmt sechs Frachtpaletten und 194 Passagiere in Dreiklassenbestuhlung auf. Die A340-300E mit erhöhtem Abfluggewicht und grösserer Reichweite wird an den bisher einzigen Besteller SIA seit April 1996 abgeliefert (20 fest bestellt + 17 Optionen). Airbus hat 1997 folgende zwei weitere Ausführungen lanciert: Die A340-500 mit gleicher Rumpflänge wie die -300 bzw. die um 11 m verlängerte A340-600, ausgerüstet mit einem neuen Flügel und wesentlich leistungsfähigeren Triebwerken (erhältlich ab Jahr 2002). Rund 80 Bestellungen und Optionen sind bereits eingegangen, darunter auch von Lufthansa (10), Swissair (9).
Hersteller: Airbus Industrie, Blagnac, Frankreich.

Abmessungen: Spannweite inkl. Winglets 60,30 m, Länge (-200) 59,39 m, (-300) 63,66 m, Höhe 16,74 m, Flügelfläche 363,10 m².

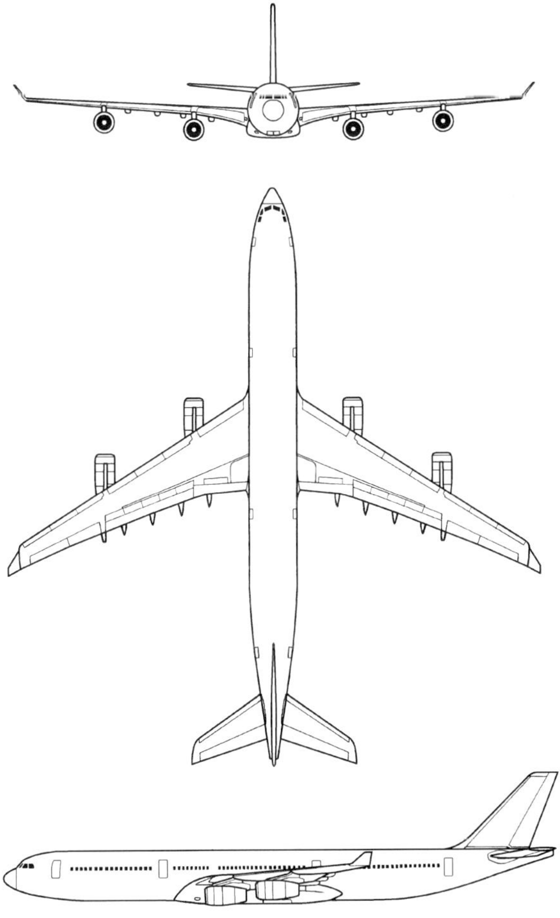

AIRBUS BELUGA

Ursprungsland: Europäisches Konsortium.
Kategorie: Frachtflugzeug für den Transport von übergrossen Teilen.
Triebwerke: Zwei Mantelstromtriebwerke General Electric CF6-80C2A8 von je 26762 kp (262,4 kN) Standschub.
Leistungen: Max. Reisegeschwindigkeit 780 km/h; Dienstgipfelhöhe 11180 m; Reichweite bei max. Nutzlast 1700 km.
Gewichte: Max. Startgewicht 150000 kg.
Zuladung: Zwei Mann Cockpitbesatzung und im Frachtraum mit einer Länge von 37,70 m und einem Durchmesser von 7,40 m eine Nutzlast von max. 45500 kg.
Entwicklungsstand: Erstflug des ersten Modells am 13. September 1994. Vorläufig sind vier Maschinen für Airbus bestellt. Drei davon befanden sich Ende 1997 im Einsatz. Die vierte Einheit wird 1998 abgeliefert.
Bemerkungen: Die anfänglich als Super Transporter bezeichnete A300-608ST Beluga basiert auf dem Grundmodell Airbus A300-600R, wobei der Rumpf völlig neu konzipiert ist. Mit diesem Modell soll die alternde Flotte der bisher verwendeten Super Guppies zum Transport der diversen Airbusteile zwischen den einzelnen Werken in Europa ersetzt werden. Zusätzlich wird die Beluga aber auch Dritten zum Kauf angeboten. Das Kabinenvolumen beträgt 1400 m^3. Der Rumpfdurchmesser von 7,40 m ist im Flugzeugbau bisher unerreicht. Die Beluga ist beispielsweise in der Lage, zwei Hubschrauber des Typs CH-53E ohne jegliche Demontage zu transportieren. Zum Ein- und Ausladen kann der gesamte vordere Teil oberhalb des Cockpits nach oben geschwenkt werden.
Hersteller: Airbus Industrie und SATIC, Blagnac, Frankreich.

Abmessungen: Spannweite 44,84 m, Länge 56,16 m, Höhe 17,25 m, Flügelfläche 260,00 m².

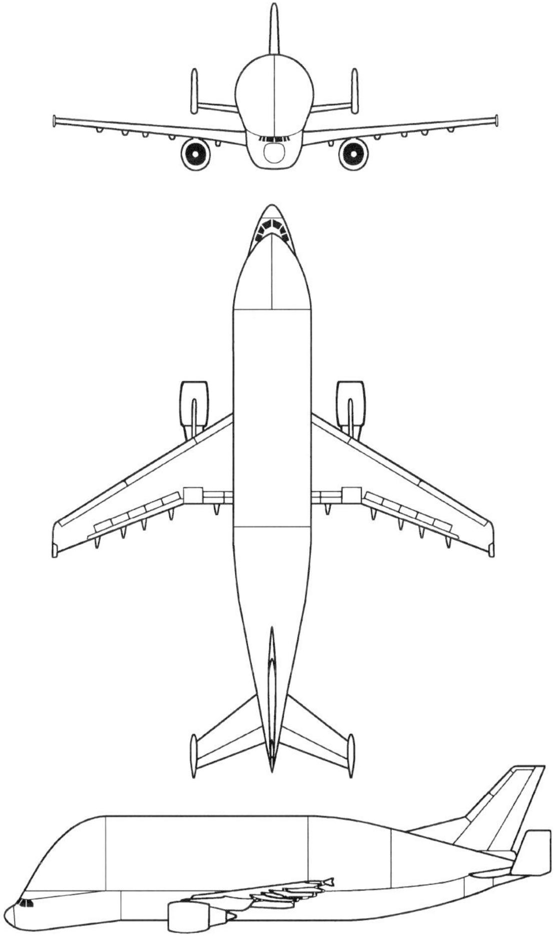

AIRTECH (CASA/IPTN) CN-235-200

Ursprungsland: Spanien und Indonesien.
Kategorie: Regionalverkehrsflugzeug und Mehrzwecktransporter, bzw. Militärfrachter (CN-235M) und Marine-Patrouillenflugzeug (CN-235MPA).
Triebwerke: Zwei Propellerturbinen General Electric CT7-9C von je 1750 WPS (1305 kW) Leistung.
Leistungen: Max. Reisegeschwindigkeit 460 km/h auf 4575 m; max. Anfangssteiggeschwindigkeit 7,75 m/Sek; Dienstgipfelhöhe 7620 m; Reichweite mit max. Nutzlast und 45 Min. Reserven 1773 km, mit 2400 kg und max. Treibstoffzuladung 3658 km.
Gewichte: Normales Rüstgewicht 9800 kg (CN-235M: 8600 kg); max. Startgewicht 15800 kg (CN-235M: 16500 kg).
Zuladung: Zwei Piloten und Standard-Innenausstattung für 40 oder 44 Passagiere in Viererreihen bzw. Nutzlast von 4300 kg, in der Kombiversion CN-235QC 18 Passagiere und zwei LD-3-Container. Als Militärtransporter (CN-235M) 53 Soldaten bzw. bis zu 6000 kg Fracht.
Entwicklungsstand: Der erste Prototyp flog erstmals am 11. November 1983. Beginn der Kundenablieferungen am 15. Dezember 1986. Bis Dezember 1997 waren von den zivilen und militärischen Varianten zusammen rund 300 Einheiten bestellt; grösster Einzelkunde ist die Türkei mit 52 CN-235M (Lizenzbau). Neueste Bestellungen: Kolumbien 3, Kroatien 3, Süd Korea 8, türkische Marine/Küstenwache 6. Details der weiteren Besteller siehe Ausgaben 1995 und 1997.
Bemerkungen: Die CN-235 wird in Gemeinschaftsarbeit zwischen der spanischen CASA und der indonesischen IPTN gebaut. Eine ASW/Marine-Patrouillenversion CN-235MPA (siehe Foto) mit einem 360°-Suchradar fliegt seit 1991 und wurde von Brunei, Indonesien, Irland, Spanien und Türkei bestellt. Sie besitzt die Möglichkeit, bis zu zwei Antischiffs-Lenkwaffen AM-39 Exocet oder zwei Torpedos Mk. 46 mitzuführen. Die neueste fliegende Version ist die CN235-330 Phoenix mit Honeywell-Avionik und ARL-2002 EW-Selbstverteidigungssystem. Eine um 3,18 m verlängerte und deutlich schwerere Militärausführung C-295 mit Pratt & Whitney PW127G-Triebwerken von je 2645 WPS (1947 kW) Leistung und einer Nutzlast von rund 9700 kg wird zurzeit bei CASA ohne den indonesischen Partner entwickelt.
Hersteller: Airtech, Aircraft Technology Industries, Madrid, Spanien, Werke in Sevilla, Spanien und Bandung, Indonesien.

Abmessungen: Spannweite 25,81 m, Länge 21,35 m, Höhe 8,18 m, Flügelfläche 59,10 m^2.

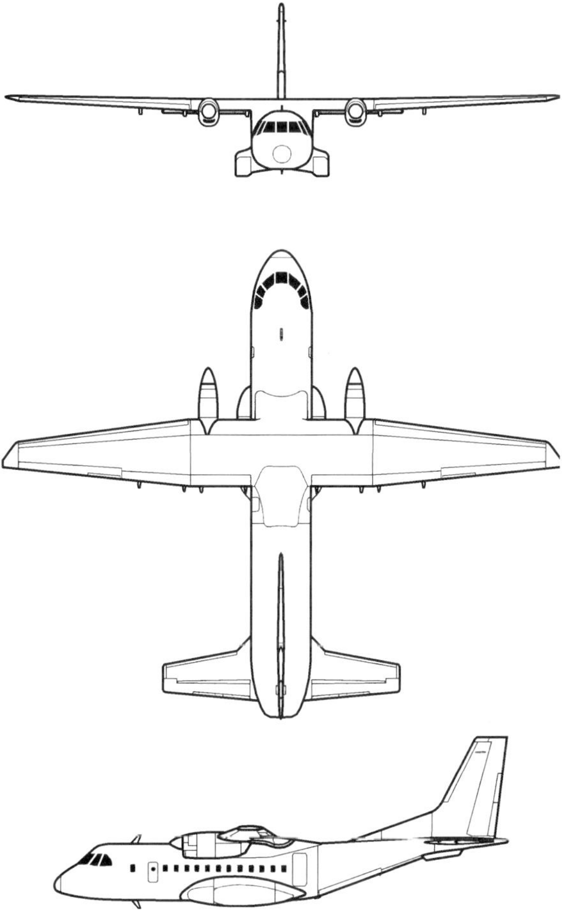

ANTONOW AN-38

Ursprungsland: Ukraine.
Kategorie: Regionalverkehrsflugzeug und Mehrzwecktransporter.
Triebwerke: Zwei Propellerturbinen AlliedSignal Garrett TPE331-14GR-801 von je 1500 WPS (1118 kW) oder Omsk TVD-20 von etwa gleicher Leistung.
Leistungen (geschätzt): Normale Reisegeschwindigkeit 380 km/h; Reichweite mit 26 Passagieren und 45 Min. Reserven 600 km; max. Reichweite 2200 km.
Gewichte: Max. Startgewicht 8800 kg.
Zuladung: Zwei Piloten und je nach Inneneinrichtung bis zu 26 Passagiere in Dreierreihen. Als Frachter max. Nutzlast von 2500 kg.
Entwicklungsstand: Der Erstflug des mit TPE331-Triebwerken ausgestatteten Prototyps der An-38 erfolgte am 22. Juni 1994. Nach Erhalt der Zulassung wurde das erste Serienflugzeug im Juni 1997 an den Erstbesteller Vostok Airlines abgeliefert. Bis Ende 1997 sind Bestellungen für mindestens 13 An-38 bekanntgegeben worden. Der Hersteller rechnet mit einem Bedarf von rund 600 Einheiten.
Bemerkungen: Die An-38 ist eine verlängerte und mit neuen Triebwerken ausgestattete Variante der An-28 (siehe Ausgabe 1984/85). Diese wurde noch in sowjetisch-polnischer Zusammenarbeit entwickelt. Der Prototyp des Ursprungsmusters An-28 nahm die Flugerprobung bereits 1972 in der Sowjetunion auf, die Produktion wurde dann aber auf PZL Mielec übertragen. An-28 wie An-38 sind sehr einfach und robust konstruierte Modelle und besonders geeignet für den Einsatz in entlegenen Gebieten. Nebst Passagiertransport sind sie auch für Fracht-, Sanitäts- und Überwachungsaufgaben einsetzbar. Zur besseren Be- und Entladung verfügen sie über eine Heckladerampe.
Hersteller: Antonow Aeronautical Scientific Complex, Kiew, Ukraine bzw. Novosibirsk Aircraft Production Association, Chkalow (NAPO), Ukraine.

Abmessungen: Spannweite 22,06 m, Länge 15,67 m, Höhe 4,30 m.

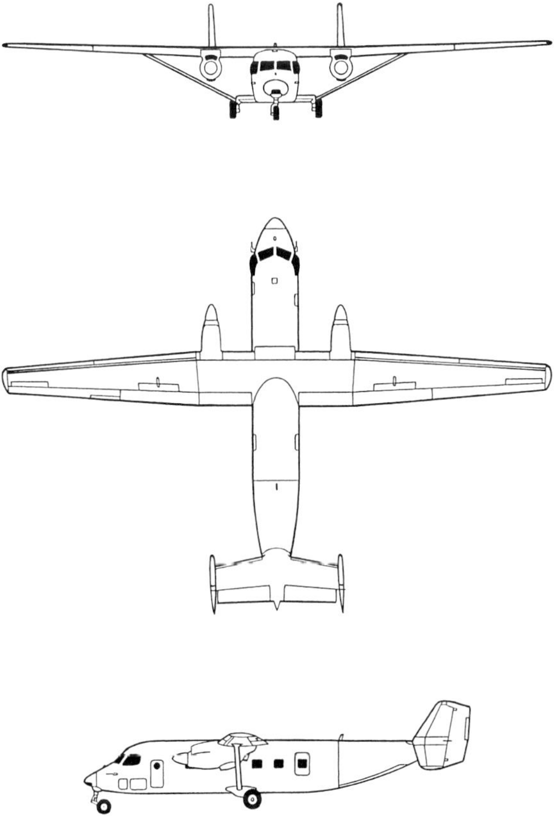

ANTONOW AN-74T/TK

Ursprungsland: Ukraine.
Kategorie: Ziviler und militärischer STOL-Transporter für Kurz- bis Mittelstrecken (An-72/74) bzw. Marine-Patrouillenflugzeug (AN-72P).
Triebwerke: Zwei Mantelstromtriebwerke ZMKB Lotarew D-36A von je 6500 kp (63,7 kN) Standschub.
Leistungen: Höchstgeschwindigkeit 705 km/h; normale Reisegeschwindigkeit 550 km/h auf 8000 bis 10000 m; Dienstgipfelhöhe 11800 m; Reichweite mit max. Nutzlast und üblichen Reserven 1500 km, mit 2500 kg Nutzlast und maximaler Treibstoffzuladung 4300 km.
Gewichte: Leergewicht 19050 kg; max. Startgewicht 36000 kg.
Zuladung: Drei Mann Besatzung im Cockpit und je nach Einsatzzweck und Innenausstattung bis zu 68 Personen auf Klappsitzen entlang der Kabinenwände oder 57 Fallschirmspringer. Als Sanitätsflugzeug 24 Bahren, 12 sitzende Verletzte und ein Pfleger. Max. Nutzlast 10000 kg.
Entwicklungsstand: Der erste von zwei Prototypen der Ursprungsversion An-72 flog am 22. Dezember 1977. Die Serienproduktion begann 1987 und dauert weiterhin an. Sowohl die An-72 wie auch die An-74 werden noch angeboten. Bisher sind von allen Versionen mindestens 150 Exemplare hergestellt worden. Neueste Bestellung: Iranische Luftwaffe 12 An-74T/TK.
Bemerkungen: Die An-72/74 macht sich den sog. «Coanda-Effekt» zunutze, wobei die Triebwerkabgase die Flügeloberseite überströmen und damit den Auftrieb beträchtlich erhöhen. Dieser zusammen mit einem wirkungsvollen Klappensystem ermöglichen bemerkenswerte Kurzstart- und Landeeigenschaften. Die An-74, als neuere Ausführung der An-72, zeichnet sich vor allem durch eine Allwetterausrüstung und grössere Reichweitenleistungen aus. Eine Mehrzahl von Varianten für zivile wie militärische Zwecke wird angeboten. Die Marine-Patrouillenversion der AN-72P wurde in der Ausgabe 1995 beschrieben (20 von Russland und 4 von Peru bestellt). Die allerneuesten Versionen An-74T (Frachter) und An-74TK (Kombifrachter) benötigen nur noch zwei Besatzungsmitglieder (An-74TK-200) und weisen bei einem höheren Abfluggewicht etwas bessere Transportleistungen auf.
Hersteller: Antonow Aeronautical Scientific Complex, Kiew, u.a. Werke Arsenyev, Omsk, Ukraine.

Abmessungen: Spannweite 31,89 m, Länge 28,07 m, Höhe 8,65 m, Flügelfläche 98,62 m².

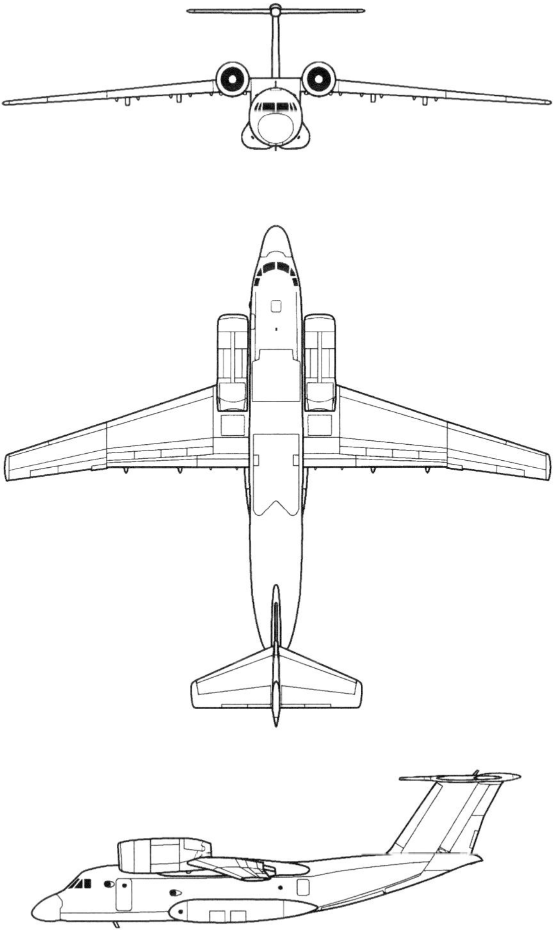

ANTONOW AN-70

Ursprungsland: Ukraine.
Kategorie: Militärischer und ziviler Mittel- und Langstreckenfrachter.
Triebwerke: Vier gegenläufige Propfans ZMKB Progress D-27 von je 14000 WPS (10300 kW) Leistung.
Leistungen (geschätzt): Normale Reisegeschwindigkeit 750 – 800 km/h auf 9600 m; Dienstgipfelhöhe 12000 m; Reichweite mit 35000 kg Nutzlast 3500 km, max. Reichweite 7800 km.
Gewichte: Leergewicht 73000 kg; normales Startgewicht 112000 kg; max. Startgewicht 135000 kg.
Zuladung: Drei Mann Cockpitbesatzung, 170 Soldaten oder je nach Angaben zwischen 35000 kg und 47000 kg Fracht in einem druckbelüfteten Frachtraum von 19,10 m Länge (ohne Rampe), 4,00 m Breite sowie 4,10 m Höhe.
Entwicklungsstand: Der erste Prototyp nahm die Flugerprobung am 16. Dezember 1994 auf, stürzte aber am 10. Februar 1995 ab. Der zweite Prototyp flog erstmals am 24. April 1997. Weitere vier Einheiten seien ebenfalls in Produktion. Obwohl noch keine festen Bestellungen eingegangen sind, dürften sowohl die russische wie auch die ukrainische Luftwaffe die An-70 in namhaften Zahlen beschaffen.
Bemerkungen: Die An-70 wird sowohl als ziviler wie auch als militärischer Frachter angeboten. Bei der Konstruktion hat Antonow besonders auf niedrige Betriebskosten und hohe Zuverlässigkeit geachtet. Dank Verwendung von vielen Verbundwerkstoffen wird eine lange Lebensdauer angestrebt. Das interessanteste Konstruktionsteil sind die Triebwerke, welche in dieser Form erstmals in einem Serienflugzeug Verwendung finden würden. Die gegenläufigen Propeller haben vorn acht und hinten sechs Blätter. Die An-70 soll in der Lage sein, bei max. Abfluggewicht nach 1500 m abzuheben. Mehrere Weiterentwicklungen werden derzeit geprüft: An-70-100 mit neuester Avionik zur Reduktion der Cockpitbesatzung; Such- und Rettungsvariante (SAR) An-70PS; ziviler Frachter An-70T, kombinierte zivile Passagier-/Frachtausführung An-70TK. Weiter wird eine kostengünstigere zweimotorige An-70T-100 mit den gleichen Triebwerken und einer Nutzlast von 30000 kg in Betracht gezogen.
Hersteller: Antonow Aeronautical Scientific Complex, Kiew, Ukraine; Werk Aviacor, Samara, Russland.

Abmessungen: Spannweite 44,06 m, Länge 40,73 m, Höhe 16,38 m.

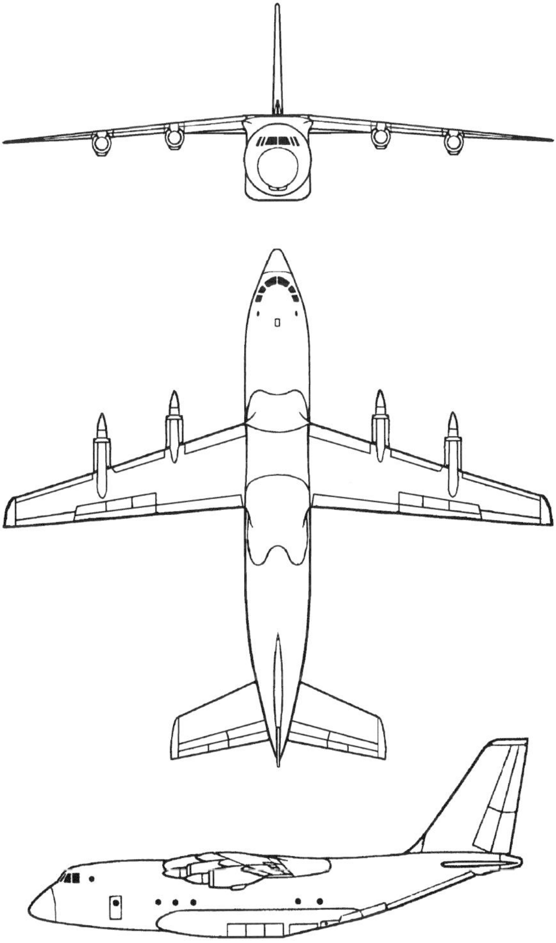

ANTONOW AN-124 RUSLAN

Ursprungsland: Ukraine.
Kategorie: Schwerer strategischer Transporter und ziviler Frachter.
Triebwerke: Vier Mantelstromtriebwerke ZMKB Progress D-18T von je 23430 kp (230 kN) Standschub bzw. (-130) General Electric CF6-80.
Leistungen: Max. Reisegeschwindigkeit 865 km/h; Reisegeschwindigkeit 800 bis 850 km/h auf 10000 m; Reichweite mit einer Nutzlast von 150000 kg 4500 km; max. Reichweite 16500 km.
Gewichte: Rüstgewicht 175000 kg; max. Startgewicht 405000 kg.
Zuladung: Sechs Mann Besatzung. Hinter dem Cockpit befindet sich eine Kabine für 88 Personen, einschliesslich der Ersatzmannschaft. Der eigentliche Frachtraum (43,45 m lang, 6,40 m breit und 4,40 m hoch) vermag besonders sperrige und schwere zivile wie militärische Güter zu befördern. Max. Nutzlast normal 120000 kg, mit Überlast 150000 kg.
Entwicklungsstand: Erstflug des ersten von drei Prototypen am 26. Dezember 1982. Beginn der Serienherstellung im Laufe von 1984. Bis Ende 1997 sind über 50 Einheiten hergestellt worden. Davon ging rund die Hälfte an die russische Luftwaffe. Wenn auch in sehr geringen Stückzahlen, so läuft die An-124-Produktion doch weiter.
Bemerkungen: Bis zum Erscheinen der An-225 (siehe Ausgabe 1991/92) war die An-124 das grösste und schwerste Flugzeug der Welt. Die Ruslan ist so konzipiert, dass sie gleichzeitig von vorn über den hochklappbaren Rumpfbug als auch von hinten beladen werden kann. Sie kann sowohl auf unvorbereiteten Pisten wie auch auf hartgefrorenem Schnee operieren. Im Werk Uljanowsk wird zurzeit eine Version An-124-130 gebaut, ausgestattet mit CF6-80-Triebwerken und westlicher Avionik. Der Erstflug steht noch aus. Zur Lärmverminderung werden bei einzelnen An-124 die D-18T-Triebwerke derzeit mit einem sog. Hushkit ausgerüstet. Auch ein Umbau auf Propfans des Typs Kuznetsow NK-93 ist in Prüfung.
Hersteller: Antonow Aeronautical Scientific Complex, Kiew, Werk Uljanowsk, Ukraine.

Abmessungen: Spannweite 73,30 m, Länge 69,10 m, Höhe 21,08 m, Flügelfläche 628 m^2.

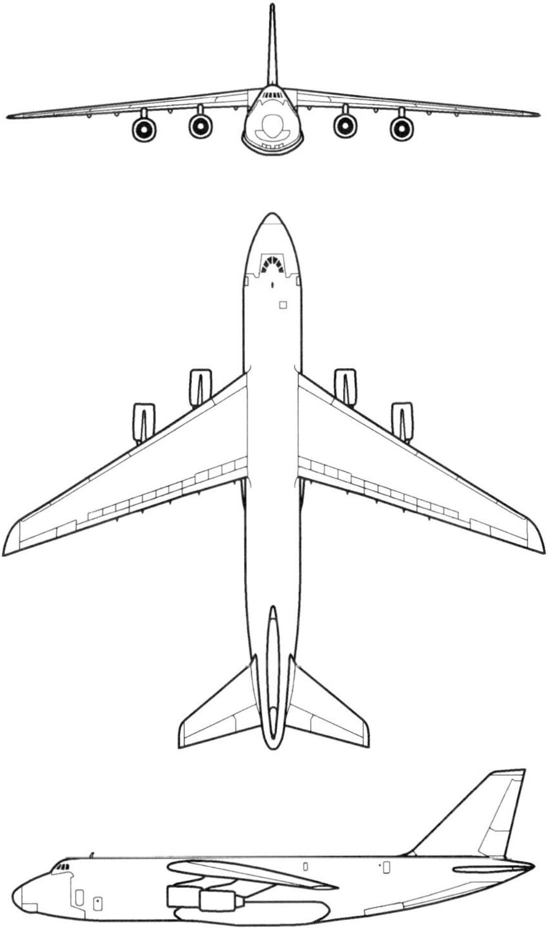

ANTONOW AN-140

Ursprungsland: Ukraine (Iran).
Kategorie: Ziviles und militärisches Kurzstrecken-Passagier- und Frachtflugzeug.
Triebwerke: Zwei Propellerturbinen Klimow NPP TV3-117VMA von je 2600 WPS (1838 kW) Leistung oder als Alternative zwei Pratt & Whitney PW127A von je 2415 WPS (1800 kW) Leistung.
Leistungen (nach Angaben des Herstellers): Max. Reisegeschwindigkeit 575 km/h; Dienstgipfelhöhe 7200 m; Reichweite mit 52 Passagieren und 45 Min. Reserven 2100 bis 2650 km; max. Reichweite 3800 km.
Gewichte: Noch keine Angaben erhältlich.
Zuladung: Zwei Piloten und (An-140) je nach Inneneinrichtung bis zu 52 Passagiere in Viererreihen mit Mittelgang oder (An-140TK) 20 Passagiere und 3650 kg Fracht. Als militärischer Frachter (An-140T) max. Nutzlast 6000 kg.
Entwicklungsstand: Der erste Prototyp nahm die Flugerprobung am 17. September 1997 auf, der zweite folgt 1998. Das erste Serienflugzeug soll bereits 1998 fertiggestellt werden. Die Ukrainian Airlines hat ein Letter of Intent über 40 Exemplare unterzeichnet.
Bemerkungen: Bis vor kurzer Zeit war dieses Projekt der Öffentlichkeit nicht bekannt. Die An-140 ist ein robustes Passagier- und Frachtflugzeug, welches über gute STOL-Eigenschaften verfügt und auf unvorbereiteten Pisten starten und landen kann. Trotzdem soll ein gehobener Passagierkomfort möglich sein. Auf einfache Wartung und kostengünstigen Betrieb wurde besondere Beachtung gelegt. Die An-140 soll die noch in grosser Zahl vorhandenen Antonow An-24/26 (siehe Ausgabe 1974/75) in den GUS-Staaten ersetzen. Zuerst beginnt die Produktion im Iran, anschliessend in Kharkow, um diese später allenfalls auch auf die russische Aviacor in Samara auszudehnen. Mehrere Varianten befinden sich im Planungsstadium, darunter eine als An-140-100 bezeichnete um 3,80 m längere Ausführung für 68 Passagiere.
Hersteller: Antonow ASTC, Kiew, Ukraine; Werke Isfahan, Iran und Kharkow State Aircraft Production Company, Ukraine.

Abmessungen: Spannweite 24,25 m, Länge 22,46 m, Höhe 8,03 m.

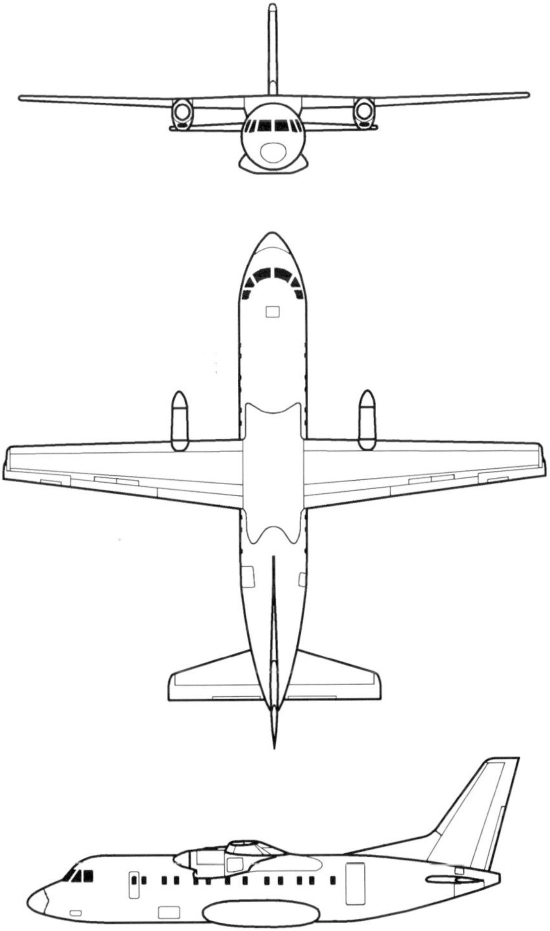

ATLAS CSH-2 ROOIVALK

Ursprungsland: Südafrika.
Kategorie: Zweisitziger Kampf- und Begleithubschrauber.
Triebwerke: Zwei Gasturbinen Topaz (Weiterentwicklung der Turboméca Makila 1K2) von je 2075 WPS (1356 kW) Leistung.
Leistungen: Höchstgeschwindigkeit 309 km/h; Marschgeschwindigkeit 278 km/h; max. Schrägsteiggeschwindigkeit 11,17 m/Sek; Schwebehöhe mit Bodeneffekt 5550 m, ohne Bodeneffekt 5030 m; max. Reichweite 700 km, mit Zusatztanks 1260 km; max. Flugdauer 3 Std. 30 Min.
Gewichte: Leergewicht 5910 kg; norm. Startgewicht 7500 kg, max. Startgewicht 8750 kg.
Bewaffnung: Eine 20-mm-Kanone GAF-1 in einem separaten Drehturm vorne unter dem Rumpf für bis zu 700 Schuss. An den Stummelflügeln seitlich am Rumpf acht oder 16 Panzerabwehrlenkwaffen unterschiedlichen Typs, vier Luft-Luft-Lenkwaffen V3B Kukri zur Selbstverteidigung oder 44 bis 88 ungelenkte 68-mm-Raketen in Behältern, max. Waffenlast 2030 kg.
Entwicklungsstand: Der erste von zwei Prototypen nahm die Flugerprobung am 11. Februar 1990 auf, gefolgt von der ersten dem Serienstandard entsprechenden Rooivalk am 17. Februar 1997. Die südafrikanische Luftwaffe hat bisher 12 Maschinen bestellt, die ab 1998 abgeliefert werden. Malaysia erhält voraussichtlich 8 Exemplare.
Bemerkungen: Der Rooivalk ist von der SA330 Puma abgeleitet und übernimmt mit Ausnahme der Triebwerksanordnung deren dynamische Komponenten. Rumpf, Waffensystem und Elektronik sind aber weitgehend Eigenentwicklungen. In seiner Auslegung orientiert er sich an den bekannten Vorbildern von Kampfhubschraubern. Die Elektronik ist besonders ausgefeilt: Ein Mil-Std.-1553B-Databus verbindet die einzelnen Systeme und die Navigation basiert auf einem Doppler-System inkl. GPS. Die Serienmaschinen weisen stärkere Triebwerke, eine leichtere, etwas neu konfigurierte Zelle und moderne Bildschirmanzeigen auf.
Hersteller: Atlas (Denel) Aircraft Corp., Kempton Park, Transvaal, Südafrika.

Abmessungen: Rotordurchmesser 15,58 m, Rumpflänge inkl. Heckrotor 16,65 m, Höhe inkl. Rotorkopf 5,19 m.

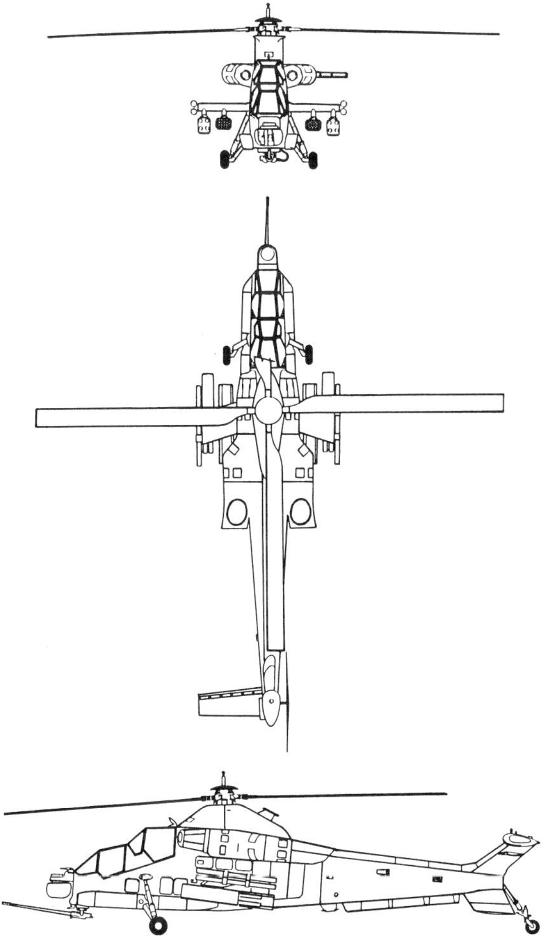

AYRES LM200 LOADMASTER

Ursprungsland: USA.
Kategorie: Fracht- und Mehrzweckflugzeug.
Triebwerke: Eine Doppelturbine AlliedSignal/Allison TWINPAC CTP-800-4T von je 2700 WPS (2012 kW) Leistung, reduziert auf 2400 WPS (1790 kW) Leistung, die via einem Umsetzungsgetriebe auf einem Propeller wirken.
Leistungen (nach Angaben des Herstellers): Max. Reisegeschwindigkeit 363 km/h, normale Reisegeschwindigkeit 306 km/h; Anfangssteiggeschwindigkeit bei max. Abfluggewicht 9,5 m/Sek; Reichweite mit max. Nutzlast 1205 km, maximal 2075 km.
Gewichte: Rüstgewicht 4082 kg; max. Startgewicht 8618 kg.
Zuladung: Als Frachter ein bis zwei Piloten und eine Nutzlast von 3400 kg oder in der Commuterversion 19 bis in enger Bestuhlung max. 34 Passagiere in Viererreihe mit Mittelgang.
Entwicklungsstand: Der Prototyp soll im zweiten Halbjahr 1998 die Flugerprobung aufnehmen. Erste Auslieferungen sind für Ende 1999 geplant. Bisher erhielt Ayres 67 Festbestellungen und 225 Optionen von vier Gesellschaften. Hauptbetreiber wird die FedEx sein, die bis zu 250 Maschinen einsetzen will. 1999 sollen 12 Loadmasters, ab 2000 jährlich 48 Einheiten hergestellt werden.
Bemerkungen: Die LM200 Loadmaster wurde weitgehend für die Bedürfnisse der Kleinpaket-Spediteure entwickelt. Sie soll eine möglichst rationelle und kostengünstige Verteilung der Ware ermöglichen. Deshalb wurde der 38,23 m^3 grosse Frachtraum in den Dimensionen so ausgerichtet, dass darin genau vier Standard-Container des Hauptbestellers FedEx Platz haben. Im übrigen handelt es sich beim Loadmaster um eine sehr einfache und robuste Konstruktion mit Festfahrwerk. Unter der Bezeichnung LM250 schlägt Ayres eine schwerere militärische Ausführung mit Heckladeklappe und höherem Abfluggewicht von 11340 kg vor. Sie würde mit dem leistungsfähigeren Triebwerk CTP800-50 TWINPACK von 3200 WPS (2387 kW) Leistung ausgerüstet. Weitere Ausführungen: Die LM200 ebenfalls mit Heckladeklappe sowie eine mit Schwimmern ausgerüstete Amphibienversion.
Hersteller: Ayres Corporation, Albany, Georgia, USA.

Abmessungen: Spannweite 19,50 m, Länge 21,03 m, Höhe 6,85 m, Flügelfläche 42,13 m^2.

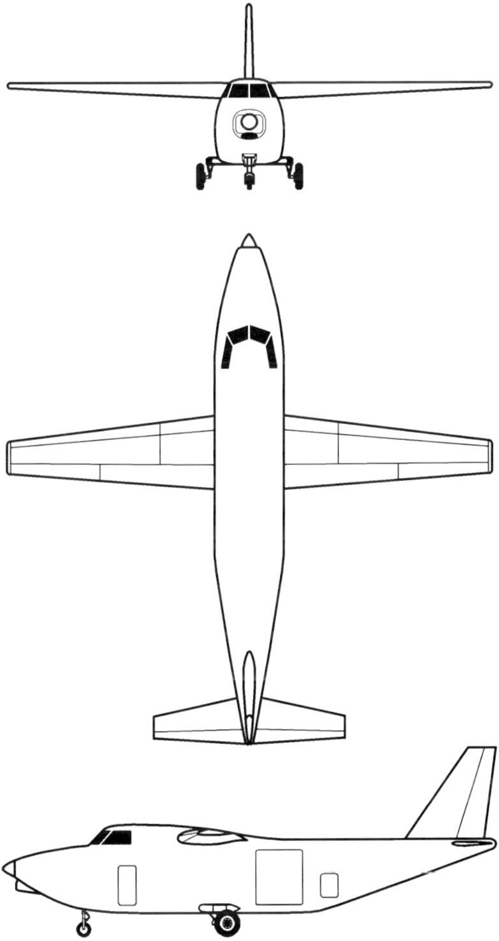

BELL 407

Ursprungsland: USA.
Kategorie: Leichter Mehrzweckhubschrauber.
Triebwerke: Eine Gasturbine Allison 250-C47 von 674 WPS (503 kW) Leistung.
Leistungen: Höchstgeschwindigkeit 260 km/h, bei max. Nutzlast 240 km/h; max. Schrägsteiggeschwindigkeit 6,4 m/Sek; Dienstgipfelhöhe 4115 m; Schwebehöhe mit Bodeneffekt 3900 m, ohne Bodeneffekt 3200 m; Reichweite ohne Reserven 580 km.
Gewichte: Standard-Leergewicht 1178 kg; max. Startgewicht 2270 kg, mit externer Nutzlast 2500 kg.
Zuladung: Pilot und sechs Passagiere; max. Nutzlast 1100 kg.
Entwicklungsstand: Ein Erprobungsträger der 407 fliegt seit 21. April 1994. Der erste von zwei eigentlichen Prototypen nahm im Juni 1995 die Flugerprobung auf. Bell begann mit der Auslieferung noch 1995. Bisher sind mehr als 280 Exemplare bestellt und rund 200 davon abgeliefert worden. Die Monatsproduktion beläuft sich mittlerweile auf 10 bis 12 Einheiten. Lizenzbau auch bei der indonesischen IPTN vorgesehen.
Bemerkungen: Die einmotorige Bell 407 soll mittelfristig die Erfolgsmodelle 206 JetRanger und TwinRanger ersetzen. Nebst deutlich stärkeren Triebwerken verfügt die 407 über einen von der OH-58D abgeleiteten Vierblattrotor aus Kunststoff. Auch das Dynamiksystem ist von diesem Muster übernommen. Schliesslich wird ein volldigitales Triebwerkmanagementsystem FADEC eingebaut. Dank dieser Massnahmen fliegen die 407 wesentlich vibrationsärmer und kostengünstiger. Gegenüber der Vorgängerin 206 ist die Kabine 18 cm breiter und verfügt über grössere Fenster und Türen. Die Firma Tridair, welche bereits eine zweitmotorige Ausführung der 206 (siehe Ausgabe 1997) entwickelt hat, plant auch für die 407 unter der Bezeichnung Gemini HP einen entsprechenden Umbausatz anzubieten.
Hersteller: Bell Helicopter Textron Inc., Canadian Division, Mirabel, Montreal, Kanada.

Abmessungen: Rotordurchmesser 10,66 m, Rumpflänge 10,42 m, Höhe inkl. Rotorkopf 3,10 m.

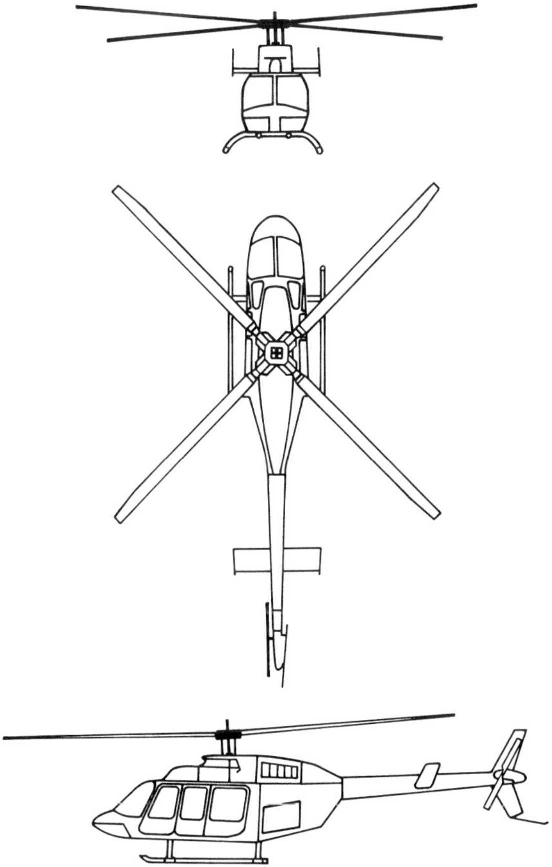

BELL 427

Ursprungsland: USA.
Kategorie: Leichter Mehrzweckhubschrauber.
Triebwerke: Zwei Gasturbinen Pratt & Whitney PW206D von je 600 WPS (448 kW) Leistung.
Leistungen (geschätzt): Höchstgeschwindigkeit 252 km/h; Reisegeschwindigkeit 233 km/h; Schwebehöhe ohne Bodeneffekt 3200 m, mit Bodeneffekt 4270 m; Reichweite 654 km, max. Flugzeit 4 Std.
Gewichte: Leergewicht 1581 kg; max. Startgewicht 2722 kg.
Zuladung: Pilot und bis zu sieben Passagiere oder Frachtzuladung von 1141 kg. Als Ambulanzhubschrauber zwei liegende Verletzte.
Entwicklungsstand: Der erste von zwei Prototypen fliegt seit 11. Dezember 1997. Nach der geplanten Zulassung im Dezember 1998 sollen im Januar 1999 die Auslieferungen an Kunden beginnen. Bisher sind Bestellungen für rund 70 Einheiten eingegangen.
Bemerkungen: Die Bell 427 basiert auf der 407 (siehe Seiten 50/51) und wird zusammen mit der Samsung Aerospace Industries Ltd., Korea, entwickelt. Das dynamische System (Rotorkopf, Getriebe und Rotoren) basiert auf ihr, die Rotorblätter sind aber rund 30 cm länger. Der aus Verbundwerkstoffen bestehende Rumpf wurde neu entwickelt und ist um etwa 33 cm länger als jener der 407. Die Kabine lässt sich für verschiedenste Zwecke umgestalten. Die grossen Türen (auf Wunsch als Schiebetüren) erleichtern dabei beispielsweise den Ein- und Auslad von Fracht. Sämtliche Sitze sind «Crash resistent» konstruiert, die Cockpitinstrumente vollständig digitalisiert. Mit der 427 wird das Ziel verfolgt, einen möglichst kostengünstigen und wirtschaftlichen Zweimotorer anbieten zu können. Der Verkaufspreis soll anfänglich unter US$ 2 Mio. liegen. Samsung stellt die Kabine und den Heckteil aller 427 her, während das Rotorsystem durch Bell Fort Worth beigesteuert wird. Die Endmontage erfolgt in den Werken Mirabel, Kanada, sowie bei Samsung in Sachon für in Korea und China zu verkaufende Exemplare.
Hersteller: Bell Helicopter Textron Inc., Canadian Division, Mirabel, Montreal, Kanada.

Abmessungen: Noch keine Angaben erhältlich.

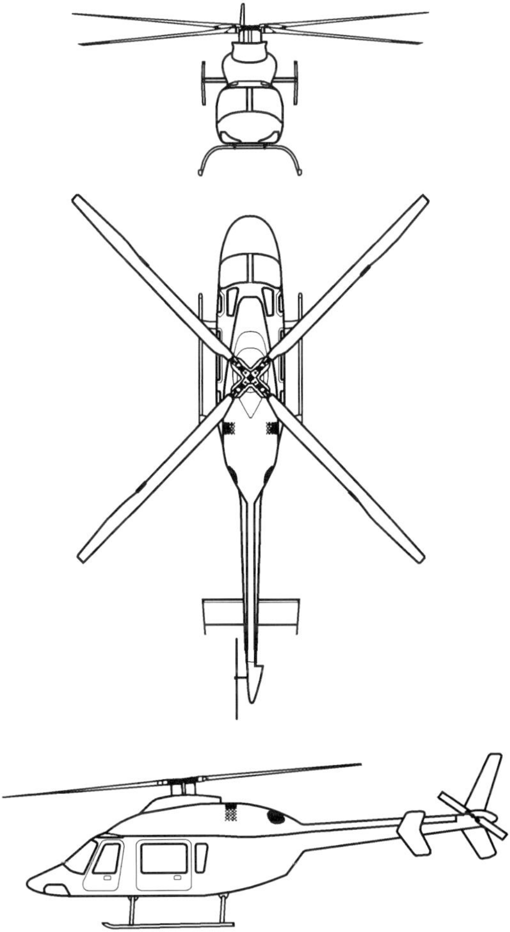

BELL 430

Ursprungsland: USA (Kanada).
Kategorie: Leichter Mehrzweck- und Transporthubschrauber.
Triebwerke: Zwei Gasturbinen Allison 250-C40 von je 785 WPS (585 kW) Leistung.
Leistungen (geschätzt): Höchstgeschwindigkeit 278 km/h; max. Reisegeschwindigkeit 259 km/h; Schwebehöhe mit Bodeneffekt 4750 m, ohne Bodeneffekt 2225 m; Dienstgipfelhöhe 5760 m; Reichweite 700 km.
Gewichte: Leergewicht 2340 kg; norm. Startgewicht 4090 kg, maximal 4200 kg.
Zuladung: Ein bis zwei Piloten und sechs bis acht Passagiere; max. externe Nutzlast 1600 kg.
Entwicklungsstand: Die neueste Ausführung 430 nahm die Flugerprobung am 25. Oktober 1994 auf. Erste Kundenauslieferungen rund ein Jahr später. Die Auftragslage ist zurzeit nicht bekannt. Ein Lizenzbau bei IPTN wird derzeit geprüft.
Bemerkungen: Mit der Bell 430 bietet der Hersteller eine deutlich leistungsfähigere Ausführung der Bell 230 an (siehe Ausgabe 1994). Sie unterscheidet sich vom Vorgängermuster u.a. durch: Vibrationsarmer Vierblattrotor aus Kunststoff, um 0,45 m verlängerten Rumpf mit 23 % grösserem Kabinenvolumen, stärkere Allison 250-C40-Triebwerke mit FADEC-System sowie Flüssigkristall-Displays im Cockpit von Rogerson. Wie bei der 230 kann der Kunde zwischen Kufen- oder Radfahrwerk wählen. 1996 absolvierte eine 430 eine Weltumrundung in der Rekordzeit von 17 Tagen und sechs Stunden.
Hersteller: Bell Helicopter Textron Inc., Canadian Division, Mirabel, Montreal, Kanada.

Abmessungen: Rotordurchmesser 12,80 m, Rumpflänge 12,97 m, Höhe inkl. Rotorkopf (mit Kufenfahrwerk) 3,90 m.

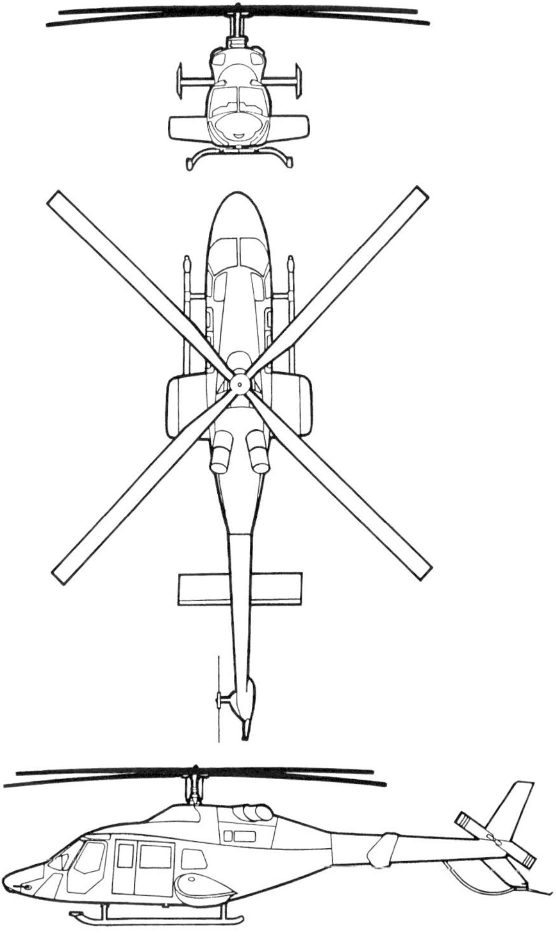

BELL 412HP

Ursprungsland: USA (Kanada).
Kategorie: Mehrzweck- und Transporthubschrauber.
Triebwerke: Eine Gasturbine Pratt & Whitney Canada PT6T-3BE-Turbo Twin Pac von 1600 WPS (1193 kW) Leistung.
Leistungen: Höchstgeschwindigkeit 259 km/h auf Meereshöhe; Reisegeschwindigkeit 230 km/h; max. Schrägsteiggeschwindigkeit 6,86 m/Sek; Dienstgipfelhöhe 5030 m; Schwebehöhe mit Bodeneffekt 3110 m bei 4762 kg, ohne Bodeneffekt 1585 m; max. Reichweite 745 km ohne Zusatztanks auf 1525 m.
Gewichte: Leer 2950 kg; max. Startgewicht 5397 kg.
Zuladung: Ein bis zwei Piloten und 13 bis 14 Passagiere; max. Nutzlast 2395 kg.
Entwicklungsstand: Die neueste Ausführung -HP erhielt die Zulassung im Februar 1991. Militärische Ausführungen der 412 von Bell bzw. Agusta haben 20 Länder erhalten (Details siehe Ausgabe 1997). Neueste Besteller: 9 als Griffin HT.1 bezeichnete 412EP für die Ausbildung der britischen Militärpiloten, Philippinen 4, Türkische Küstenwache 5, Zypern 1. Die Saudi Arabische Luftwaffe wird voraussichtlich 40 Agusta/Bell 412EP für SAR-Aufgaben bestellen. Darüber hinaus ist eine unbekannte Anzahl ziviler 412 hergestellt worden. Die jährliche Produktionsrate beträgt rund 24 Einheiten. Auch die Vorgangsmuster Bell 205 und 212 (siehe Ausgabe 1980/81) werden in beschränkter Stückzahl weiterhin ausgeliefert.
Bemerkungen: Die Bell 412HP ist das vorläufig neueste Modell der Bell 412. Sie verfügt über stärkere Triebwerke mit entsprechend angepasster Transmission und ein erhöhtes Abfluggewicht. Sie wird, abgesehen vom Bell-Werk in Mirabel, auch in Indonesien bei IPTN (100 Exemplare; Produktion zurzeit eingestellt) und bei Agusta, Italien, gebaut. 100 UH-1N des USMC werden in den nächsten Jahren ganz erheblich leistungsgesteigert: Zwei GE T700-GE-401-Triebwerke , neuer Flexbeam-Rotorkopf mit lagerloser Befestigung und vierblättrigen Kunststoffrotoren, um ca. 50 cm verlängerter Rumpf, längerer Heckausleger mit neuem Vierblattheckrotor usw.
Hersteller: Bell Helicopter Textron Inc., Canadian Division, Mirabel, Montreal, Kanada.

Abmessungen: Rotordurchmesser 14,02 m, Rumpflänge 12,92 m.

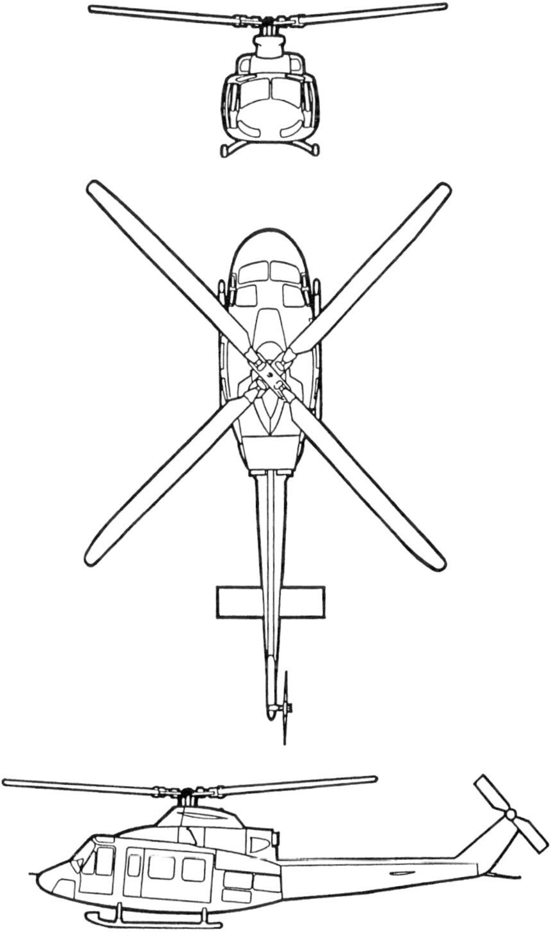

BELL AH-1W SUPERCOBRA

Ursprungsland: USA.
Kategorie: Zweisitziger Kampfhubschrauber.
Triebwerke: Zwei Gasturbinen General Electric T700-GE-401 von je 1625 WPS (1213 kW) Leistung.
Leistungen (bei einem Fluggewicht von 6690 kg): Höchstgeschwindigkeit 315 km/h auf Meereshöhe; max. Reisegeschwindigkeit 278 km/h; Schwebehöhe mit Bodeneffekt 4495 m, ohne Bodeneffekt 914 m; Reichweite ohne Zusatztanks 587 km auf Meereshöhe.
Gewichte: Leergewicht 4627 kg; max. Startgewicht 6690 kg.
Bewaffnung: Eine dreiläufige 20-mm-Revolverkanone und bis zu vier Luft-Luft-Lenkwaffen AIM-9L Sidewinder unter den Stummelflügeln. Weitere Bewaffnungsmöglichkeiten sind acht lasergelenkte Panzerabwehrraketen TOW oder Hellfire, 76 ungelenkte 70-mm-Raketen, zusätzliche Kanonenbewaffnung oder ungelenkte Zuni-Raketen.
Entwicklungsstand: Erstflug am 16. November 1983. Das USMC inkl. USMC-Reserve hat rund 230 Maschinen erhalten. Weitere Besteller dieser Ausführung: Taiwan 42 + weitere 21, türkische Armee 10. Japan erhält bis ins Jahr 2000 insgesamt 90 von der etwas leistungsschwächeren, einmotorigen Version AH-1S. Die rumänische Luftwaffe beschafft ab 1999 96 AH-1F Cobras (Lizenzbau bei IAR Brasov).
Bemerkungen: Die Variante AH-1W Sea Cobra mit erweitertem Leistungsspektrum wird durch das USMC hauptsächlich als Eskorte für Transporthubschrauber und Landungstruppen eingesetzt. Alle noch vorhandenen AH-1T hat man auf diesen Standard gebracht. Kaum abgeschlossen, ist bereits die nächste Leistungssteigerung initialisiert worden. 180 AH-1W des USMC erhalten neue Triebwerke T700-GE 401, ein stärkeres Getriebe für eine Übertragungsleistung von 2625 WPS (1955 kW), einen neuen «Flexbeam» -Rotorkopf mit lagerloser Befestigung der vier Verbundwerkstoff-Rotorblätter, neue Elektronik (u.a. Flüssigkristall-Instrumente) und längeren Heckausleger mit Vierblatt-Heckrotor. Bei der in Rumänien als AH-1RO bezeichneten AH-1F handelt es sich um eine gegenüber der AH-1S aufdatierten Ausführung, welche aber über den Rumpf der AH-1W verfügt.
Hersteller: Bell Helicopter Textron Inc., Fort Worth, Texas, USA.

Abmessungen: Rotordurchmesser 14,63 m, Rumpflänge 13,87 m.

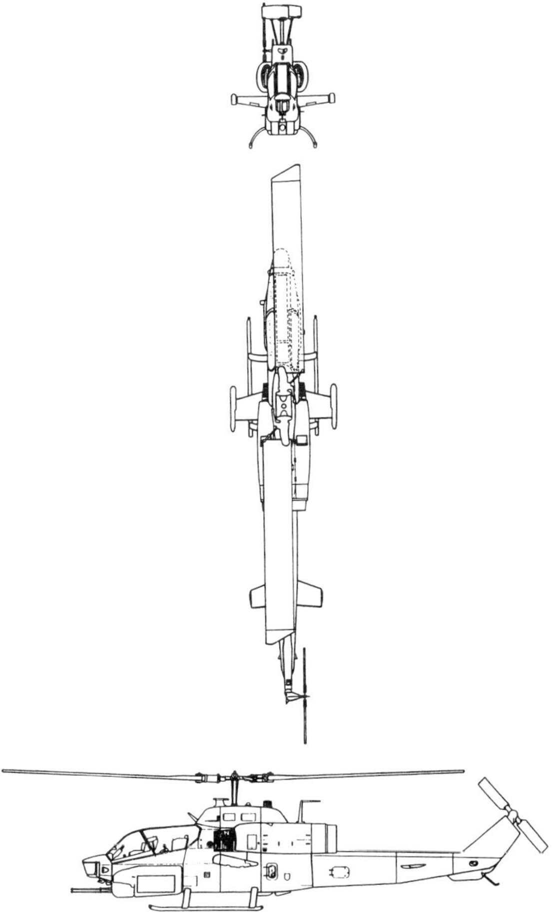

BELL-BOEING V-22 OSPREY

Ursprungsland: USA.
Kategorie: Mehrzweck-Kippflügelflugzeug.
Triebwerke: Zwei Propellerturbinen Allison T406-4D-400 von je 6150 WPS (4587 kW) Leistung.
Leistungen: Max. Reisegeschwindigkeit als Flächenflugzeug 510 km/h auf Meereshöhe oder 550 km/h auf optimaler Höhe, in Helikopterkonfiguration 185 km/h auf Meereshöhe; max. Geschwindigkeit mit einer Aussenlast von 6804 kg 370 km/h; max. Schrägsteiggeschwindigkeit 5,53 m/Sek; Dienstgipfelhöhe 3444 m; Reichweite bei Senkrechtstart und einer Nutzlast von 5443 kg 2224 km, bei Kurzstart und einer Nutzlast von 9072 kg 3336 km; Überführungsreichweite 3892 km.
Gewichte: Rüstgewicht 15032 kg; normales Startgewicht unter VTO-Bedingungen 23855 kg, max. unter STO-Bedingungen 27442 kg.
Zuladung: Drei Mann Besatzung und bis zu 24 ausgerüstete Soldaten oder 12 Tragbahren für Verletzte plus Pfleger, max. Nutzlast 9072 kg.
Entwicklungsstand: Der erste von sechs Prototypen nahm die Flugerprobung am 9. März 1989 auf. Vier weitere, weitgehend dem Serienstandard entsprechende Ospreys fliegen seit Ende 1996. Weitere 13 Einheiten sind bestellt. Die US-Streitkräfte werden voraussichtlich 523 V-22 beschaffen: USMC 425 MV-22, USN 48 HV-22, USAF 50 CV-22 für Spezialmissionen; Ablieferung ab dem Jahr 2000.
Bemerkungen: Diese Gemeinschaftsentwicklung von Bell und Boeing stellt das erste in der Welt einsatzbereit entwickelte Kippflügel-Modell dar. Zum platzsparenden Verstau auf Flugzeugträgern kann der gesamte Flügel um 90 Grad gedreht und die Rotoren gefaltet werden. Beide Rotoren sind untereinander mit einer Achse verbunden, so dass im Falle eines Triebwerkausfalls die V-22 weiterhin fliegen kann. Die V-22 soll Ausgangsmuster von mehreren verschiedenen Varianten werden, darunter auch für zivile Einsätze. Aufgrund der Erprobungsresultate wurde der Entwurf einer kritischen Überprüfung unterzogen und in einzelnen Bereichen überarbeitet.
Hersteller: Bell Helicopter Textron Inc., Fort Worth, Texas, USA, und Boeing Helicopter Company, Philadelphia, USA.

Abmessungen: Spannweite inkl. Rotoren 25,77 m, Länge 19,09 m, Höhe 5,38 m.

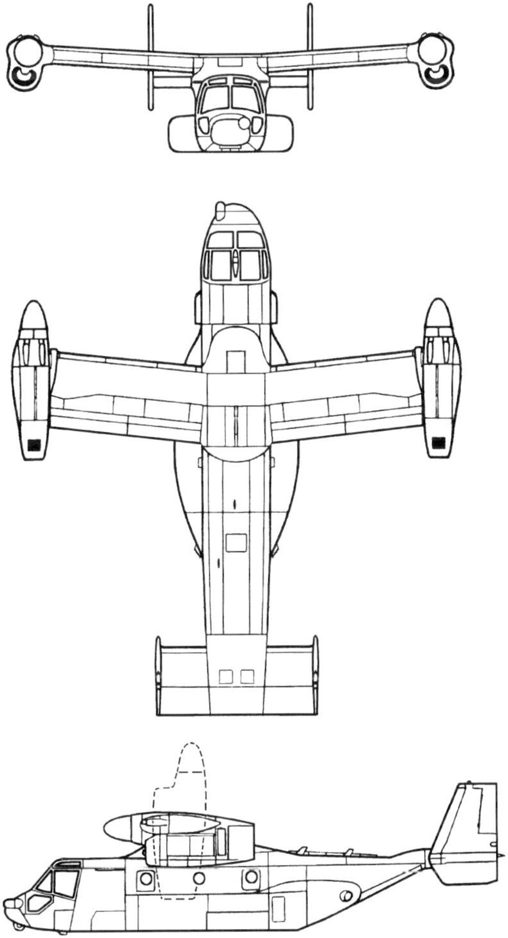

BERIEW BE-200

Ursprungsland: Russland.
Kategorie: Mehrzweck-Amphibienflugzeug.
Triebwerke: Zwei Mantelstromtriebwerke ZMKB Progress D-436T von je 7500 kp (73,6 kN) Standschub.
Leistungen (geschätzt): Höchstgeschwindigkeit auf 7000 m 720 km/h; max. Reisegeschwindigkeit auf 8000 m 700 km/h; Anfangssteiggeschwindigkeit 14 m/Sek; Dienstgipfelhöhe 11000 m; Reichweite mit einer Nutzlast von 4000 kg 2100 km.
Gewichte: Max. Startgewicht 36000 kg.
Zuladung: Zwei Piloten und 68 Passagiere in der Touristenklasse oder bis 8000 kg Nutzlast als Frachter.
Entwicklungsstand: Der Prototyp wurde am 11. September 1996 erstmals der Öffentlichkeit vorgestellt. Vorwiegend wirtschaftliche Probleme verzögerten bis heute den Erstflug. Drei weitere Maschinen befinden sich in der Fertigung. Beriew gibt an, bereits Aufträge für 100 Be-200 erhalten zu haben. Bisher bekanntgegeben wurde aber nur die Bestellung von sieben Einheiten durch das russische Zivilschutz-Ministerium für Rettungs- und Waldbrandeinsätze.
Bemerkungen: Erstmals 1991 angekündigt, handelt es sich um eine erheblich überarbeitete und deutlich kleinere Ausführung des Ausgangsmuster Beriew Be-42/A-40 Mermaid (siehe Ausgabe 1995). Sie ist das zurzeit einzige in Entwicklung befindliche Amphibium mit Strahlantrieb in der Welt. Für das Projekt zeichnet sich ein Konsortium Beta Air verantwortlich, welchem neben Beriew (20 %) u.a. auch die Irkutsk Aircraft Production Association (35 %) sowie die schweiz. ILTA Trade Finance SA (15 %) angeschlossen sind. Mehrere Ausführungen werden angeboten: Eine Feuerwehrversion mit einer abwerfbaren Wassernutzlast von 12000 kg, Varianten als reiner Passagiertransporter oder als Frachter sowie als Such- und Rettungsflugzeug und für Evakuationseinsätze.
Hersteller: OKB Georgi Beriew, Taganrog, Werk APK Suchoj Irkutsk, Irkutsk, Russland.

Abmessungen: Spannweite inkl. Winglets 32,70 m, Länge 32,05 m, Höhe 8,90 m.

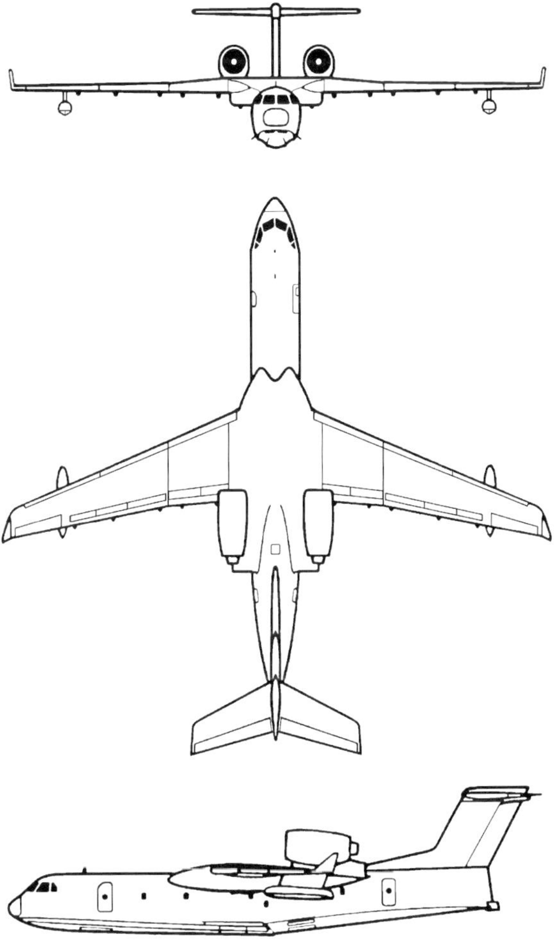

BERIEW BE-103

Ursprungsland: Russland.
Kategorie: Amphibienflugzeug für zivile und militärische Aufgaben.
Triebwerke: Zwei seitlich am Heck angeordnete luftgekühlte Sechszylinder-Boxermotoren Teledyne-Continental IO-360 von je 210 PS (156 kW) Leistung oder Kolesow M-17F-Triebwerke ähnlicher Leistung.
Leistungen (nach Angaben des Herstellers): Max. Reisegeschwindigkeit 265 km/h; ökonom. Reisegeschwindigkeit 220 km/h; Dienstgipfelhöhe 3000 m; Reichweite 500 km.
Gewichte: Rüstgewicht 1540 kg; max. Startgewicht 2050 kg.
Zuladung: Sechs Personen einschliesslich des Piloten oder als Frachter 400 kg.
Entwicklungsstand: Der Erstflug fand am 15. Juli 1997 statt. Bereits nach fünf Wochen ging der Prototyp durch Absturz verloren. Ein zweites Versuchsmuster fliegt seit 17. November 1997. Die Serienproduktion soll in der zweiten Hälfte 1998 gestartet werden mit dem Ziel, 1999 die ersten Exemplare an Kunden ausliefern zu können. Die russische Grenzwacht hat bei einem Bedarf von 200 Einheiten vorläufig deren 20 bestellt.
Bemerkungen: Die Entwicklung dieser vor einiger Zeit überraschend vorgestellten Konstruktion begann bereits 1992. Es wurde auf möglichst einfache, robuste und kostengünstige Bauart geachtet. Deshalb kann die Be-103 zu einem Preis von nur US$ 700 000.– angeboten werden. Rumpf und Flügel sind in mehrere wasserdichte Sektionen unterteilt, um das Risiko des Absinkens bei Beschädigung zu reduzieren. Die Be-103 kann dank des Einziehfahrwerks sowohl vom Wasser als auch vom Lande aus starten und landen. Der Hersteller prüft derzeit eine kostengünstigere Ausführung mit nur einem über dem Rumpf angeordneten Triebwerk vom Typ Woronezh OKBM M-14 von 360 PS (268 kW) Leistung.
Hersteller: OKB Georgie Beriew, Taganrog, Werk Komsomolsk-Amur, Russland.

Abmessungen: Noch keine Angaben erhältlich.

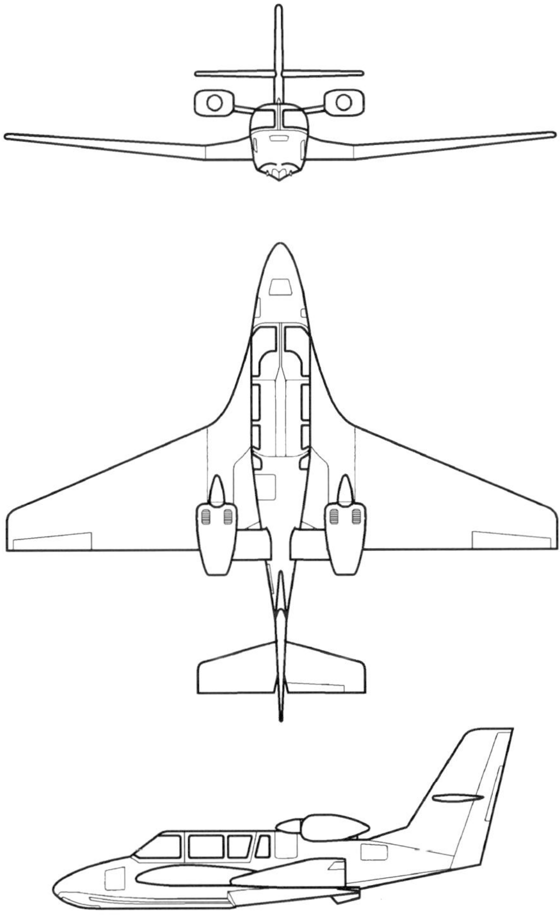

BOEING 737-600/-700/-800/-900

Ursprungsland: USA.
Kategorie: Kurz- und Mittelstrecken-Verkehrsflugzeug.
Triebwerke: Zwei Mantelstromtriebwerke CFM International CFM56-7B18 (-600) von je 8391 kp (82,29 kN), CFM56-7B20 (-600/-700) von je 9071 kp (88,96 kN), CFM56-7B22 (-600/-700) von je 9978 kp (97,86 kN), CFM56-7B24 (-700/-800) von je 10886 kp (106,75 kN) oder CFM56-7B26 (-800) von je 11974 kp (117,43 kN) Standschub.
Leistungen (geschätzt): Reisegeschwindigkeit Mach 0,82; Dienstgipfelhöhe 12500 m; Reichweite mit 108 Passagieren (-600) 5940 km, 128 Passagieren (-700) 5940 km, 160 Passagieren (-800) 5380 km, (-900) 5000 km.
Gewichte: Rüstgewichte (-600) 36370 kg, (-700) 37640 kg, (-800) 41410 kg; max. Startgewichte (-600) 65090 kg, (-700) 69400 kg, (-800/-900) 78204 kg.
Zuladung: Zwei Mann Cockpitbesatzung mit verschiedenen Kabinenausstattungen für normalerweise (-600) 108, (-700) 128, (-800) 160, (-900) 177 Passagiere. Maximale Passagierzahl (-600) 132, (-700) 149, (-800/-900) 189.
Entwicklungsstand: Als erster Typ dieser Folgegeneration der 737 hat die Version -700 am 9. Februar 1997 die Flugerprobung aufgenommen, gefolgt von der -800 am 31. Juli. Die Indienststellung fand im Oktober 1997 statt. Bisher sind von den Versionen (-600/-700/-800/-900) mehr als 630 Einheiten bestellt worden. Mit einem Lieferumfang von über 3900 Einheiten ist die 737 das bisher erfolgreichste Düsenverkehrsflugzeug der Welt; monatliche Produktionsrate ab 1998 21 Maschinen.
Bemerkungen: Die neueste Generation der 737 verfügt über verbesserte Triebwerke, die geringeren Lärm und wesentlich reduzierten Schadstoffausstoss verursachen und eine erhebliche Verbrauchsminderung ermöglichen. Zudem wird die Reisegeschwindigkeit deutlich gesteigert. Ein neuer Flügel mit einer um 5 m vergrösserten Spannweite ermöglicht grössere Reichweiten. Vier Ausführungen mit unterschiedlicher Rumpflänge sind erhältlich. Eine Geschäftsreiseversion mit einer Reichweite von bis zu 11130 km wird ebenfalls angeboten (bisher 29 bestellt). Die USN hat zwei auf der -700 basierenden Exemplare der Quick-Change-Ausführung bestellt.
Hersteller: The Boeing Company, Renton, Washington, USA.

Abmessungen: Spannweite 34,30 m, Länge (-600) 31,20 m, (-700) 33,60, (-800) 39,50 m, (-900) 42,10 m, Höhe 12,50 m, Flügelfläche 124,60 m^2.

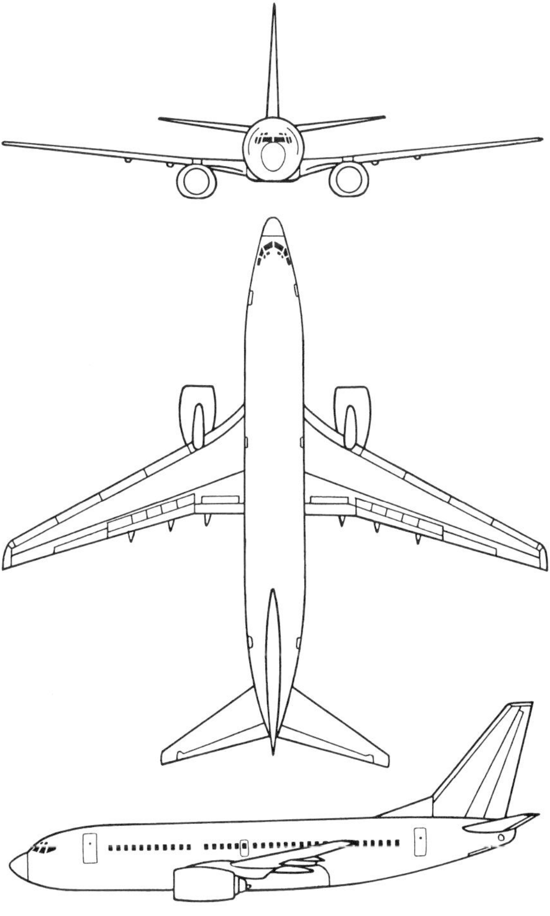

BOEING 747-400

Ursprungsland: USA.
Kategorie: Langstrecken-Verkehrsflugzeug bzw. Frachter.
Triebwerke: Wahlweise vier Mantelstromtriebwerke General Electric CF60-80C2B4 von je 26263 kp (257,5 kN), Pratt & Whitney PW4256 von je 25742 kp (252,4 kN) oder Rolls Royce RB.211-524G von je 26309 kp (258 kN) Standschub.
Leistungen (RB.211): Höchstgeschwindigkeit 976 km/h auf 9150 m; max. Reisegeschwindigkeit 939 km/h auf 10670 m; Langstrecken-Reisegeschwindigkeit 907 km/h; Reichweite mit 412 Passagieren und üblichen Reserven 13528 km, mit max. Nutzlast als Frachter 8100 km; Reichweite mit max. Treibstoffzuladung 15412 km.
Gewichte (RB.211): Rüstgewicht 178661 kg; max. Startgewicht 362875 kg bis 422700 kg (Spezialversionen).
Zuladung: Zwei Mann Cockpitbesatzung und 450 Passagiere in drei Klassen. Maximalkapazität rund 550 Passagiere. Als Frachter -400F über 113000 kg Nutzlast (siehe Silhouette und Foto).
Entwicklungsstand: Erstflug dieser Version am 29. April 1988. Beginn der Auslieferungen (an Northwest) am 26. Januar 1989. Von allen 747 sind bisher 1270 Einheiten bestellt worden, davon rund 550 der Ausführung -400. Ab 1998 werden monatlich wieder fünf Maschinen produziert.
Bemerkungen: Boeing kündigte Anfang 1997 überraschend an, dass die zwei Weiterentwicklungen 747-500X und 747-600X doch nicht weiterverfolgt werden. Als Alternativen studiert man derzeit mehrere Optionen, darunter eine 747-400IGW für Reichweiten bis 14245 km sowie eine nur leicht vergrösserte Ausführung 747-400X. Die USAF bestellte vorerst eine auf der -400F basierende Waffenplattform zur Erprobung des Kampflasers YAL-1A. Zur Bekämpfung von ballistischen Lenkwaffen wird im Bug ein Laser eingebaut, der Ziele bis zu 580 km Entfernung treffen kann. Erstflug des Prototyps im Jahr 2002. Bis 2008 sollen acht Einheiten beschafft werden.
Hersteller: The Boeing Company, Commercial Airplane Company, Everett, Washington, USA.

Abmessungen: Spannweite 64,31 m, Länge 70,67 m, Höhe 19,30 m, Flügelfläche 524,88 m^2.

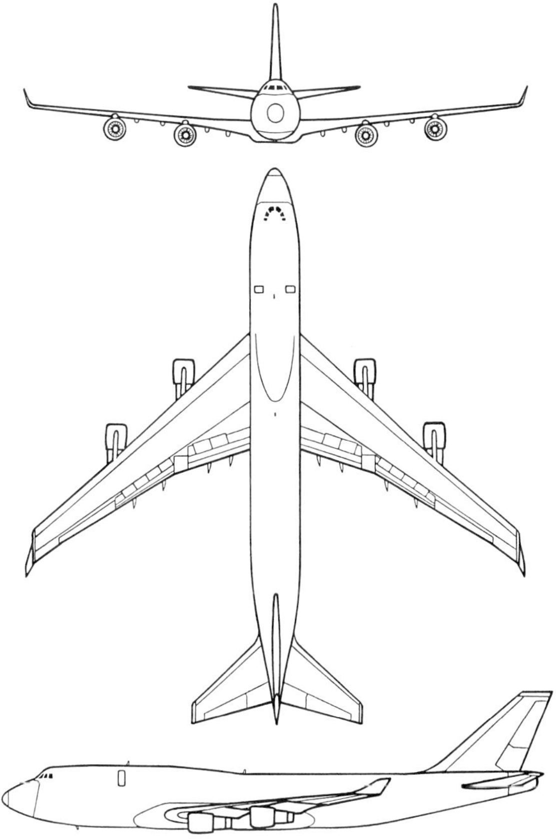

BOEING 757-200

Ursprungsland: USA.
Kategorie: Mittelstrecken-Verkehrsflugzeug bzw. Frachter.
Triebwerke: Wahlweise zwei Mantelstromtriebwerke Rolls-Royce RB.211-535C von 16965 kp (166,4 kN), zwei Pratt & Whitney PW2037 von 17327 kp (170 kN), oder zwei Rolls-Royce RB.211-535E4 von je 18190 kp (178,4 kN) Standschub.
Leistungen (RB.211-535E4): Max. Reisegeschwindigkeit 935 km/h auf 9150 m; ökonom. Reisegeschwindigkeit 850 km/h auf 11675 m; Dienstgipfelhöhe 11675 m; Reichweite mit max. Nutzlast 5890 km; max. Reichweite 8460 km.
Gewichte: Rüstgewicht 57180 kg; max. Startgewicht (Mittelstreckenausführung) 104325 kg, (Langstreckenausführung) 113395 kg.
Zuladung: Zwei Piloten und neun verschiedene Innenausstattungen für 178 bis 239 Passagiere. Typische Bestuhlung für 196 Touristenklasse- und 12 Erstklasspassagiere oder 170 Touristenklasse- und 16 Erstklasspassagiere. Max. Nutzlast als Frachter 36222 kg (siehe Silhouette).
Entwicklungsstand: Erstflug der Boeing 757 am 19. Februar 1982. Beginn der Kundenlieferungen im Dezember 1982. Ende 1997 waren rund 910 Flugzeuge bestellt und davon mehr als 780 abgeliefert. Die Monatsproduktion beträgt vier Einheiten.
Bemerkungen: Zurzeit sind folgende Spezialversionen verfügbar: Die Boeing 757ER für Langstrecken, die Frachterausführung 757PF mit seitlich im Vorderrumpf eingebautem Frachttor und die gemischte Passagier-/Frachtversion 757-200M Combi. Von der 757-200 ist auch eine Ausführung als Firmenflugzeug erhältlich. Vier davon sind von der USAF als VIP-Flugzeuge unter der Bezeichnung C-32 bestellt worden. Mitte 1998 folgt die verlängerte 757-300 für bis zu 289 Passagiere und einer um 40 % grösseren Frachtkapazität; max. Startgewicht 122472 kg. Condor als Erstbesteller erhält ab 1999 12 Einheiten (+ 12 Optionen).
Hersteller: The Boeing Company, Commercial Airplane Company, Renton, Washington, USA.

Abmessungen: Spannweite 38,05 m, Länge (-200) 47,43 m (-300) 54,40 m, Höhe 13,56 m, Flügelfläche 185,25 m^2.

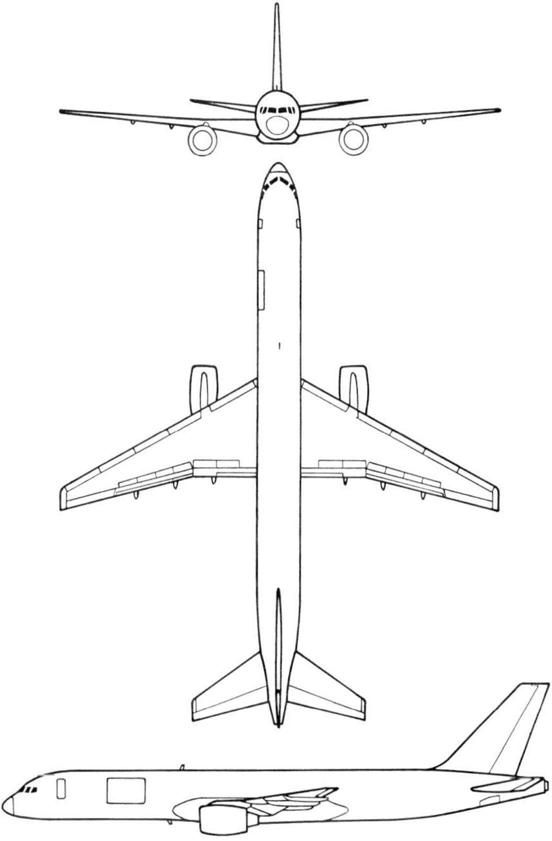

BOEING 767-300

Ursprungsland: USA.
Kategorie: Mittel- bis Langstrecken-Verkehrsflugzeug bzw. Frachter.
Triebwerke: Zwei Mantelstromtriebwerke Pratt & Whitney PW4050 von 22680 kp (222,4 kN) oder zwei General Electric CF6-80C2B2 von je 23815 kp (233,5 kN) Standschub.
Leistungen (CF6-80C2B2): Max. Reisegeschwindigkeit bei 117935 kg 906 km/h auf 11890 m; Langstrecken-Reisegeschwindigkeit 852 km/h auf 11890 m; Reichweite mit max. Nutzlast 5965 km, mit max. Treibstoffzuladung 9915 km.
Gewichte (CF6-80C2B2): Rüstgewicht 83461 kg; max. Startgewicht 156489 kg.
Zuladung: Zwei Piloten und, mit typischer Mehrklassen-Innenausstattung, 18 Erstklass-Passagiere in Sechserreihen und 198 Touristenklasse-Passagiere in Siebnerreihen. Als Alternative Einklassen-Ausstattungen für 230, 242, 255 und 290 Passagiere in Siebnerreihen oder max. 325 Passagiere in Achterreihen. Max. Nutzlast 40825 kg.
Entwicklungsstand: Erstflug der Boeing 767 am 26. September 1981, der Version 767-300 am 1. Februar 1986. Bis Ende 1997 belief sich der Bestellungsstand auf rund 780 Einheiten aller Versionen (davon 680 ausgeliefert). Zurzeit werden monatlich vier 767 produziert.
Bemerkungen: Als derzeit neueste Ausführung bietet Boeing den Frachter 767-300F (siehe Silhouette) mit einer Nutzlast von 56000 kg an (Erstflug Juni 1995). United Parcel hat 30 davon bestellt (+ 30 Optionen). Er kann im Hauptdeck bis zu 24 Container aufnehmen und verfügt auf der linken Rumpfseite über ein Frachttor von 3,40 m Breite x 2,67 m Höhe. CF6-80C2B7-Triebwerke mit einem Schub von je 27579 kp (269, kN) gelangen zum Einbau. Unter der Bezeichnung 767-400ERX folgt 1999 eine nochmals verlängerte Ausführung mit einer um 15 bis 20 % erhöhten Sitzkapazität und geringeren Betriebskosten. Sie wird leicht vergrösserte Flügel aufweisen und über ein verstärktes Fahrwerk mit den Rädern der B777 verfügen.
Hersteller: The Boeing Company, Commercial Airplane Company, Everett, Washington, USA.

Abmessungen (-300): Spannweite 47,47 m, Länge 54,94 m, Höhe 15,85 m, Flügelfläche 283,3 m².

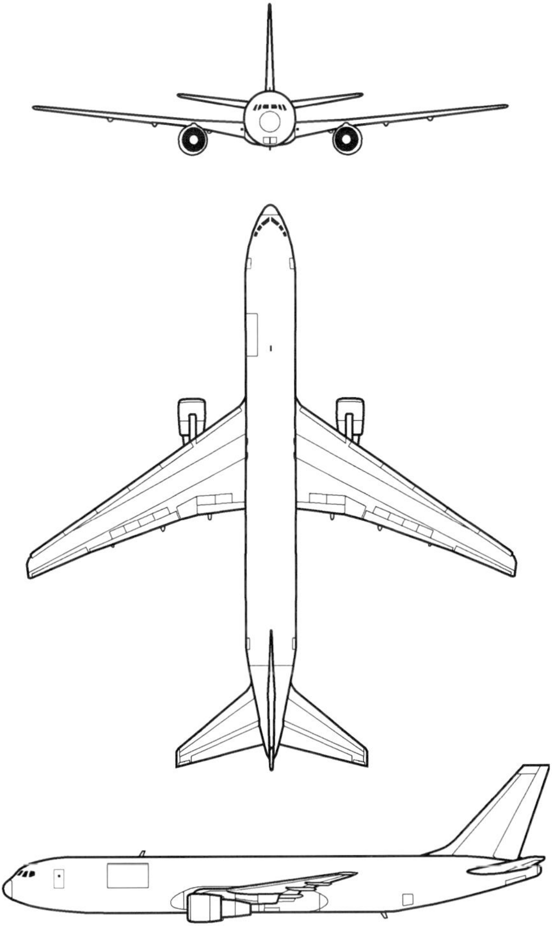

BOEING 777-200/-300

Ursprungsland: USA.
Kategorie: Mittel- bis Langstrecken-Verkehrsflugzeug.
Triebwerke (-200): Zwei Mantelstromtriebwerke Rolls-Royce Trent 870/877, Pratt & Whitney PW4073A/4077 oder General Electric GE-90-B3/5 von zwischen 32295 und 33792 kp (317 bis 331 kN) bzw. (-200IGW) Trent 884, GE-90-B4 oder PW4084 von zwischen 38283 und 40823 kp (375 bis 400 kN) Standschub.
Leistungen (-200IGW): Max. Reisegeschwindigkeit 924 km/h; Langstrecken-Reisegeschwindigkeit 892 km/h; Reichweite (-200) mit 375 Passagieren 7500 km, (-200IGW) mit 305 Passagieren 12400 km.
Gewichte: Leergewicht (-200) 135580 kg, (-200IGW) 138120 kg; max. Startgewicht (-200) 229520 kg, (-200IGW) 263085 kg, als Option bis 286900 kg, (-300) 260000 kg, als Option 299600 kg.
Zuladung: Zwei Piloten und bis (-200/-200IGW) 440 Passagiere in Einklassenbestuhlung, (-300) 550 Passagiere. Max. Nutzlast 54600 kg.
Entwicklungsstand: Der erste Prototyp nahm die Flugerprobung am 12. Juni 1994 auf. Bis Ende 1997 sind rund 350 Einheiten von 25 Airlines bestellt und deren 110 abgeliefert worden. Die monatliche Produktion beläuft sich seit Juli 1997 auf sieben 777.
Bemerkungen: Von Anfang an wurde eine ganze Familie dieses Typs vorgesehen: Mittel- bis Langsteckenversion 777-200 (ab 1997 auch als Combi erhältlich), Langstreckenvariante 777-200IGW (Erstflug 21. November 1996) mit erhöhtem Abfluggewicht sowie eine um ca. 10 m verlängerte 777-300 besonders für den asiatischen Raum (Erstflug 16. Oktober 1997, bisher 51 bestellt). Diese Ausführung ist im Moment das längste Verkehrsflugzeug der Welt. Für Ultralangstrecken wird Boeing bald die 777-200X anbieten, die mit 250 Passagieren Reichweiten bis 16650 km erzielen könnte. Als Option wäre ein Schlafraum für bis zu 40 Personen im Frachtraum erhältlich. In die Konstruktion werden die neuesten technologischen Errungenschaften eingegliedert: Fly-by-wire-System, neu entwickeltes Flügelprofil, eine Alu-Legierung mit besten Druck- und Ermüdungseigenschaften, Seitenleitwerk weitestgehend aus Verbundmaterialien und modernste Avionik. Eventuell folgt auch eine Langstreckenausführung der 777-300.
Hersteller: The Boeing Company, Everett, Washington, USA.

Abmessungen: Spannweite 60,93 m (mit gefalteten Flügeln 47,29 m), Länge (-200/-200IGW) 63,73 m, (-300) 73,80 m, Höhe 18,44 m, Flügelfläche 427,80 m^2.

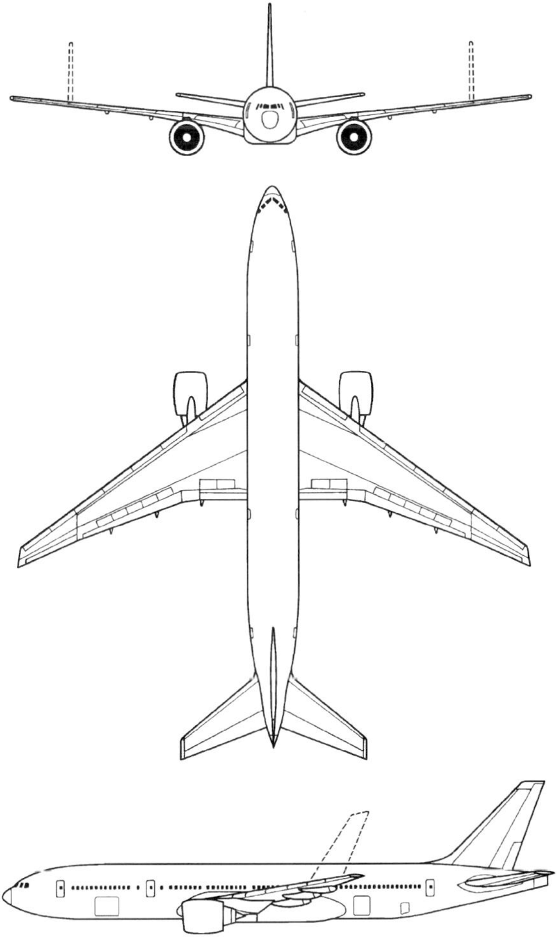

BOEING HELICOPTERS CH-47D CHINOOK

Ursprungsland: USA.
Kategorie: Mittelschwerer Transporthubschrauber.
Triebwerke: Zwei Gasturbinen Textron Lycoming T55-L-712SSB von je 4378 WPS (3264 kW) oder T55-L-714 von je 5028 WPS (3749 kW) Leistung.
Leistungen (L-714-Triebwerke bei 24494 kg): Höchstgeschwindigkeit 298 km/h auf Meereshöhe; Durchschnittsgeschwindigkeit 245 km/h; max. Schrägsteiggeschwindigkeit 7,73 m/Sek; Schwebehöhe ohne Bodeneffekt 2415 m; max. Flughöhe 4570 m; max. Einsatzradius 585 km.
Gewichte: Leer 10695 kg; normal beladen 22679 kg; max. Startgewicht 24494 kg.
Zuladung: Zwei Piloten und bis zu 45 Personen; als Ambulanzhubschrauber 24 Patienten plus zwei Pfleger. Max. 10334 kg Aussenlasten.
Entwicklungsstand: Erstflug der zurzeit aktuellsten Versionen CH-47D am 11. Mai 1979, der für Sondereinsätze bestimmten MH-47E (siehe Ausgabe 1991/92) am 1. Juni 1990. Folgende Länder haben zur Ergänzung ihrer Flotte weitere Einheiten bestellt: Ägypten 4, Australien 2, Japan 12 (Lizenzbau Kawasaki), Singapur 6. Von allen Versionen inkl. Lizenzbau wurden bisher rund 1150 Chinooks hergestellt.
Bemerkungen: Unter der Bezeichnung CH-47F offeriert Boeing eine neue, leistungsfähigere Version mit Triebwerken der 5000-WPS-Klasse, neuen Vierblattrotoren, grösseren Treibstofftanks, modernisierter Avionik und max. Abfluggewicht von 26982 kg. Die US Army plant rund 300 CH-47D in die Version ICH umzubauen, ausgestattet mit AlliedSignal-T55-GA-714A-Triebwerken, welche eine um rund 22 % höhere Leistung erzeugen. Ein Entscheid steht noch aus.
Hersteller: Boeing Helicopters, Philadelphia, Pennsylvania, USA.

Abmessungen: Durchmesser jedes der beiden Rotoren 18,29 m, Rumpflänge ohne Betankungsrohr 15,54 m, Höhe inkl. Rotorkopf 5,86 m.

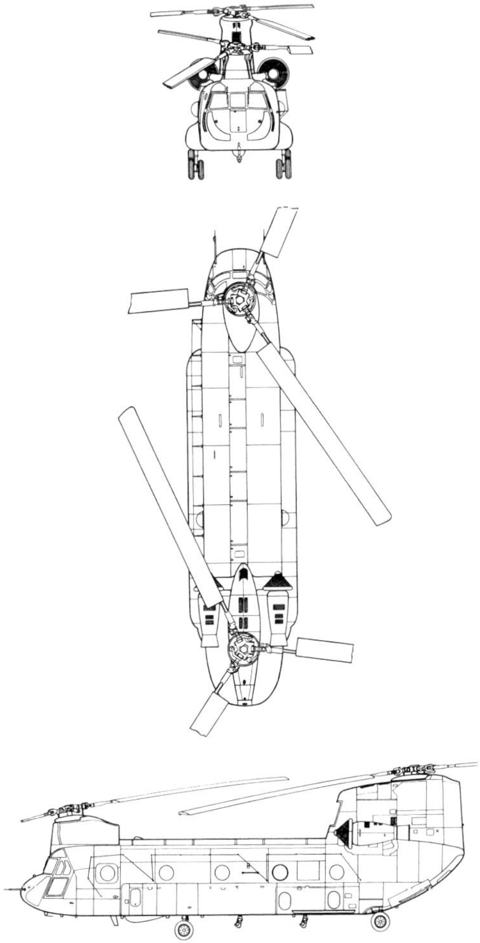

BOEING/SIKORSKY RAH-66 COMANCHE

Ursprungsland: USA.
Kategorie: Zweisitziger Stealth-Kampfhubschrauber.
Triebwerke: Zwei Gasturbinen LHTEC T800-LHT-800 von je 1344 WPS (1002 kW) Leistung.
Leistungen (geschätzt): Höchstgeschwindigkeit 328 km/h; vertikale Steiggeschwindigkeit 6 m/Sek; Überführungsreichweite 2335 km; normale Flugdauer mit internem Kraftstoff 2 Std. 30 Min.
Gewichte: Leer 3515 kg; normales Startgewicht 4587 kg; max. Startgewicht für Überführungen 7790 kg.
Bewaffnung: Eine dreiläufige 20-mm-Revolverkanone General Electric/Giat in einem Turm unter der Rumpfnase und bis zu sechs Antitank-Lenkwaffen Hellfire bzw. zwölf Flab-Lenkwaffen Stinger in zwei geschlossenen Waffenschächten. Weitere Waffen können an montierbaren Flügelstummeln angebracht werden.
Entwicklungsstand: Der erste von zwei Prototypen YRAH-66A hat die Flugerprobung am 4. Januar 1996 aufgenommen, der zweite folgt 1998. Danach werden sechs Vorserienmaschinen hergestellt. Der Gesamtbedarf der US Army beläuft sich auf 1292 Comanches, wobei mit Kürzungen zu rechnen ist. Ein Produktionsentscheid soll erst 2004 fallen.
Bemerkungen: Die RAH-66 soll bei der US Army die Typen AH-1 Cobra und OH-58 Kiowa ersetzen. Für die Hauptaufgabe der bewaffneten Aufklärung ist die Comanche vollständig aus Radarstrahlen-absorbierenden Verbundwerkstoffen hergestellt. Zudem ist die Silhouette weitmöglichst nach sog. Stealth-Kriterien ausgelegt. So wird beispielsweise die Bewaffnung in internen, nach aussen klappbaren Waffenschächten mitgeführt. Das Fahrwerk ist vollständig einziehbar. Die Aufklärungselektronik gehört zum modernsten, was auf dem Markt angeboten wird und umfasst u.a. ein vorwärtsgerichtetes Infrarot-Nachtsicht-Navigationsgerät der zweiten Generation, kombiniert mit einer TV-Kamera im Rumpfbug, ein Millimeter-Wellenradar und diverse Sensoren. In späteren Produktions-Tranchen sollen auch ein Longbow-Feuerkontroll-Radar und Infrarot-Jammers eingeführt werden.
Hersteller: Boeing Helicopters und Sikorsky Aircraft, LH Program Office, Philadelphia, Pennsylvania, USA.

Abmessungen: Rotordurchmesser 11,90 m, Länge ohne Kanone 13,22 m, Höhe über Heckleitwerk 3,39 m.

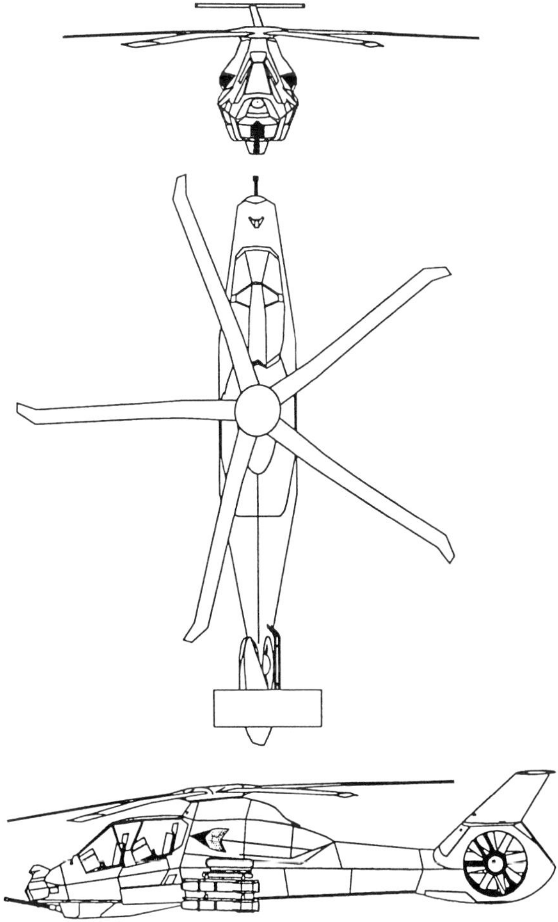

Boeing (MDD) C-17A GLOBEMASTER III

Ursprungsland: USA.
Kategorie: Schwerer Militärfrachter.
Triebwerke: Vier Mantelstromtriebwerke Pratt & Whitney F117-PW-100 von je 18914 kp (185,5 kN) Standschub.
Leistungen: Max. Reisegeschwindigkeit 818 km/h auf 10975 m (Mach 0,77), 650 km/h in niedriger Höhe; Dienstgipfelhöhe 13700 m; Reichweite mit einer Nutzlast von 58605 kg 5190 km, 5000 km mit einer solchen von 71895 kg sowie 4445 km mit 75750 kg.
Gewichte: Rüstgewicht 122016 kg; max. Startgewicht 263083 kg.
Zuladung: Zwei Piloten und zwei Lademeister. Im 26,82 m langen, 5,49 m breiten und 4,11 m hohen Frachtraum können Nutzlasten bis zu 75000 kg mitgeführt werden. Typische Lasten: Drei Kampfhubschrauber AH-64 oder ein vollausgerüsteter Kampfpanzer M-1 Abrams, bis zu 102 Fallschirmspringer. Einzellasten von 27215 kg oder mehrere Paletten von max. 49895 kg können im Flug abgeworfen werden.
Entwicklungsstand: Der Prototyp flog erstmals am 15. September 1991, gefolgt vom ersten von vier Produktionsprototypen am 19. Mai 1992. Die USAF erhält 120 Einheiten, wovon fast 40 Ende 1997 bereits abgeliefert waren.
Bemerkungen: Das besondere an der C-17A ist die Fähigkeit, schwere Lasten über strategische Distanzen direkt in die Nahkampfzone fliegen zu können. Für diese Aufgabe wurde sie sehr robust ausgelegt und ist beispielsweise in der Lage, Lande- und Startbahnen mit einer Länge von nur 915 m zu benützen. Das superkritische Tragwerk mit einer Pfeilung von 25 Grad ist mit Winglets und einem angeblasenen Klappensystem ausgerüstet, und das stabile Fahrwerk erlaubt ein Manövrieren mit eigener Kraft am Boden. Eine als KC-17 bezeichnete Tanker-/Transporterversion soll angeboten werden. MDD plant zudem eine Zivilversion MD-17 zu entwickeln, welche dank vereinfachter Ausrüstung rund 6800 kg mehr Nutzlast mitführen könnte. Zwei Exemplare befinden sich in Produktion.
Hersteller: The Boeing Comp., Douglas Products Division, Long Beach, Kalifornien, USA.

Abmessungen: Spannweite 50,29 m, Länge 53,04 m, Höhe 16,79 m, Flügelfläche 353 m^2.

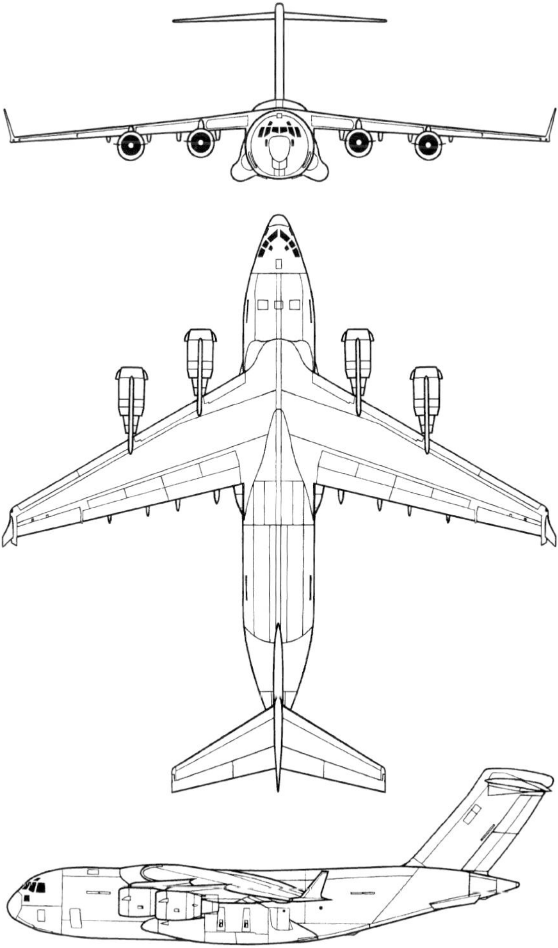

Boeing (MDD) F-15S EAGLE

Ursprungsland: USA.
Kategorie: Zweisitziger Luftüberlegenheitsjäger und Erdkämpfer.
Triebwerke: Zwei Mantelstromtriebwerke Pratt & Whitney F100-PW-229 von je 8073 kp (79,20 kN) Standschub ohne und 13200 kp (129,40 kN) mit Nachbrenner.
Leistungen: Kurzzeitig erreichbare Spitzengeschwindigkeit 2698 km/h oder Mach 2,54 auf 12190 m; längerdauernde Höchstgeschwindigkeit 2443 km/h oder Mach 2,4 auf 12190 m; Dienstgipfelhöhe 18300 m; max. Aktionsradius 1270 km; Überführungsreichweite 4445 km.
Gewichte: Rüstgewicht 14379 kg; max. Startgewicht 36741 kg.
Bewaffnung: Eine sechsläufige 20-mm-Revolverkanone M61A1 und 11113 kg Aussenlasten (Erdkampf) bzw. je vier Luft-Luft-Lenkwaffen AIM-7F und AIM-9L oder acht AIM-120 (Luftüberlegenheitseinsatz).
Entwicklungsstand: Die erste F-15E begann mit den Testflügen am 11. Dezember 1986, gefolgt vom ersten Serienflugzeug Ende 1987. Ablieferungen an die USAF ab 1988, 215 davon bisher an die USAF abgeliefert (5 weitere 1998 geordert). Saudi Arabien erhält zurzeit 72 F-15S, Israel 25 F-15E. Produktionsvolumen aller F-15-Ausführungen über 1400 Einheiten. In Japan wird die F-15J bei Mitsubishi weiterhin in Lizenz gebaut (bisher 213 Exemplare bestellt).
Bemerkungen: Die F-15E ist eine für den Erdkampfeinsatz optimierte Ausführung der F-15C (siehe Ausgabe 1986) mit verstärkter Struktur, höheren Beschleunigungslimiten, dreifacher elektrischer Steuerung und für den Allwettereinsatz im Tiefflug ergänzter Avionik (Hughes APG-70-Radar, Infrarotausrüstung FLIR, LANTIRN-Tiefflug-Navigations- und Nachtfluggerät). Dank verstärkter Zelle weist die F-15E die doppelte Lebensdauer gegenüber früheren Eagle-Versionen auf. Die F-15S ist eine von der F-15E abgeleitete Ausführung mit vereinfachter Elektronik. Ein Erprobungsträger F-15B fliegt unter dem Namen ACTIVE (**A**dvanced **C**ontrols **T**echnology for **I**ntegrated **VE**hicles) mit zwei Vektordüsen, dank welchen sehr enge Flugmanöver geflogen werden können (Erstflug am 24. April 1996). Zusammen mit der NASA plant die USAF den Bau einer mit Schubvektorsteuerung ausgerüsteten, schwanzlosen F-15.
Hersteller: The Boeing Comp., McDonnell Aircraft and Missile Systems, St. Louis, Missouri, USA.

Abmessungen: Spannweite 13,05 m, Länge 19,43 m, Höhe 5,63 m, Flügelfläche 56,50 m^2.

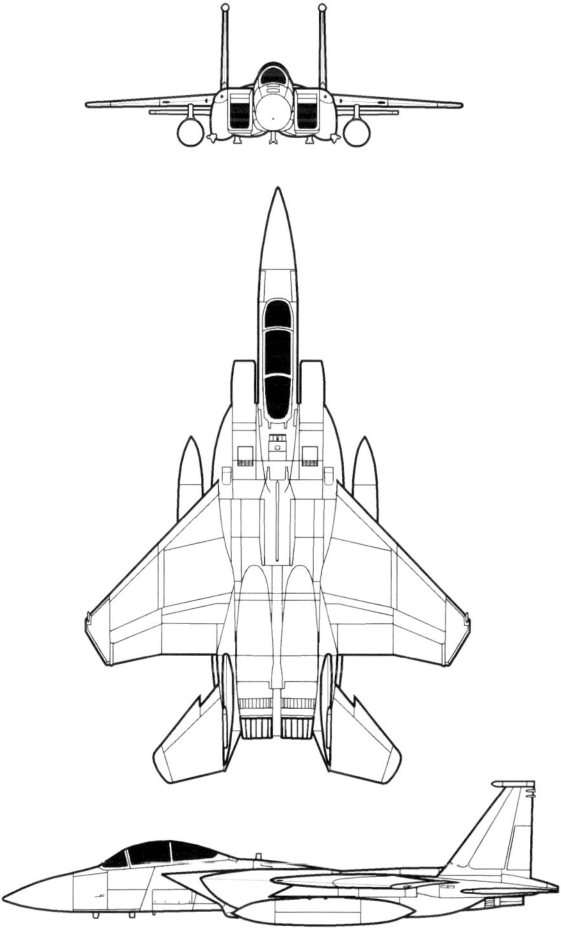

Boeing (MDD) F/A-18C/D HORNET

Ursprungsland: USA.
Kategorie: Einsitziges und zweisitziges bord- oder landgestütztes Mehrzweck- und Erdkampfflugzeug.
Triebwerke: Zwei Mantelstromtriebwerke General Electric F404-GE-400 von je 4810 kp (47,2 kN) Standschub ohne und 7167 kp (70,3 kN) mit Nachbrenner oder F404-GE-402 von je 8028 kp (79 kN) Standschub mit Nachverbrennung.
Leistungen (-GE-400): Höchstgeschwindigkeit mit Luft-Luft-Lenkwaffen an den Flügelspitzen und unter dem Rumpf 1915 km/h oder Mach 1,8 auf 12150 m; Anfangssteiggeschwindigkeit 304,6 m/Sek; Dienstgipfelhöhe 15240 m; Aktionsradius (Luftpatrouille) ohne Zusatztanks 770 km, mit drei 1192-l-Zusatztanks 1180 km.
Gewichte: Leer 10455 kg; normales Startgewicht für Luftüberlegenheitseinsatz mit halber Treibstoffzuladung und vier Lenkwaffen 16650 kg, als Erdkämpfer 22238 kg; max. Startgewicht 25400 kg.
Bewaffnung: Eine 20-mm-Revolverkanone M61A1 plus je zwei Luft-Luft-Lenkwaffen AIM-7E/F Sparrow und AIM-9G/H Sidewinder oder als Erdkämpfer bis zu 7711 kg Waffenlasten an neun Aufhängepunkten.
Entwicklungsstand: Erstflug der ersten von 11 F/A-18A/B am 18. November 1978. Zurzeit werden nur noch die weiterentwickelten F/A-18C/D produziert. Die neuesten Bestellungen stammen von: Finnland 57 F/A-18C und 7 F/A-18D, Schweiz 34 F/A-18C/D, Malaysia 8 F/A-18D, Thailand 8. Von allen Ausführungen wurden bisher rund 1500 Einheiten für acht Luftwaffen hergestellt. Der monatliche Ausstoss beträgt zurzeit vier Hornets.
Bemerkungen: Alle nach November 1989 gelieferten F/A-18C sind allwetter- und nachtkampftauglich und seit Frühjahr 1994 erhalten die neu produzierten Einheiten das leistungsfähigere Bordradar AN/APG-73. Die von Finnland und der Schweiz beschafften F/A-18C/D sind mit dem leistungsfähigeren Triebwerk GE F404-402 ausgerüstet. An der Entwicklung einer Aufklärungsversion RF-18D für das USMC wird weitergearbeitet.
Hersteller: The Boeing Comp., McDonnell Aircraft and Missile Systems, St. Louis, Missouri, USA.

Abmessungen: Spannweite 11,43 m, Länge 17,07 m, Höhe 4,67 m, Flügelfläche 36,79 m².

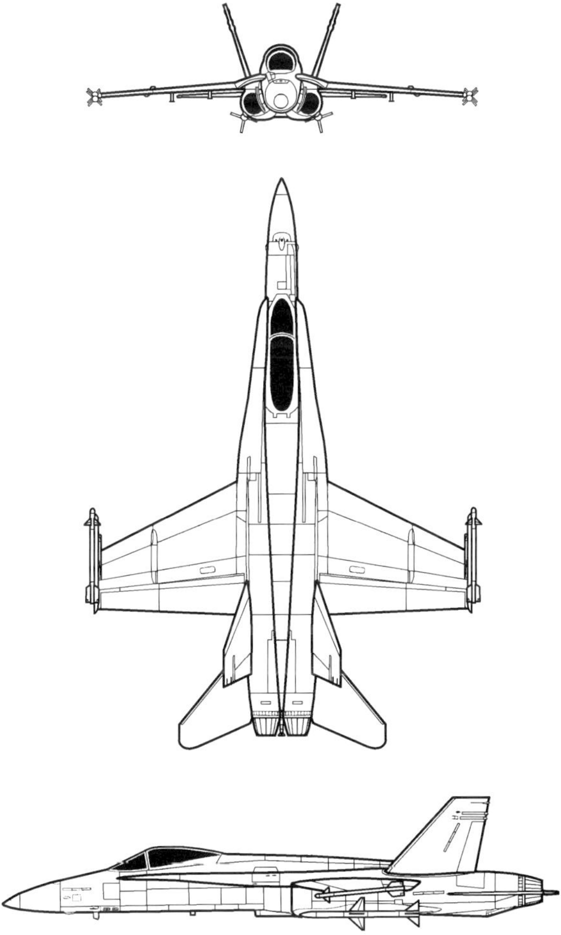

Boeing (MDD) F/A-18E/F SUPER HORNET

Ursprungsland: USA.
Kategorie: Einsitziges und zweisitziges bord- und landgestütztes Mehrzweck- und Elektronikkampfflugzeug.
Triebwerke: Zwei Mantelstromtriebwerke General Electric F414-GE-400 von je 9978 kp (97,86 kN) Standschub mit Nachverbrennung.
Leistungen (geschätzt): Höchstgeschwindigkeit auf optimaler Höhe Mach 1,8 +; Dienstgipfelhöhe 15240 m; Radius als Abfangjäger mit je zwei Luft-Luft-Lenkwaffen Sidewinder und AMRAAM 760 km, bei Tiefangriffseinsätzen mit vier 450-kg-Bomben, zwei Sidewinders und zwei 1818-l-Aussentanks (hoch-tief-tief-hoch) 722 km.
Gewichte: Leergewicht 10735 kg; norm. Startgewicht 23541 kg.
Bewaffnung: Eine 20-mm-Revolverkanone M61A1 und eine Waffenlast verschiedenster Auslegung von über 8000 kg.
Entwicklungsstand: Der erste von sieben Prototypen flog erstmals am 29. November 1995, der letzte am 1. Februar 1997. USN und USMC zusammen haben einen Bedarf von rund 1000 F/A-18E/F, aufgeteilt in verschiedenen Ausführungen. Wieviele davon angesichts der Budgetknappheit schliesslich beschafft werden, ist noch völlig offen. Die ersten 20 Einheiten sind bestellt und dürften 1999 zur Auslieferung gelangen.
Bemerkungen: Die F/A-18E/F Super Hornet ist eine wesentlich leistungsfähigere Weiterentwicklung der F/A-18C/D Hornet. Die Hauptflügel sind deutlich grösser, der Rumpf wurde um eine zusätzliche Sektion von 86 cm verlängert. Rund ein Drittel der Zelle besteht aus Verbundwerkstoffen, vorwiegend Karbonfaser. Die Triebwerkeinläufe sind rechteckig gestaltet. Im übrigen sind alle Konturen möglichst reflektionsarm ausgelegt, um die Radarsignatur möglichst klein zu gestalten. Dies, obwohl die Super Hornet gegenüber dem Ausgangsmuster um rund 25 % grösser ist. Dank um rund 35 % stärkeren Triebwerken und einer um einen Drittel erhöhten Treibstoffkapazität resultieren in allen Bereichen wesentlich bessere Flugleistungen und insbesondere eine deutlich erhöhte Reichweite. Als Ersatz der EA-6B Prowler, entwickelt MDD eine Ausführung F/A-18C2W für die elektronische Kriegsführung.
Hersteller: The Boeing Comp., McDonnell Aircraft and Missile Systems, St. Louis, Missouri, USA.

Abmessungen: Spannweite 13,70 m, Länge 18,40 m, Höhe 4,88 m, Flügelfläche 46,45 m^2.

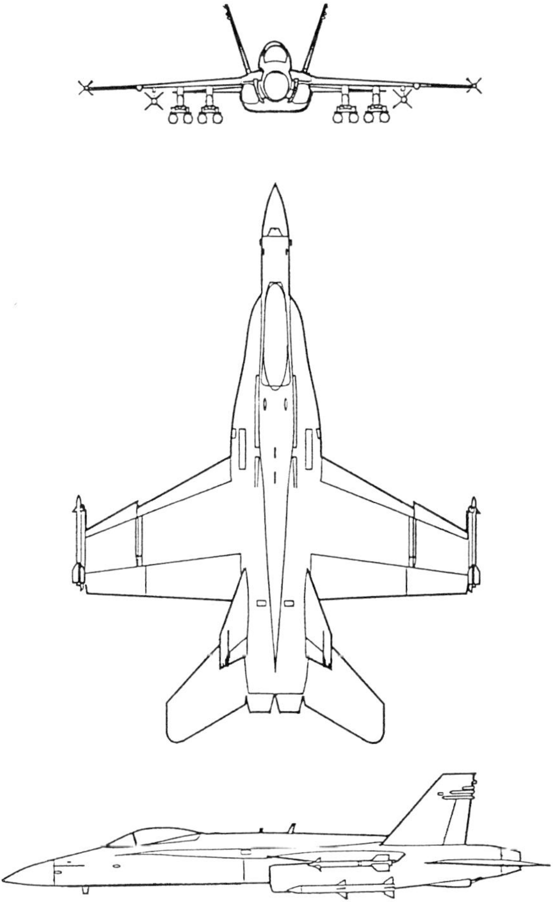

Boeing (MDD) MD-95

Ursprungsland: USA.
Kategorie: Kurz- bis Mittelstrecken-Verkehrsflugzeug.
Triebwerke: Zwei Mantelstromtriebwerke BMW/Rolls Royce BR715 mit wahlweise 8390 kp (82,3 kN) oder 9073 kp (89,0 kN) Standschub.
Leistungen (Schätzung): Reisegeschwindigkeit 812 km/h auf 10670 m (Mach 0,76); Dienstgipfelhöhe 10670 m; Reichweite mit voller Passagierzuladung (MD-95) 3390 km (MD-95ER) 3700 km.
Gewichte: Rüstgewichte (MD-95) 32564 kg, (MD-95ER) 32910 kg; max. Abfluggewichte (MD-95) 53524 kg, (MD-95ER) 54995 kg.
Zuladung: Zwei Mann Cockpitbesatzung und 106 Passagiere in einer Zweiklassenbestuhlung bzw. max. 129 Passagiere in Fünferreihen mit Mittelgang; max. Nutzlast 12231 kg.
Entwicklungsstand: Der Erstflug der ersten MD-95-30 soll Anfang 1998 stattfinden. Mit den Ablieferungen an den vorläufig einzigen Besteller ValuJet/AirTran wird voraussichtlich im Juni 1999 begonnen. Von allen DC-9/MD-80/MD-90-Ausführungen sind bis heute rund 2300 Einheiten, davon bisher 145 MD-90 (siehe Ausgabe 1997) verkauft worden.
Bemerkungen: Als vorläufig letzte Version einer bereits langen Liste von DC-9-Ableitungen wurde die MD-95 lanciert. Ausgerüstet mit einer besonders abgasarmen und leisen Ausführung von BMW/Rolls-Royce BR.715-Triebwerken, verfügt sie über den kürzesten Rumpf der Familie. Das Cockpit ist mit sechs flachen Flüssigkristallbildschirmen neuester Bauart ausgestattet. Die zwei derzeit angebotenen Ausführungen MD-95 und MD-95ER unterscheiden sich nur durch die grössere Reichweitenleistung der letzteren. Boeing prüft, ob in Zukunft ein nochmals verkürztes Modell MD-95-20 für bis zu 80 Passagiere in den Kampf um ein neues Düsenverkehrsflugzeug der Klasse 50 bis 70 Personen gesandt werden soll. Hingegen wird die Produktion der MD-80 und MD-90 (siehe Ausgabe 1997) in naher Zukunft aufgegeben.
Hersteller: The Boeing Comp., Douglas Products Division, Long Beach, Kalifornien, USA.

Abmessungen: Spannweite 28,45 m, Länge 34,34 m, Höhe 8,92 m, Flügelfläche 92,97 m^2.

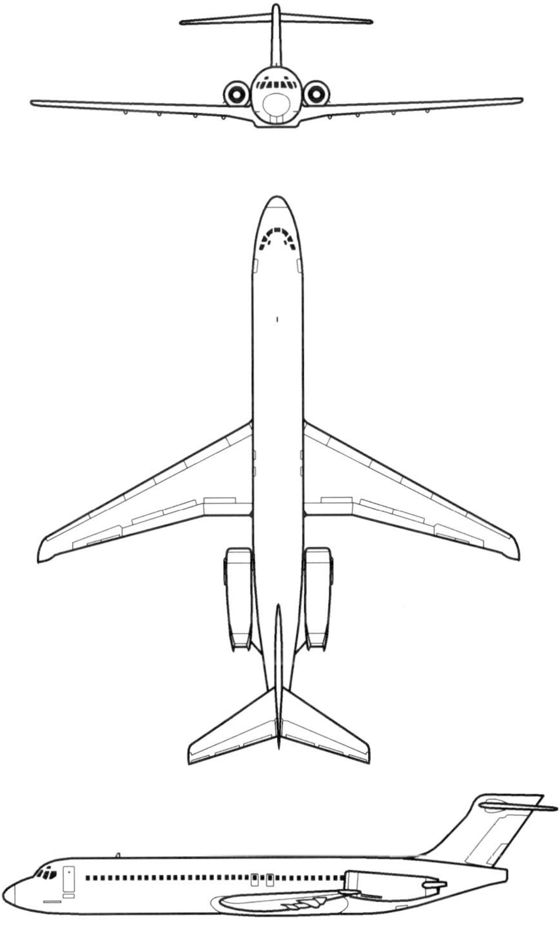

Boeing (MDD) MD-11

Ursprungsland: USA.
Kategorie: Langstrecken-Verkehrsflugzeug und Frachter.
Triebwerke: Drei Mantelstromtriebwerke General Electric CF6-80C2-D1F von je 27895 kp (273,6 kN) oder Pratt & Whitney PW4460 von je 27215 kp (266,0 kN) Standschub.
Leistungen (PW4460): Höchstgeschwindigkeit 962 km/h auf 8230 m (Mach 0,87); max. Reisegeschwindigkeit 932 km/h auf 9150 m; ökonom. Reisegeschwindigkeit 876 km/h auf 10670 m; Anfangssteiggeschwindigkeit 14,7 m/Sek; Dienstgipfelhöhe 9935 m; Reichweite mit max. Passagierzuladung und üblichen Reserven 12780 km; max. Reichweite (-ER) 13200 km.
Gewichte: Rüstgewicht 130165 kg; max. Startgewicht 283500 kg und als Option (-ER) 286250 kg.
Zuladung: Zwei Piloten und max. 410 Passagiere in Zehnerreihen. Übliche Zweiklassenausstattung für 323 Passagiere. Max. Nutzlast als Kombi 68447 kg, als Frachter 90787 kg.
Entwicklungsstand: Das erste von fünf Versuchsmustern MD-11 startete am 10. Januar 1990 zum Erstflug. Beginn der Ablieferungen (an Finnair) am 29. November 1990. Der Auftragsbestand Ende 1997 belief sich auf 183 Einheiten, rund 167 davon sind ausgeliefert. Derzeit wird monatlich eine MD-11 hergestellt.
Bemerkungen: Vier Ausführungen sind derzeit erhältlich: Die oben beschriebene Passagierversion MD-11, eine kombinierte Passagier-/Frachtvariante MD-11 Combi, ein Vollfrachter MD-11F (siehe Silhouette) sowie der «Convertible Freighter» MD-11CF, welcher saisonal zum Frachter oder Passagierjet umgewandelt werden kann. Seit 1996 kommt die MD-11ER für Reichweiten bis zu 13200 km hinzu. Die besten Verkaufserfolge in jüngster Zeit weist der Vollfrachter MD-11F auf, von dem bisher etwa 40 Einheiten neu und weitere 20 aus Umbauten abgesetzt werden konnten.
Hersteller: The Boeing Comp., Douglas Products Division, Long Beach, Kalifornien, USA.

Abmessungen: Spannweite 51,66 m, Länge 61,21 m, Höhe 17,60 m, Flügelfläche 338,90 m².

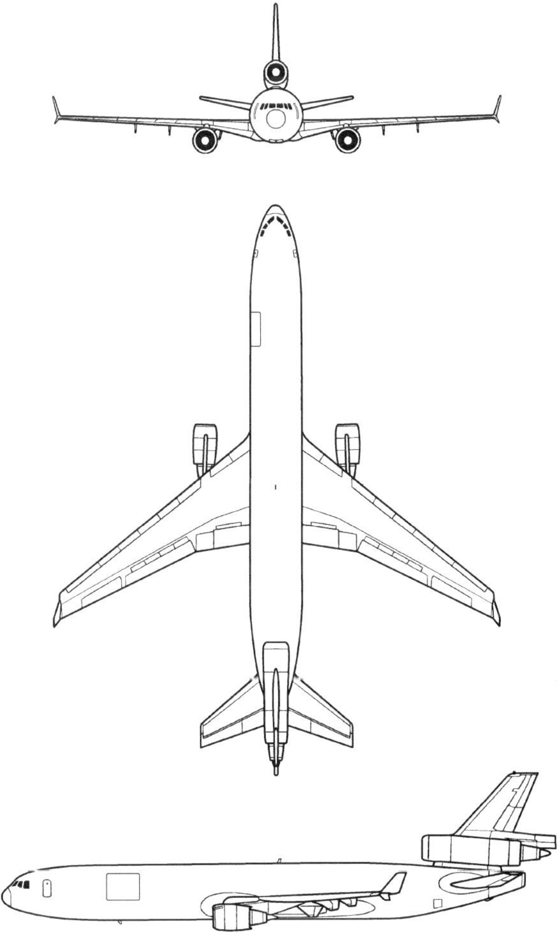

Boeing (MDD/BAe) T-45A GOSHAWK

Ursprungsland: USA und Grossbritannien.
Kategorie: Zweisitziger bord- oder landgestützter Basis- und Fortgeschrittenentrainer.
Triebwerke: Ein Mantelstromtriebwerk Rolls-Royce-Turboméca F405-RR-401 (Adour Mk.871) von 2648 kp (25,98 kN) Standschub.
Leistungen: Höchstgeschwindigkeit 1006 km/h auf 2500 m, 922 km/h auf 9150 m; Anfangssteiggeschwindigkeit 35,47 m/Sek; Dienstgipfelhöhe 12955 m; Steigzeit auf 9150 m 7,20 Min; Überführungsreichweite mit interner Treibstoffzuladung 1850 km.
Gewichte: Leergewicht 4263 kg; max. Startgewicht 5900 kg.
Bewaffnung (als Waffentrainer): Je eine Station unter jedem Flügel und unter dem Rumpf für Raketenbehälter, Übungsbombenbehälter usw.
Entwicklungsstand: Der erste von zwei Prototypen der T-45A flog am 16. April 1988 zum ersten Mal. Die Einsatztests begannen im Herbst 1993. Neuerdings will die USN nur noch 213 T-45A beschaffen und haben bisher deren 185 bestellt.
Bemerkungen: Die T-45A Goshawk bildet einen Teil eines integralen Trainingssystems (T-45 Training System), welches neben dem Flugzeug auch Simulatoren, die Infrastruktur und logistische Unterstützung umfasst. Unterschiede zur britischen Hawk (siehe Seiten 112/113): Zusätzlicher Fanghaken, neu gestaltete und verlegte Luftbremsen, Grenzschichtzaun unter dem Rumpf, verstärktes Fahrwerk für Trägerstarts und -landungen, stärkeres Triebwerk sowie einige Änderungen am Klappensystem der Flügel. Die erste (das 73. Serienflugzeug) mit digitalem Cockpit-21 ausgestattete T-45C führte im März 1994 den Erstflug aus, Ablieferung seit Oktober 1997. Alle früheren Einheiten sollen später auf diesen Standard gebracht werden.
Hersteller: The Boeing Comp., McDonnell Aircraft and Missile Systems, St. Louis, Missouri, USA, und British Aerospace PLC, Military Aircraft Division, Warton, Lancashire, Grossbritannien.

Abmessungen: Spannweite 9,39 m, Länge 11,97 m, Höhe 4,09 m, Flügelfläche 16,69 m².

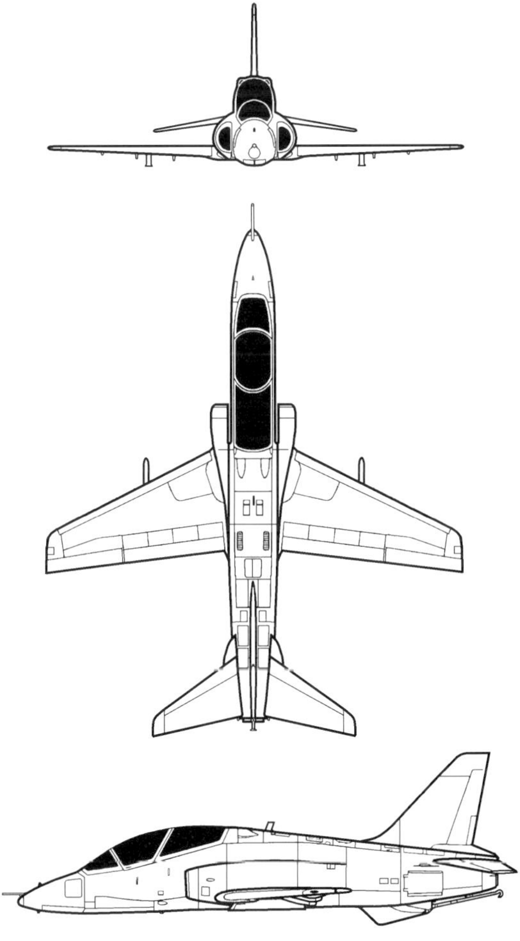

Boeing (MDD) AV-8B HARRIER II PLUS

Ursprungsland: USA und Grossbritannien.
Kategorie: Einsitziges V/STOL-Allwetter-Erdkampfflugzeug.
Triebwerke: Ein Schwenkdüsen-Mantelstromtriebwerk Rolls-Royce F402-RR-408 (Pegasus 11-61) von 10795 kp (105,87 kN) Standschub.
Leistungen: Höchstgeschwindigkeit 1065 km/h auf Meereshöhe (Mach 0,87) oder 1200 km/h (Mach 0,98) in Reiseflughöhe; Anfangssteiggeschwindigkeit mind. 66 m/Sek; Dienstgipfelhöhe mind. 13700 m; Aktionsradius mit zwei Harpoon-, zwei Sidewinder-Lenkwaffen und einem Zusatztank von 1136 l 1128 km; Überführungsreichweite mit zwei 1136-l-Zusatztanks 2650 km.
Gewichte: Rüstgewicht 6740 kg; max. Startgewicht für Kurzstart 14100 kg.
Bewaffnung: Eine fünfläufige 25-mm-Revolverkanone GAU-12/U sowie an einer Station unter dem Rumpf und sechs unter den Flügeln bis zu 6000 kg Waffen. Eine typische Waffenlast umfasst vier Luft-Luft-Lenkwaffen AIM-9L mit Zusatztanks, AGM-65E Maverik Boden-Boden-Lenkwaffen oder bis zu 12 BL-755-Bomben.
Entwicklungsstand: Das erste Erprobungsmuster Harrier II Plus (Umbau einer Harrier II) fliegt seit Oktober 1992, die erste Serienmaschine seit 17. März 1993. Das USMC hat 27 Harrier II Plus bestellt und wird 73 weitere Harrier II auf diesen Standard umbauen. Weitere Bestellungen: Spanische Marine 8+; italienische Marine 16 (+ 8 Optionen).
Bemerkungen: Diese vorläufig letzte Variante der AV-8B wurde besonders für Nachtflugeinsätze optimiert. Gegenüber dem Vorgängermuster ist der Vorderrumpf an zwei Stellen um insgesamt 0,43 m verlängert, um das von der F-18 übernommene APG-65-Radar unterzubringen und die Aerodynamik zu optimieren. Dank deutlich stärkerem Triebwerk sind die Flugleistungen wie auch die Waffenzuladung verbessert. Schliesslich verfügt die Harrier II Plus über ein FLIR-Gerät. Zurzeit wird eine modifizierte Ausführung der AV-8B Harrier II erprobt, ausgerüstet mit neuen Flügelspitzen zur Aufnahme von Sidewinder-Lenkwaffen und zusätzliche Luftleitbleche unter dem Rumpf zur Erhöhung des Wirkungsgrades des Triebwerks.
Hersteller: The Boeing Corp., McDonnell Aircraft and Missiles Systems, St. Louis, Missouri, USA.

Abmessungen: Spannweite 9,24 m, Länge 15,32 m, Höhe 4,08 m, Flügelfläche 22,15 m².

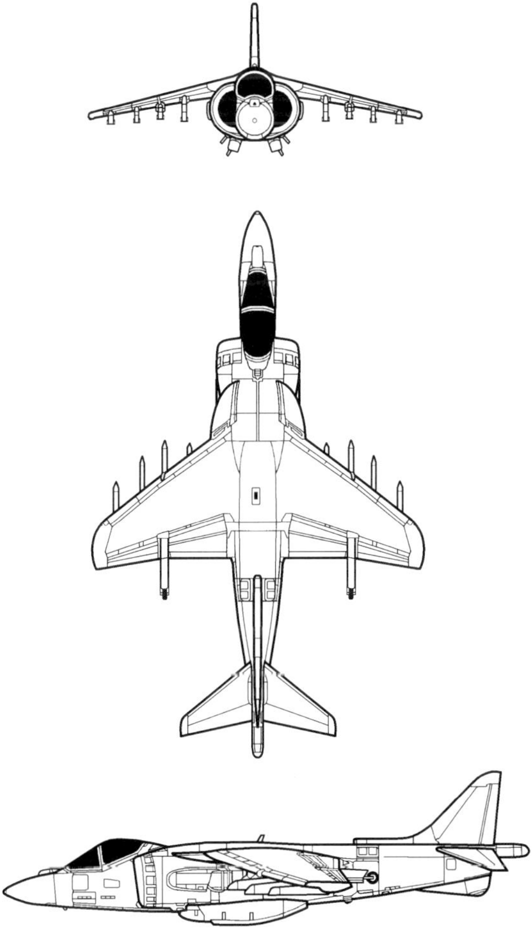

Boeing (MDD) AH-64D LONGBOW APACHE

Ursprungsland: USA.
Kategorie: Zweisitziger Kampfhubschrauber.
Triebwerke: Zwei Gasturbinen General Electric T700-GE-701C von je 1890 WPS (1409 kW) Leistung.
Leistungen (bei 6552 kg): Höchstgeschwindigkeit 296 km/h; typische Einsatzgeschwindigkeit bei 7158 kg 272 km/h; max. Schrägsteiggeschwindigkeit 12,7 m/Sek; Schwebehöhe mit Bodeneffekt 5246 m, ohne Bodeneffekt 4124 m; Reichweite mit max. interner Treibstoffzuladung 482 km, Überführungsreichweite 1701 km.
Gewichte: Leergewicht 5352 kg; max. Startgewicht 9525 kg.
Bewaffnung: Eine einläufige 30-mm-Kanone unter dem Vorderrumpf sowie bis zu 16 lasergelenkte Hellfire-Panzerabwehrraketen oder 76 ungelenkte 70-mm-Raketen. Als Defensivbewaffnung können Luft-Luft-Lenkwaffen wie Stinger, Sidewinder oder Mistral mitgeführt werden.
Entwicklungsstand: Der erste von drei als AH-64D Longbow Apache bezeichneten Prototypen startete am 15. April 1992 zum Erstflug. Das erste Serienmuster für die US Army fliegt seit 17. März 1997. Alle noch im Inventar der US Army vorhandenen 758 AH-64A werden auf diesen Standard gebracht. Von allen AH-64-Varianten sind derzeit rund 1060 von 10 Luftwaffen bestellt. Neuester Auftraggeber: Ägypten weitere 12, Kuwait 16.
Bemerkungen: Im Vergleich zu den früheren Ausführungen (siehe Ausgabe 1992/93) weist die AH-64D zusätzlich ein Mastvisier (Longbow millimetre-wave = Millimeterwellenradar) zur Rundumgefechtsfeldbeobachtung auf. Longbow ist in der Lage, mehr als ein Dutzend Ziele gleichzeitig zu entdecken. Zur Verarbeitung der anfallenden Daten ist ein stärkerer MilStd-1553B-Databus eingebaut. Die AH-64D ist zudem mit leistungsfähigeren Triebwerken ausgerüstet und kann die neuesten radiogesteuerten Hellfire-Lenkwaffen mitführen. Gemäss heutigem Plan sollen ab 1997 750 (davon 234 bestellt) AH-64A entsprechend umgebaut werden. Die britischen AH-64D werden mit Rolls-Royce/Turboméca RTM322-Triebwerken ausgestattet.
Hersteller: The Boeing Comp., McDonnell Douglas Helicopter Systems, Mesa, Arizona, USA.

Abmessungen: Rotordurchmesser 14,63 m, Rumpflänge 14,70 m, Höhe inkl. Mastvisier 4,90 m.

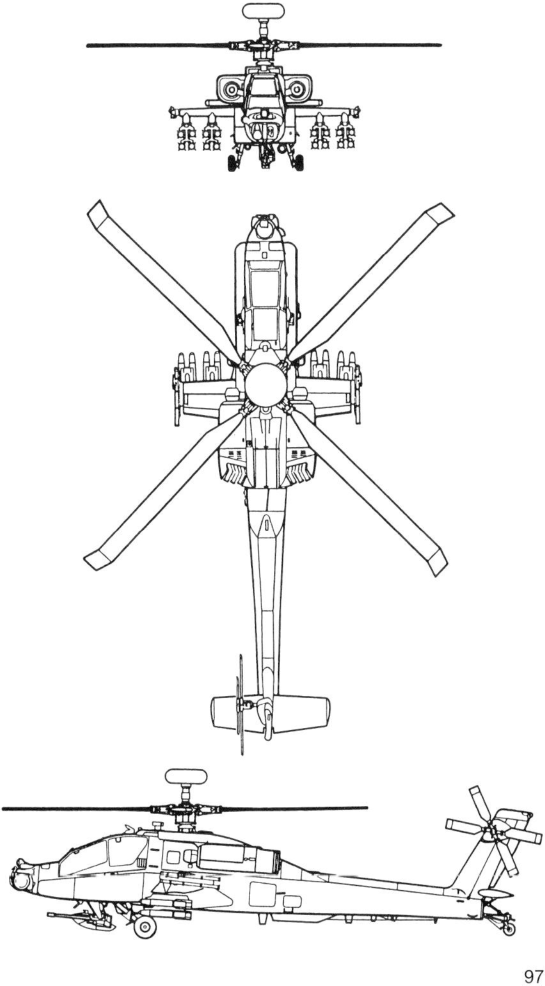

Boeing (MDD) MD 600N

Ursprungsland: USA.
Kategorie: Leichter Mehrzweckhubschrauber.
Triebwerke: Eine Gasturbine Allison 250-C47 mit einer auf 600 WPS (447 kW) reduzierten Leistung.
Leistungen (nach Angaben des Herstellers): Höchstgeschwindigkeit auf Meereshöhe 281 km/h; max. Reisegeschwindigkeit 248 km/h; Schrägsteiggeschwindigkeit 8,64 m/Sek; Dienstgipfelhöhe 6096 m; Schwebehöhe mit Bodeneffekt 3200 m, ohne Bodeneffekt 2073 m; max. Flugdauer 3 Std. 40 Min; Reichweite auf 1524 m 741 km.
Gewichte: Leergewicht 875 kg; normales Startgewicht 1860 kg, max. mit Aussenlasten 2123 kg.
Zuladung: Sieben bis acht Personen inkl. Piloten; max. Nutzlast innen 984 kg, aussen 1247 kg.
Entwicklungsstand: Der noch als MD 630N bezeichnete Prototyp flog am 22. November 1994. Die Zulassung erfolgte aber wegen technischen Schwierigkeiten erst am 15. Mai 1997. Anschliessend begannen die ersten Auslieferungen an die Kunden. Bisher sollen rund 30 Exemplare hergestellt worden sein. Als vorläufig grösster Einzelbesteller hat die US Einwanderungsbehörde 45 Exemplare fest in Auftrag gegeben.
Bemerkungen: Die MD 600N stellt im Prinzip eine um 75 cm verlängerte und leistungsfähigere Ausführung der MD520N dar (siehe Ausgabe 1997) und deckt im Angebot die Lücke zwischen letzterer und der MD 900 Explorer ab (siehe Seiten 100/101). Wie die beiden anderen Modelle ist die MD 600 mit dem NOTAR-System ausgerüstet. Sie tritt in direkter Konkurrenz zur Bell 206L Long Ranger an, soll diese aber bezüglich Leistungen und Wirtschaftlichkeit überbieten. Alle Serienmaschinen erhalten mittlerweile verstärkte Getriebe und einen Sechsblattrotor. Das Triebwerk verfügt über ein FADEC-System. Die Maschinen der US Einwanderungsbehörde sind u.a. mit FLIR-Nachtsichtgerät, diversen Sensoren und Data-Link ausgerüstet. Eine Ausführung mit Schwimmern soll in naher Zukunft angeboten werden.
Hersteller: The Boeing Comp., McDonnell Douglas Helicopter Systems, Mesa, Arizona, USA.

Abmessungen: Rotordurchmesser 8,40 m, Rumpflänge 9,30 m, Höhe inkl. Rotorkopf 2,90 m.

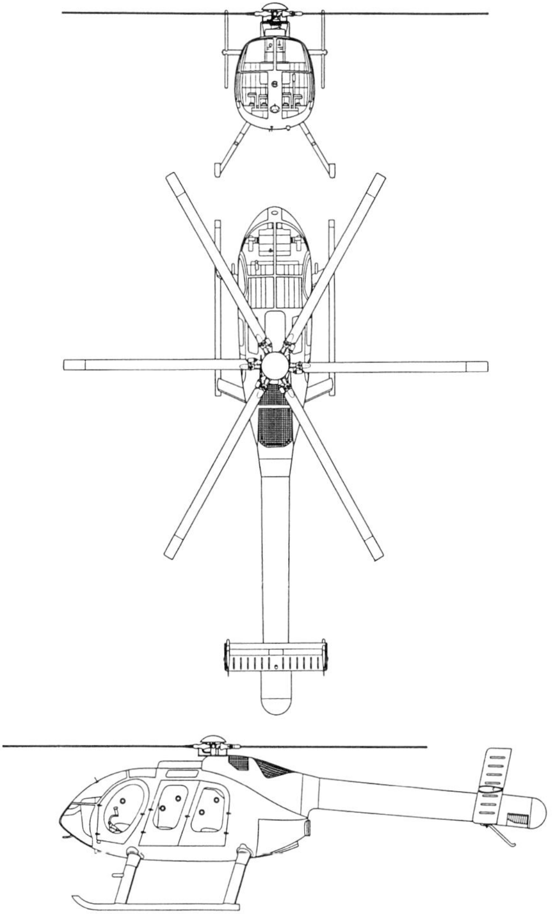

Boeing (MDD) MD 900 EXPLORER

Ursprungsland: USA.
Kategorie: Mehrzweckhubschrauber.
Triebwerke: Zwei Gasturbinen Pratt & Whitney Canada PW206B von je 600 WPS (447 kW) oder Turboméca Arrius-2C von je 605 WPS (451 kW) Leistung.
Leistungen: Höchstgeschwindigkeit 322 km/h; max. Reisegeschwindigkeit 274 km/h auf Meereshöhe; max. Schrägsteiggeschwindigkeit 14,2 m/Sek; Dienstgipfelhöhe 6100 m; Schwebehöhe mit Bodeneffekt 3962 m, ohne Bodeneffekt 3383 m; Reichweite bis ca. 600 km.
Gewichte: Leer 1458 kg; normales Startgewicht 2725 kg, max. mit Aussenlasten 3080 kg.
Zuladung: Acht bis zehn Personen inkl. Piloten; max. Innennutzlast 1163 kg, als Aussenlast 1360 kg.
Entwicklungsstand: Die MD 900 Explorer flog erstmals im Dezember 1992, die neueste Version MD 903 am 5. September 1997. Die ersten Exemplare wurden im Dezember 1994 den Kunden übergeben. Nach Herstellung von 30 MD 900, u.a. für das ADAC, die belg. Gendarmerie und die britische Police Aviation Services, wurde die Produktion auf die MD 903 umgestellt.
Bemerkungen: Die MD 900 übernimmt die erstmals bei der MD 520N (siehe Ausgabe 1997) angewandte NOTAR-Technologie. Ein wesentliches Merkmal der Explorer ist auch der gelenklose Fünfblattrotor aus Verbundwerkstoffen. Die komplette Ausstattung umfasst u.a. EFIS, Wetterradar, GPS, digitales Triebwerkmanagement- (FADEC) und Flugkontrollsystem. Die Explorer ist sowohl mit Radfahrwerk als auch mit Kufen erhältlich. Mehrere Betreiber haben eine speziell ausgerüstete Rettungsversion bestellt. Seit 1997 wird die MD903 mit stärkeren PW206E-Triebwerken von 630 WPS (470 kW) angeboten. Sie erzielt bessere Flugleistungen und verfügt über eine um 110 kg höhere Zuladung, das normale Abfluggewicht steigt auf 2840 kg. Zudem sollen die Betriebskosten deutlich tiefer sein.
Hersteller: The Boeing Comp., McDonnell Douglas Helicopter Systems, Mesa, Arizona, USA.

Abmessungen: Rotordurchmesser 10,31 m, Rumpflänge 9,70 m, Höhe inkl. Rotorkopf 3,66 m.

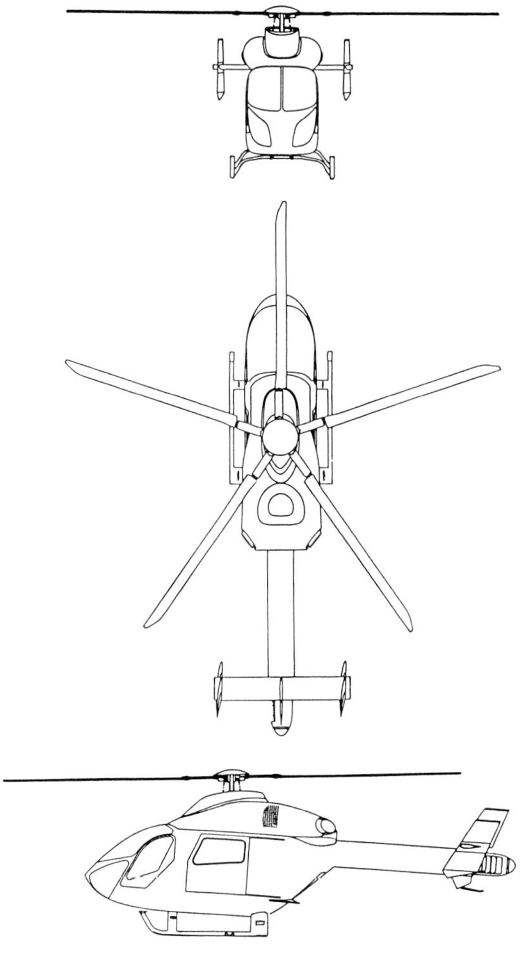

BOMBARDIER (CANADAIR) CL-415

Ursprungsland: Kanada.
Kategorie: Mehrzweck-Amphibium.
Triebwerke: Zwei Propellerturbinen Pratt & Whitney Canada PW123AF von je 2380 WPS (1775 kW) Leistung.
Leistungen: Max. Reisegeschwindigkeit bei 14741 kg 375 km/h auf 1525 m; normale Reisegeschwindigkeit 287 km/h; Patrouillengeschwindigkeit bei 15876 kg 204 km/h auf Meereshöhe; Anfangssteiggeschwindigkeit bei 20865 kg 7,0 m/Sek; Überführungsreichweite 2427 km.
Gewichte: Rüstgewicht für Mehrzweckaufgaben 11789 kg, als Wasserbomber 12043 kg; max. Startgewicht an Land 19800 kg, im Wasser 17100 kg; max. Fluggewicht nach Wasseraufnahme 21000 kg.
Zuladung: Zwei Mann Besatzung und, als Transporter, 32 bis 35 Passagiere. Maximale Nutzlast von 4790 kg in Mehrzweckkonfiguration, 6123 kg als Wasserbomber. Für Marine-Patrouillenaufgaben bestehen zwei weitere Stationen für Flugingenieur/Navigator und für zwei Beobachter.
Entwicklungsstand: Erstflug der ersten definitiven CL-415-Ausführung am 6. Dezember 1993. Die Auslieferungen begannen im Oktober 1994. Bisher sind 29 Einheiten bestellt worden: Argentinien 2, Sécurité Civile 12, Provinz von Quebec 8, SISAM Italien 6 (+ evtl. weitere 6), Kroatien 1. Bisherige CL-215 mit Kolbenmotoren, wovon insgesamt 125 hergestellt wurden, können umgerüstet werden. Bisher haben die Provinz Quebec und die spanische Marine von dieser Möglichkeit Gebrauch gemacht.
Bemerkungen: Die CL-415 ist eine modifizierte, turbopropgetriebene Ausführung des Basismodells CL-215 (siehe Ausgabe 1987). Sie besitzt neben neuen Triebwerken ein verbessertes Wassertanksystem. Im übrigen wurde die Aerodynamik optimiert, u.a. durch Anbringen von sog. Winglets und ein EFIS-Cockpit installiert. Für zivile wie militärische Überwachungs- und Rettungseinsätze sowie für Passagier- und Frachttransporte bietet Bombardier die Version CL-415M an. Bisher sind aber für diese Ausführung keine Bestellungen eingegangen.
Hersteller: Bombardier (Canadair), Station Centreville, Montreal, Quebec, Kanada.

Abmessungen: Spannweite 28,60 m, Länge 19,82 m, Höhe (an Land) 8,98 m, Flügelfläche 100,33 m^2.

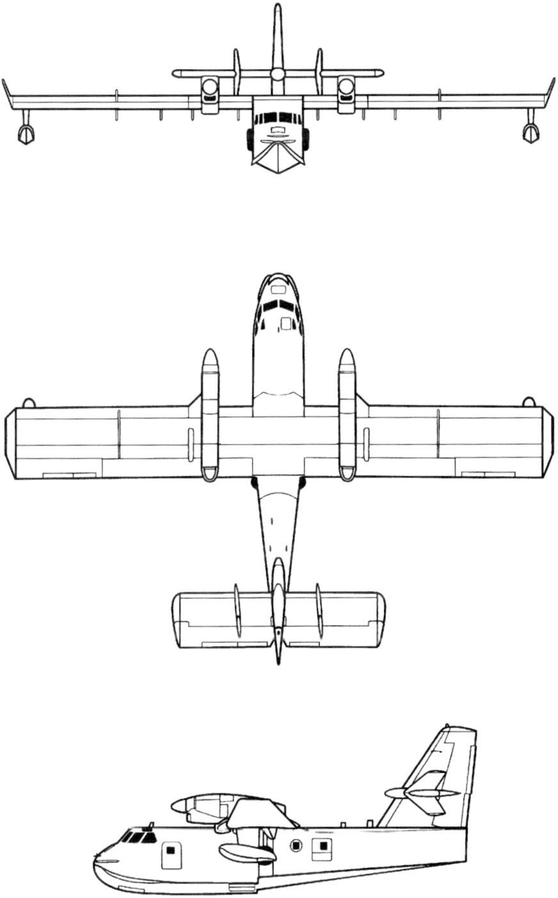

BOMBARDIER (CANADAIR) REGIONAL JET

Ursprungsland: Kanada.
Kategorie: Regionalverkehrsflugzeug.
Triebwerke: Zwei Mantelstromtriebwerke General Electric CF34-3A1 von je 3959 kp (38,83 kN) Leistung oder 4182 kp (41,0 kN) inkl. automatischem Reserveschub.
Leistungen: Max. Reisegeschwindigkeit 851 km/h auf 10975 m oder Mach 0,8; Langstrecken-Reisegeschwindigkeit 786 km/h auf 10975 m oder Mach 0,74; Anfangssteiggeschwindigkeit 17,8 m/Sek; Steigzeit auf 10670 m 23 Min; Dienstgipfelhöhe 12497 m; Reichweite mit max. Nutzlast 1566 km; max. Reichweite 2628 km, Version -100ER 2940 km.
Gewichte: Leergewicht 13655 kg; max. Startgewicht (RJ Series 100) 21635 kg, Version mit grösserer Reichweite (RJ Series 100ER) 23245 kg.
Zuladung: Zwei Piloten und in der Standardausführung 50 Passagiere in Viererreihen. Max. Nutzlast von 6295 kg.
Entwicklungsstand: Die erste Vorserienmaschine nahm die Flugerprobung am 10. Mai 1991 auf. Die Auslieferungen begannen im vierten Quartal 1992. Bis Ende 1997 waren etwa 320 fest bestellt (+ Optionen) und deren 200 hergestellt. Die Monatsproduktion beläuft sich ab 1998 auf sechs Einheiten.
Bemerkungen: Der Regional Jet oder kurz RJ ist eine Abwandlung des Firmenflugzeugs Challenger (siehe Ausgabe 1997). Der Rumpf ist um 3,25 m vor und 2,84 m hinter dem Flügel verlängert, die Flügelfläche vergrösserte man um rund 15 %. Verschiedene weitere Änderungen waren nötig, um aus einem Geschäftsreiseflugzeug ein Regionalverkehrsflugzeug zu machen. Die Grundausführung wird als Series 100, diejenige mit grösserer Reichweite als Series 100ER bezeichnet. Ebenfalls erhältlich sind eine Geschäftsreiseversion der 100ER sowie seit 1994 die Ausführung 100LR (Long Range) mit einem auf 23995 kg angehobenen Abfluggewicht und einer maximalen Reichweite von 3500 km. Die nochmals um 4,72 m verlängerte und für 72 Passagiere konzipierte CRJ-700 wird im Frühjahr 1999 erstmals fliegen. Nebst stärkeren CF34-8C1-Triebwerken erhält sie ein neues Höhenruder.
Hersteller: Bombardier (Canadair), Station Centreville, Montreal, Quebec, Kanada.

Abmessungen: Spannweite 21,44 m, Länge 26,95 m, Höhe 6,30 m, Flügelfläche 48,31 m².

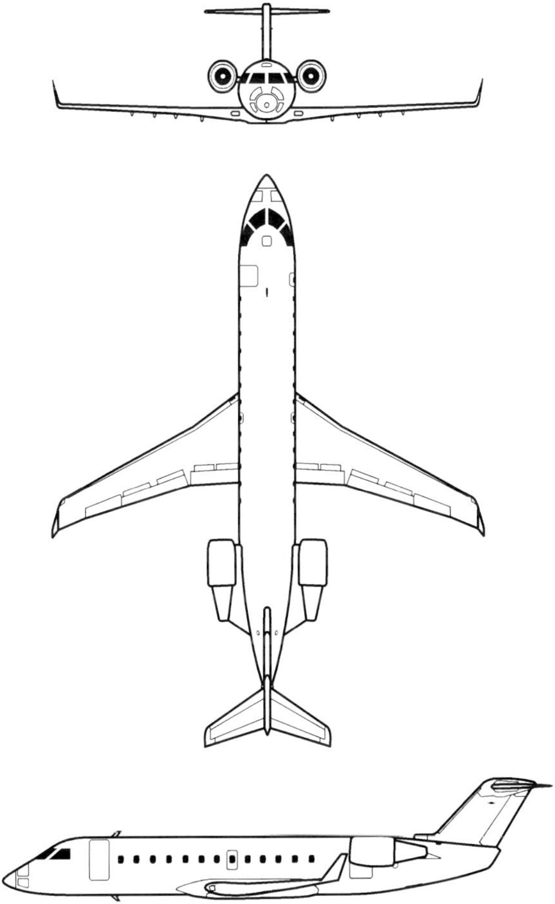

BOMBARDIER (CANADA) GLOBAL EXPRESS

Ursprungsland: Kanada.
Kategorie: Firmenflugzeug.
Triebwerke: Zwei Mantelstromtriebwerke BMW/Rolls-Royce BR710-48-C2 von je 6690 kp (65,6 kN) Standschub.
Leistungen (geschätzt): Max. Reisegeschwindigkeit 935 km/h; Langstrecken-Reisegeschwindigkeit 880 km/h; Dienstgipfelhöhe 15545 m; Reichweite mit acht Passagieren 11700 km, max. Reichweite 12038 km.
Gewichte: Leergewicht 22000 kg; max. Startgewicht 41412 kg.
Zuladung: Zwei Piloten und je nach Innenausstattung 8, 15 oder 19 Passagiere; max. Nutzlast 3266 kg.
Entwicklungsstand: Der erste von vier Prototypen begann mit der Flugerprobung am 13. Oktober 1996, der letzte folgte im September 1997. Die Auslieferungen begannen Anfang 1998. Bisher sind mehr als 70 Einheiten bestellt worden.
Bemerkungen: Mit der Global Express deckt Bombardier das oberste Segment der jetgetriebenen Firmenflugzeuge ab. Nebst gegenüber der Challenger grösserer Kabine und Zuladung, wurde besonderes Gewicht auf bisher unübertroffene Reichweitenleistungen bei hoher Reisegeschwindigkeit gelegt. So kann beispielsweise die Strecke Buenos Aires - London non-stop zurückgelegt werden. Ein völlig neu konstruierter superkritischer Flügel mit einer Pfeilung von 35 Grad und einem sog. Walfischprofil zusammen mit weiteren Verfeinerungen am Rumpf verhelfen der Global Express zu besonders guter Aerodynamik. Im Cockpit ist ein vollintegriertes Multifunktionssystem Honeywell Primus 2000XP eingebaut.
Hersteller: Bombardier (Canadair), Station Centreville, Montreal, Quebec, Kanada.

Abmessungen: Spannweite 28,01 m, Länge 30,17 m, Höhe 7,62 m, Flügelfläche 94,94 m^2.

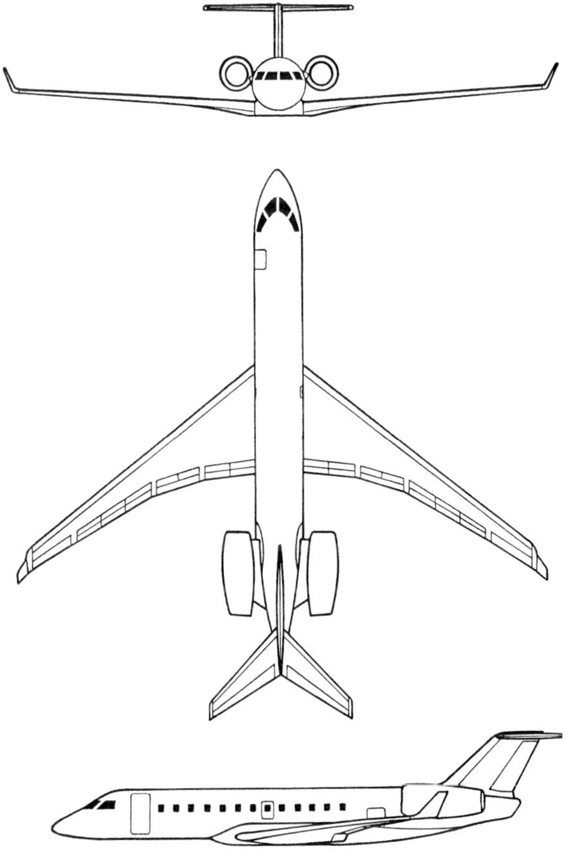

BOMBARDIER (DE HAVILLAND CANADA) DASH 8-400

Ursprungsland: Kanada.
Kategorie: Regionalverkehrsflugzeug.
Triebwerke: Zwei Propellerturbinen Pratt & Whitney Canada PW150 von je 5040 WPS (3760 kW) Leistung.
Leistungen (geschätzt): Max. Reisegeschwindigkeit 650 km/h; ökonom. Reisegeschwindigkeit 565 km/h; Dienstgipfelhöhe 7620 m; Reichweite mit max. Nutzlast 1710 km, mit max. Treibstoffzuladung 2400 km.
Gewichte: Rüstgewicht 15580 kg; max. Startgewicht 27000 kg.
Zuladung: Zwei Piloten und Standard-Innenausstattung für 70 Passagiere in Viererreihen. Max. Nutzlast 6370 kg.
Entwicklungsstand: Die erste Dash 8-400 startete Ende 1997 zum Erstflug, Ablieferung im ersten Quartal 1999. Zurzeit wird nur die Version -300 produziert, und zwar monatlich deren drei. Ende 1997 waren 535 Dash 8 bestellt (+ Optionen) und über 500 an rund 70 Kunden ausgeliefert. Von der -400 sind bisher 31 Einheiten (+ 32 Optionen) in Auftrag gegeben worden.
Bemerkungen: Die Dash 8-400 ist eine nochmals vergrösserte Ausführung des Grundmusters Dash 8. Gegenüber der Dash 8-300 (siehe Ausgabe 1996) unterscheidet sie sich durch den 4,60 m längeren Rumpf, leistungsfähigere Triebwerke und ein verstärktes Flügelmittelstück. Neue, besonders lärmarme Sechsblattpropeller von Dowty sind rund 20 cm weiter vom Rumpf entfernt plaziert worden. Die Dash 8-300 ist in mehreren Untervarianten weiterhin in Produktion. Als neueste davon fliegt eine Marinepatrouillenversion. Sie ist mit einem 360° -Überwachungsradar sowie einem nach vorne ausgerichteten Infrarot-Sichtgerät unter dem Rumpf ausgestattet und kann dank Zusatztanks bis zu 8 Stunden im Einsatz bleiben. Mehrere weitere Ausführungen der Dash 8 erfüllen militärische Spezialaufgaben.
Hersteller: Bombardier (The de Havilland Aircraft of Canada Ltd.), Downsview, Ontario, Kanada.

Abmessungen: Spannweite 28,12 m, Länge 32,60 m, Höhe 8,30 m, Flügelfläche 62,10 m^2.

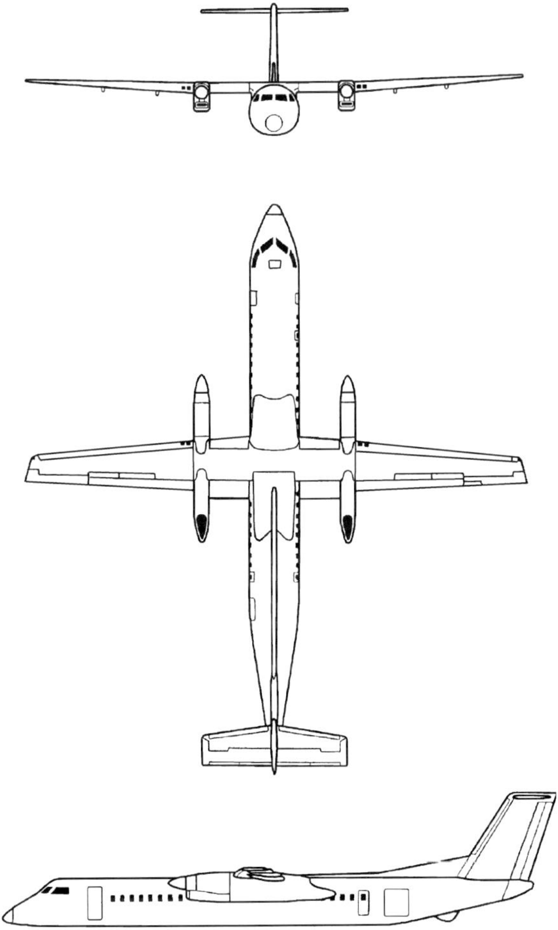

BOMBARDIER (LEARJET) 45

Ursprungsland: USA.
Kategorie: Firmenflugzeug.
Triebwerke: Zwei Mantelstromtriebwerke Garrett TEF731-20 von je 1590 kp (15,5 kN) Leistung.
Leistungen: Max. Reisegeschwindigkeit 860 km/h oder Mach 0,81; norm. Reisegeschwindigkeit 770 km/h; Dienstgipfelhöhe 15545 m; max. Reichweite mit zehn Passagieren 4400 km.
Gewichte: Leergewicht 5307 kg; max. Startgewicht 9160 kg.
Zuladung: Zwei Piloten und in der Kabine normalerweise acht, maximal zehn Passagiere; max. Nutzlast 1500 kg.
Entwicklungsstand: Erstflug des ersten von drei Learjet 45-Prototypen am 7. Oktober 1995. Im November 1997 wurde mit den Kundenablieferungen begonnen. Der Bestellungseingang beläuft sich auf rund 135 Einheiten.
Bemerkungen: Die Version 45 ist das erste unter der neuen Regie von Bombardier entwickelte Modell und wird in Kooperation mit Shorts (Rumpf und Heck), de Havilland Canada (Flügel) und Learjet (Systeme und Endmontage) hergestellt. Grössenmässig ist sie zwischen der Learjet 31A und der Learjet 60 (siehe Ausgabe 1997) angesiedelt. Der Hersteller versucht mit diesem Muster eine optimale Kombination zwischen Preis, Flugleistungen, Kabinengrösse und Betriebskosten zu erzielen. Obwohl die Rumpflänge in etwa jener der Learjet 60 entspricht, ist die Kabine mit 6,02 m etwas länger, bietet aber mit 1,55 m nicht deren durchgehende Stehhöhe. Bei einer Bestuhlung für acht Fluggäste sind alle Sitze um 180 Grad drehbar. Dank des elektronischen Triebwerkmanagements FADEC kann bei um 15 Prozent gesteigerter Reiseleistung der spezifische Treibstoffverbrauch gleichzeitig um elf Prozent verringert werden. Zu diesen Leistungen verhilft auch ein völlig neu konstruierter Flügel.
Hersteller: Bombardier (Learjet Inc.), Wichita, Kansas, USA.

Abmessungen: Spannweite einschliesslich Winglets 14,56 m, Länge 17,68 m, Höhe 4,29 m.

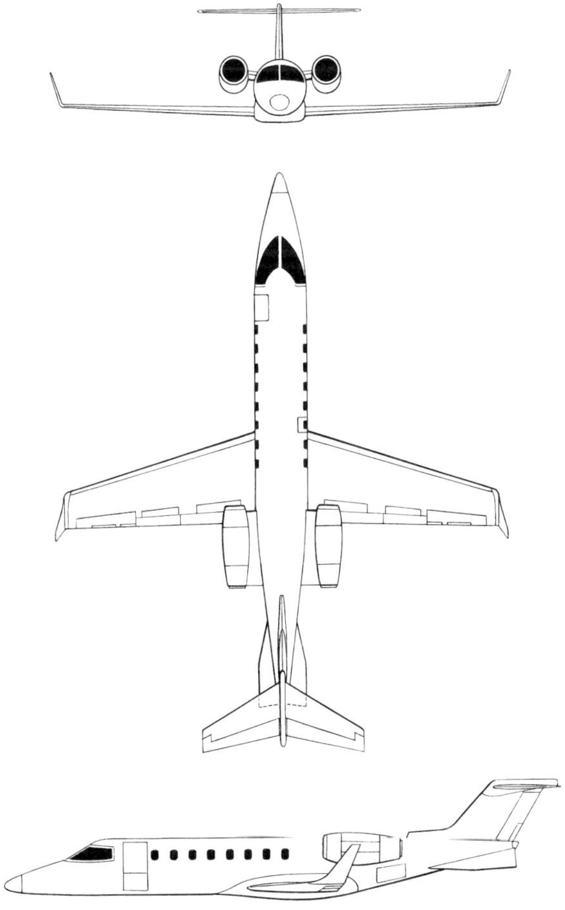

BRITISH AEROSPACE HAWK 100/200

Ursprungsland: Grossbritannien.
Kategorie (100): Zweisitziger Fortgeschrittenentrainer und leichter Erdkämpfer; (200): Einsitziges Mehrzweckkampfflugzeug.
Triebwerke: Ein Mantelstromtriebwerk Rolls-Royce/Turboméca Adour 871 von 2650 kp (26,0 kN) Standschub.
Leistungen (200): Höchstgeschwindigkeit 1021 km/h oder Mach 0,83; max. Reisegeschwindigkeit 1019 km/h auf Meereshöhe; ökonom. Reisegeschwindigkeit 796 km/h auf 12500 m; max. Anfangssteiggeschwindigkeit 58,5 m/Sek; Dienstgipfelhöhe 15250 m; taktischer Einsatzradius 322 km mit acht 227-kg-Bomben; Überführungsreichweite mit zwei 860-l- und einem 590-l-Zusatztank 3606 km, ohne Zusatztank 892 km.
Gewichte: Leer (100) 3970 kg, (200) 4510 kg; max. Startgewicht (100) 8500 kg, (200) 9101 kg.
Bewaffnung (200): Zwei 25-mm-Aden- oder zwei 27-mm-Mauser-Kanonen und maximal 3493 kg externe Waffenlasten, verteilt auf vier Flügel- und eine Rumpfstation.
Entwicklungsstand: Erstflug des Prototypen der Version 200 am 19. Mai 1986, des technisch gleichwertigen, bereits dem Serienstandard entsprechenden Doppelsitzers 100 1990. Neueste Bestellungen für beide Versionen (100/200): Australien 33 (davon 21 in Lizenz), Brunei 4/6, NFTC 18 (115), Quatar 12 – 15 (100). Von allen Varianten (inkl. T-45, siehe Seiten 92/93) sind rund 850 Exemplare von 16 Luftwaffen bestellt worden.
Bemerkungen: Die Hawk 200 (siehe Foto), (Version 100 siehe auch Ausgabe 1992/93 und Silhouette daneben) ist eine spezialisierte Erdkampf- und Mehrzweckversion des zweisitzigen Basis- und Fortgeschrittenentrainers Hawk und vereinigt in sich die für die Hawk 100 geleistete Entwicklungsarbeit und damit auch 80 % aller Bauteile des Doppelsitzers. Die Instrumentierung umfasst eine Inertial-Navigationsanlage, einen Laser-Entfernungsmesser und ein computergesteuertes Feuerleitgerät.
Hersteller: British Aerospace PLC, Military Aircraft Division, Warton, Preston, Lancashire, Grossbritannien.

Abmessungen: Spannweite inkl. Lenkwaffen 9,94 m, Länge 11,38 m, Höhe 4,16 m, Flügelfläche 16,69 m^2.

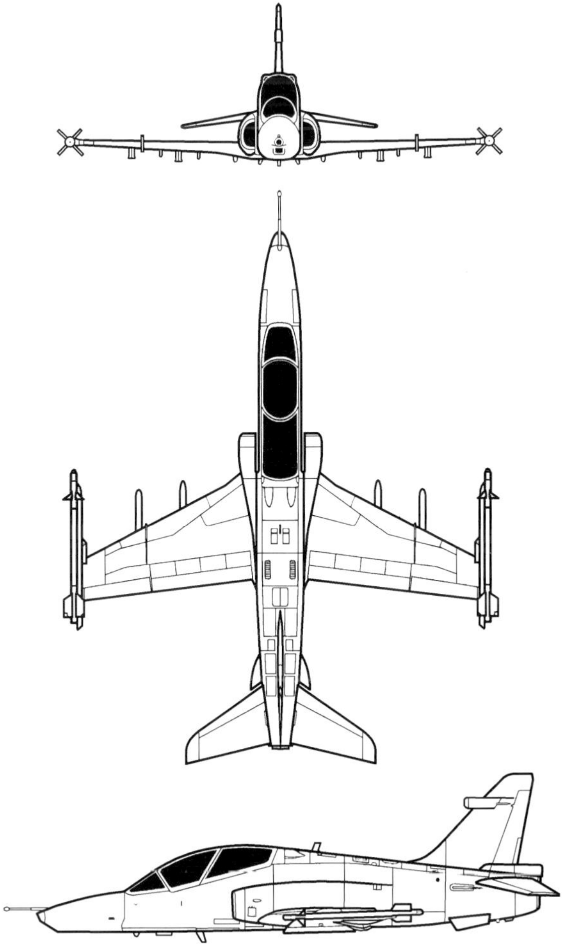

CAIC CHENGDU F-7MG

Ursprungsland: Volksrepublik China.
Kategorie: Leichtes einsitziges Mehrzweckjagdflugzeug (F-7MG) und doppelsitziger Einsatztrainer (FT-7P).
Triebwerke: Ein Strahltriebwerk Wopen WP-13F von 3450 kp (33,84 kN) Standschub ohne und 6600 kp (64,74 kN) mit Nachverbrennung.
Leistungen (nach Angaben des Herstellers): Höchstgeschwindigkeit Mach 2.0; Anfangssteiggeschwindigkeit 195 m/Sek; Dienstgipfelhöhe 17500 m; Aktionsradius (hoch-hoch-hoch) mit zwei AIM-9P-Lenkwaffen und drei Zusatztanks à 500 l rund 850 km; max. Reichweite 2200 km.
Gewichte: Leergewicht 5292 kg; max. Startgewicht 9100 kg.
Bewaffnung (F-7MG): Zwei 30-mm-Kanonen in der Rumpfspitze und fünf Waffenstationen für eine Waffenlast von bis zu 1800 kg, u.a. vier Luft-Luft-Lenkwaffen verschiedener Provenienz, Luft-Boden-Lenkwaffen sowie Bomben und Raketenwerfer aller Art. Der Doppelsitzer FT-7P verfügt nur über vier Waffenstationen.
Entwicklungsstand: Die F-7MG wurde der Öffentlichkeit erstmals im November 1996 gezeigt. Iran ist zurzeit in Verhandlungen, um eine unbekannte Anzahl F-7MG zu beschaffen. Die doppelsitzige FT-7P soll von Pakistan bestellt werden. Vom chinesischen Vorgänger F-7 sind insgesamt etwa 560+ Einheiten hergestellt worden. Die Produktion läuft in kleinen Stückzahlen weiter.
Bemerkungen: Der F-7MG ist die Verwandtschaft mit dem Ausgangsmuster MiG-21 (siehe Ausgabe 1979/80) kaum mehr anzusehen. Sie basiert auf der F-7M Airguard (= chinesische Weiterentwicklung der MiG-21), ist aber mit Ausnahme der Silhouette eine vollständige Neuentwicklung. Dank des neuen Doppeldeltaflügels mit Vorflügeln konnten die aerodynamischen Eigenschaften wesentlich verbessert werden. Avionik und Cockpitauslegung sind völlig neu. So verfügt die F-7MG u.a. über ein kostengünstiges Mehrzweckradar Super Skyranger mit «look-down-Kapazität», HUD, Waffencomputer, TACAN, GPS, EFIS usw. Höchstgeschwindigkeit, Steigleistung, Manövrierbarkeit und Reichweite sind gegenüber den früheren F-7M-Versionen deutlich besser. Der Doppelsitzer FT-7P ist um etwa 60 cm länger.
Hersteller: CAIC/Chengdu Aircraft Industrial, Chengdu, Sichuan, VR China.

Abmessungen: Spannweite 8,32 m, Länge 14,89 m, Höhe 4,10 m, Flügelfläche 24,88 m^2.

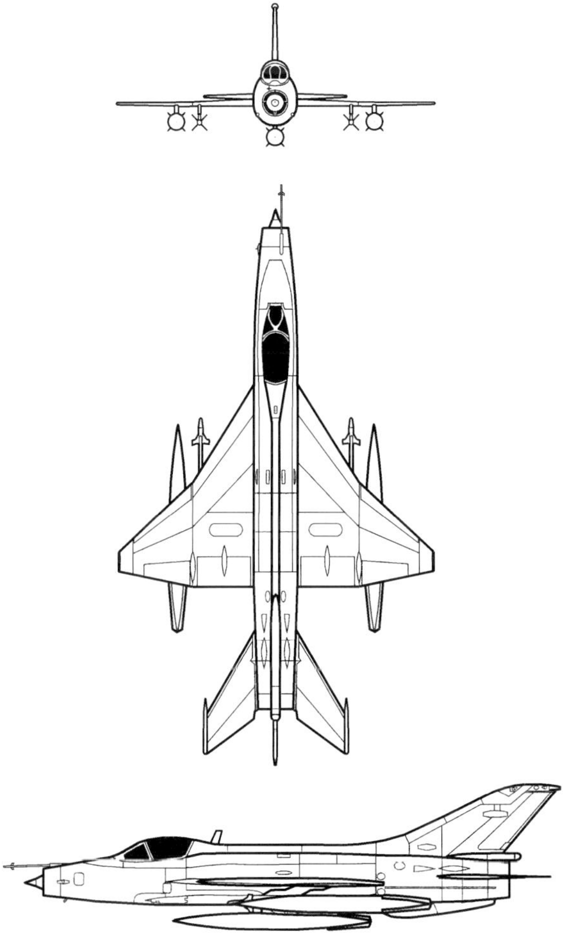

CESSNA 182S Skylane

Ursprungsland: USA.
Kategorie: Sport- und Reiseflugzeug.
Triebwerke: Ein luftgekühlter Vierzylinder-Boxermotor Textron-Lycoming IO-540 AB1A5 von 230 PS (171 kW) Leistung.
Leistungen: Höchstgeschwindigkeit auf Meereshöhe 265 km/h; Reisegeschwindigkeit 259 km/h; Anfangssteiggeschwindigkeit 4,70 m/Sek; Dienstgipfelhöhe 5516 m; Reichweite bei 75 % Leistung und normalen Reserven 1506 km; max. Flugdauer 5,8 Std.
Gewichte: Leergewicht 853 kg; max. Startgewicht 1406 kg.
Zuladung: Pilot und drei Passagiere.
Entwicklungsstand: Die neue Cessna 182S Skylane fliegt seit dem 16. Juli 1996 (Auslieferung ab April 1997). Alle drei Modelle Cessna 172R, 182S und 206H sollen auch bei Reims Aviation in Frankreich in Lizenz hergestellt werden.
Bemerkungen: Die Cessna 182 (siehe Foto) ist die etwas leistungsfähigere Ausführung der Cessna 172R (siehe Ausgabe 1997). Der Rumpf wurde, um mehr Platz zu bieten, im Passagierraum etwas voluminöser gestaltet. In der Grundauslegung weicht die neue Ausführung nur wenig vom Ursprungsmuster der Cessna 182 ab. Hingegen sind Motor und Avionik völlig neu. Zudem sind teilweise neue Werkstoffe verwendet worden. Der aktuelle Verkaufspreis für die Cessna 182S beläuft sich auf US$ 190600.—. Als dritte im Bunde schliessen die sechssitzige 206H Stationair (siehe Silhouette) bzw. T206H Turbo Stationair die Palette von Cessna-Leichtflugzeugen nach oben ab. Sie besitzen einen (206H) Textron-Lyoming-IO-580-Motor von 300 PS (224 kW) bzw. (T206H) einen turbogeladenen Textron-Lycoming-TIO-580-Motor von 310 PS (231 kW) Leistung. Erstflug 28. August 1996, Auslieferung seit Januar 1998; Preise US$ 290000.– bzw. US$ 325000.–.
Hersteller: Cessna Aircraft Company, Wichita, Werk Independence, Kansas, USA.

Abmessungen: Spannweite 10,97 m, Länge 8,53 m, Höhe 2,82 m, Flügelfläche 16,15 m^2.

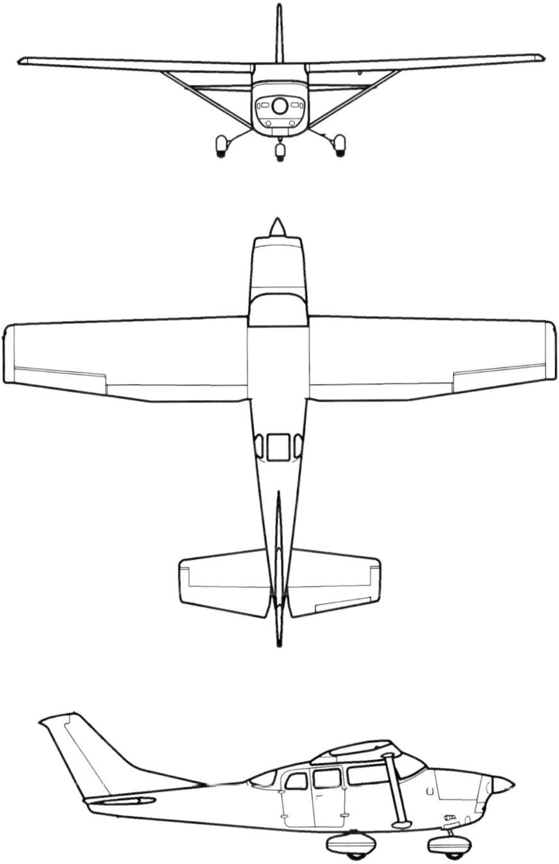

CESSNA 208B GRAND CARAVAN

Ursprungsland: USA.
Kategorie: Mehrzweckflugzeug.
Triebwerke: Eine Propellerturbine Pratt & Whitney Canada PT6A-114A von 675 WPS (503 kW) Leistung.
Leistungen: Max. Reisegeschwindigkeit 340 km/h auf 3050 m, 295 km/h auf 6095 m; Anfangssteiggeschwindigkeit 4,9 m/Sek; Dienstgipfelhöhe 7620 m; max. Reichweite mit 45 Min. Reserven 1680 km auf 3050 m.
Gewichte: Leergewicht 1861 kg; max. Startgewicht 3969 kg.
Zuladung: Ein bis zwei Piloten und in der Standardausführung neun Passagiere oder 1587 kg Fracht.
Entwicklungsstand: Der Prototyp der 208 flog erstmals am 9. Dezember 1982; Beginn der Kundenablieferungen im Februar 1985. Die militärische Variante U-27A wurde 1986 eingeführt. Die verbesserte Version 208B nahm am 3. März 1986 die Flugerprobung auf, gefolgt von der Grand Commander 1991. Bisher sind über 1000 Caravan aller Versionen bestellt worden. Hauptabnehmerin ist die Federal Express mit 266 Einheiten (davon 235 der Version 208B).
Bemerkungen: Die neueste Variante der um 1,22 m verlängerten Cessna 208B, die Grand Commander, verfügt über ein stärkeres Triebwerk und entsprechend verbesserte Flugleistungen. Auch eine Ausführung mit Schwimmern ist erhältlich. Unter der Bezeichnung Caravan 675 soll auch die ursprüngliche Kurzversion der 208 das PT6A-114A-Triebwerk erhalten. Die Soloy Corp. hat eine Cessna 208B mit zwei Propellerturbinen Pratt & Whitney Canada PT6A-11A von zusammen 1330 WPS (990 kW) ausgerüstet (Erstflug am 13. September 1995), die über ein gemeinsames Untersetzungsgetriebe auf einen einzigen Propeller wirken. Gleichzeitig wird dieser als Caravan 208B «Pathfinder 21» bezeichnete 15-Plätzer um 1,80 m verlängert und das Abfluggewicht auf 5700 kg erhöht. Die Zulassung wird für Anfang 1999 erwartet. Bisher sind noch keine Bestellungen für diese Variante eingegangen.
Hersteller: Cessna Aircraft Company, Wichita, Kansas, USA.

Abmessungen: Spannweite 15,87 m, Länge 12,67 m, Höhe 4,52 m, Flügelfläche 25,96 m^2.

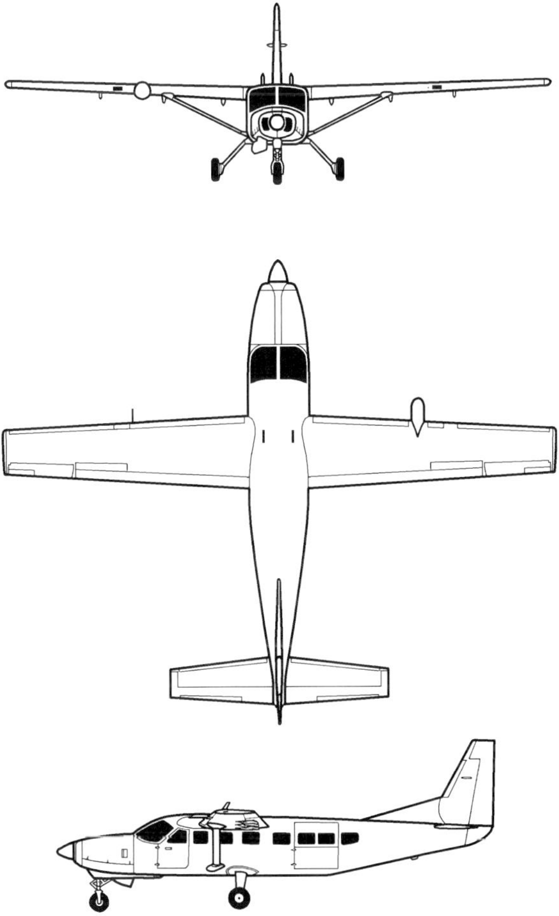

CESSNA 525 CITATIONJET

Ursprungsland: USA.
Kategorie: Firmenflugzeug.
Triebwerke: Zwei Mantelstromtriebwerke Williams International FJ44-1A von je 861 kp (8,45 kN) Standschub.
Leistungen: Max. Reisegeschwindigkeit 704 km/h auf 10670 m; ökonom. Reisegeschwindigkeit 570 km/h auf 11885 m; Anfangssteiggeschwindigkeit 18 m/Sek; Dienstgipfelhöhe 12495 m; Reichweite mit max. Nutzlast und 45 Min. Reserven 1992 km, mit max. Treibstoffzuladung und IFR-Reserven 2750 km.
Gewichte: Leergewicht 2599 kg; max. Startgewicht 4536 kg.
Zuladung: Pilot und Copilot/Passagier im Cockpit und in der Standardausführung fünf Passagiere in vier Einzelsitzen vis-à-vis und einem Sitz quer zur Flugrichtung.
Entwicklungsstand: Die erste 525 CitationJet nahm die Flugerprobung am 29. April 1991 auf, die zweite, bereits dem Serienstandard entsprechende Maschine, folgte am 20. November 1991. Nach Erhalt der FAA-Zulassung am 16. Oktober 1992 begannen die ersten Ablieferungen im März 1993. Bisher sind über 200 Einheiten hergestellt worden. Von den Vorgängern Citation 500 und Citation I wurden insgesamt 352 bzw. 345 Maschinen produziert.
Bemerkungen: Die 525 hat die Nachfolge der Citation I angetreten, die seit 1985 nicht mehr hergestellt wird. Von der weiterentwickelten Citation II übernimmt sie die ganze Struktur des Vorderrumpfes, während Flügel, Rumpfheck und Höhenleitwerk völlig neu konstruiert sind. Die Flügel wurden in Zusammenarbeit mit Boeing und der NASA entwickelt. Sie weisen eine superkritische Form auf und haben eine laminare Beschichtung. Gegenüber der Citation I weist sie bei einem um 840 kg kleineren Leergewicht ein höheres Kabinenvolumen auf. Dank dieser Massnahmen verfügt die CitationJet über wesentlich bessere Flugleistungen und ist sehr wirtschaftlich zu betreiben.
Hersteller: Cessna Aircraft Company, Wichita, Kansas, USA.

Abmessungen: Spannweite 14,26 m, Länge 12,98 m, Höhe 4,18 m, Flügelfläche 22,30 m^2.

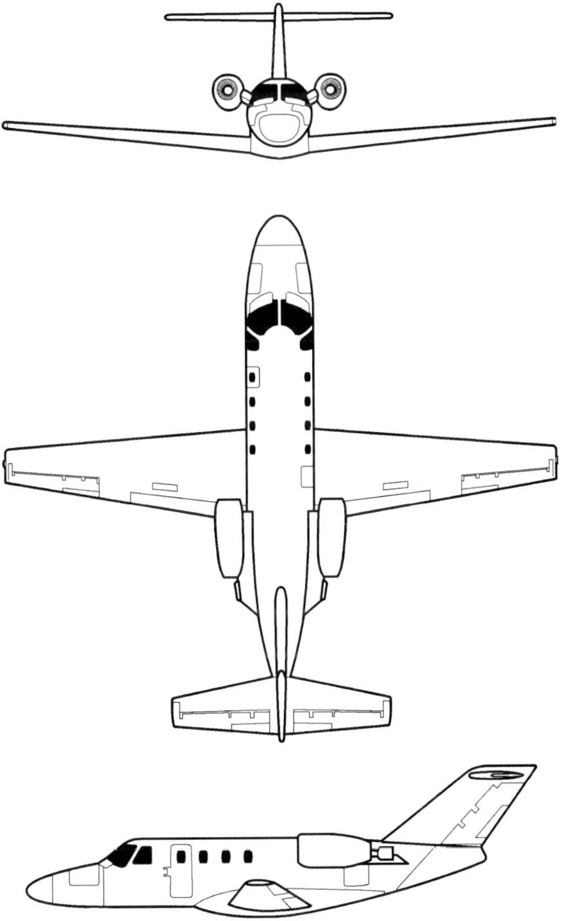

CESSNA 560 CITATION ULTRA/BRAVO

Ursprungsland: USA.
Kategorie: Firmenflugzeug.
Triebwerke: Zwei Mantelstromtriebwerke Pratt & Whitney (Ultra) JT15D-5D von je 1380 kp (13,54 kN) bzw. (Bravo) PW530A von je 1250 kp (12,00 kN) Standschub.
Leistungen (Ultra): Max. Reisegeschwindigkeit bei einem Fluggewicht von 5897 kg 791 km/h auf 10060 m; max. Anfangssteiggeschwindigkeit 18,54 m/Sek; Gipfelhöhe 13700 m; Steigzeit auf 13110 m 29 Min; Reichweite bei ökonom. Reisegeschwindigkeit mit sechs Passagieren und 45 Min Reserven 3558 km.
Gewichte (Ultra): Leergewicht 4060 kg; max. Startgewicht 7390 kg.
Zuladung: Pilot und Copilot/Passagier im Cockpit und Standard-Innenausstattung für acht, max. neun Passagiere.
Entwicklungsstand: Die Citation 5 Ultra fliegt seit September 1994, die Bravo seit 19. April 1995. Der Auftragsbestand beläuft sich derzeit auf rund (Bravo) 80 bzw. (Ultra) 200 Einheiten. Als grösster Einzelbesteller hat die amerikanische Executive Aviation 34 Ultras bestellt. Die US Army erhält vorerst sieben als UC-35A bezeichnete Citation 5 Ultras. Der Gesamtbedarf beläuft sich auf 35 Einheiten.
Bemerkungen: Die Ultra basiert auf der Citation 5, die wiederum eine um rund 0,60 m verlängerte und leistungsfähigere Weiterentwicklung der Citation S/II darstellt. Nebst den stärkeren Triebwerken und der damit verbundenen höheren Zuladung und Reichweitenleistung wurde ein neues Interieur konzipiert. Zudem ist das Cockpit mit drei EFIS-Anzeigen Honeywell Primus 1000 ausgerüstet. Auch die kleinere Citation II wird einer Modellpflege unterworfen. Unter dem Namen Bravo entstand eine Ausführung, die im Rumpf mehr Kopf- und Beinfreiheit offeriert und dank stärkerer Triebwerke auch deutliche Leistungssteigerungen ermöglicht. Sie verfügt über das gleiche Digital-Cockpit der Ultra.
Hersteller: Cessna Aircraft Company, Wichita, Kansas, USA.

Abmessungen: Spannweite 15,90 m, Länge (Ultra) 14,90 m (Bravo) 14,39 m, Höhe 4,57 m, Flügelfläche 31,70 m^2.

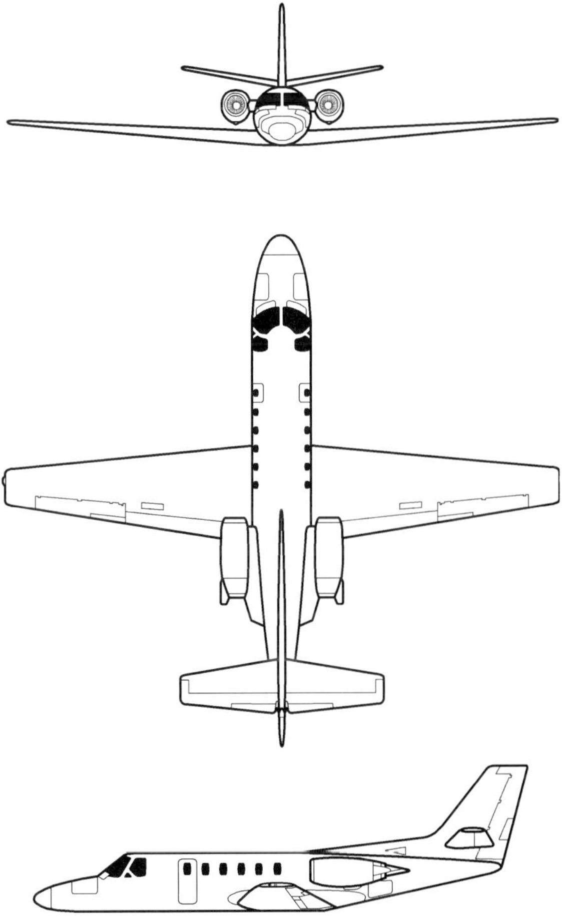

CESSNA 660 CITATION VII/EXCEL

Ursprungsland: USA.
Kategorie: Firmenflugzeug.
Triebwerke: Zwei Mantelstromtriebwerke (VII) Garrett TFE731-3B-100S von je 1655 kp (16,24 kN) oder TFE731-4R-2S von je 1814 kp (17,79 kN) bzw. (Excel) Pratt & Whitney Canada PW545A von je 1650 kp (16,1 kN) Standschub.
Leistungen (Citation VII): Max. Reisegeschwindigkeit bei 8165 kg auf 10670 m 885 km/h; Langstrecken-Reisegeschwindigkeit 806 km/h; Anfangssteiggeschwindigkeit 18,8 m/Sek; Dienstgipfelhöhe 15545 m; Reichweite mit 45 Min. Reserven 4077 km.
Gewichte: Standard-Leergewicht (VII) 5300 kg, (Excel) 4945 kg; max. Startgewicht (VII) 10850 kg, (Excel) 8480 kg.
Zuladung: Zwei Mann Cockpitbesatzung und normalerweise sechs Passagiere in Einzelsitzen. Max. Zuladung bis neun Passagiere.
Entwicklungsstand: Ein Erprobungsträger Citation VII flog erstmals im Februar 1991. Von dieser Ausführung wurden bisher rund 100 Exemplare hergestellt. Die Excel nahm die Flugerprobung am 29. Februar 1996 auf und wird ab zweitem Quartal 1998 abgeliefert. Bisher sind mehr als 160 Exemplare bestellt worden. Darunter befindet sich der grösste je für ein Geschäftsflugzeug erteilte Auftrag der ExecutiveJet für 50 Excels.
Bemerkungen: Abgeleitet von der Citation III (siehe Ausgabe 1991/92) verfügt die Citation VII (siehe Silhouette) über stärkere Triebwerke und weist deshalb bei gleichen Dimensionen bessere Flugleistungen und grössere Nutzlast auf. Das als Cessna 560XL Excel (siehe Foto) bezeichnete kostengünstigere Zwischenmuster (Preis ca. 6,6 Mio. US$) kombiniert den ungepfeilten Flügel der Citation V Ultra (um ca. 1,20 m verlängert) mit dem verkürzten Rumpf der Citation X. Die Excel ist das einzige ungepfeilte Firmenflugzeug, welches den Passagieren in der Kabine durchwegs Stehhöhe ermöglicht. Dank stärkeren Triebwerken ist das Leistungsspektrum wesentlich erweitert.
Hersteller: Cessna Aircraft Company, Wichita, Kansas, USA.

Abmessungen: Spannweite (VII) 16,31 m, (Excel) 17,10 m, Länge (VII) 16,90 m (Excel) 15,50 m, Höhe 5,12 m, Flügelfläche 29,0 m^2.

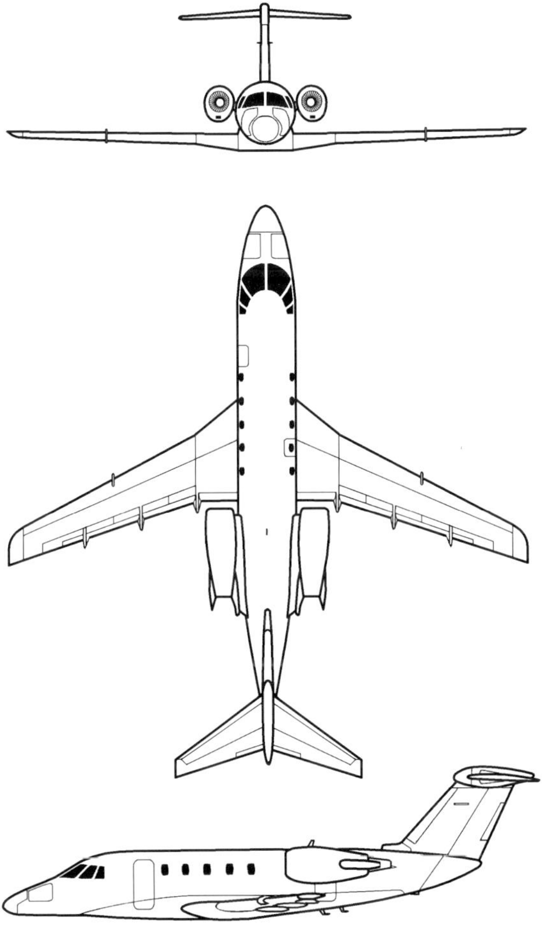

CESSNA 750 CITATION X

Ursprungsland: USA.
Kategorie: Firmenflugzeug.
Triebwerke: Zwei Mantelstromtriebwerke Allison GMA 3007C von je 2900 kp (28,5 kN) Standschub.
Leistungen: Höchstgeschwindigkeit Mach 0,92; max. Reisegeschwindigkeit auf 11275 m 934 km/h oder Mach 0,88; Langstrecken-Reisegeschwindigkeit 851 km/h; Anfangssteiggeschwindigkeit 22,4 m/Sek; Dienstgipfelhöhe 15545 m; VFR-Reichweite bei Mach 0,82 mit sechs Passagieren und 45 Min. Reserven 6115 km, IFR-Reichweite 5556 km.
Gewichte: Leer 8618 kg; max. Startgewicht 16012 kg.
Zuladung: Zwei Mann Cockpitbesatzung und normalerweise acht, maximal aber bis zu 12 Passagiere; max. Nutzlast 1179 kg.
Entwicklungsstand: Das erste von drei Erprobungsmustern nahm die Flugtests am 21. Dezember 1993 auf. Mit den Kundenauslieferungen wurde im Juni 1996 begonnen. Bis jetzt sind mehr als 60 Bestellungen, darunter 31 für die ExecutiveJet, für die Citation X eingegangen, die Monatsproduktion beläuft sich auf zwei Einheiten. Am 23. September 1997 lieferte Cessna die 2500. Citation, eine Citation X, ab.
Bemerkungen: Mit dem Ausgangsmuster Citation III hat die Citation X nur noch den Rumpfquerschnitt gemeinsam. Im übrigen handelt es sich um eine völlig neue Konstruktion. Das Flugzeug erreicht die höchste Reisegeschwindigkeit aller Zivilflugzeuge ausser der Concorde. Es ist deshalb mit einem neuartigen und hochentwickelten Flügel versehen, der eine Pfeilung von 35° aufweist, gegenüber 25° bei der Citation III, VI und VII. Als erstes Cessna-Flugzeug verfügt sie über eine servounterstützte Flugsteuerung. Der Rumpfquerschnitt erlaubt durchgehend Stehhöhe. Das Cockpit ist mit dem digitalen EFIS-System Honeywell Primus 2000 ausgerüstet. Die Citation X soll bei Cessna das oberste Segment im Angebot von düsengetriebenen Firmenflugzeugen abdecken.
Hersteller: Cessna Aircraft Company, Wichita, Kansas, USA.

Abmessungen: Spannweite 19,50 m, Länge 22,00 m, Höhe 5,09 m.

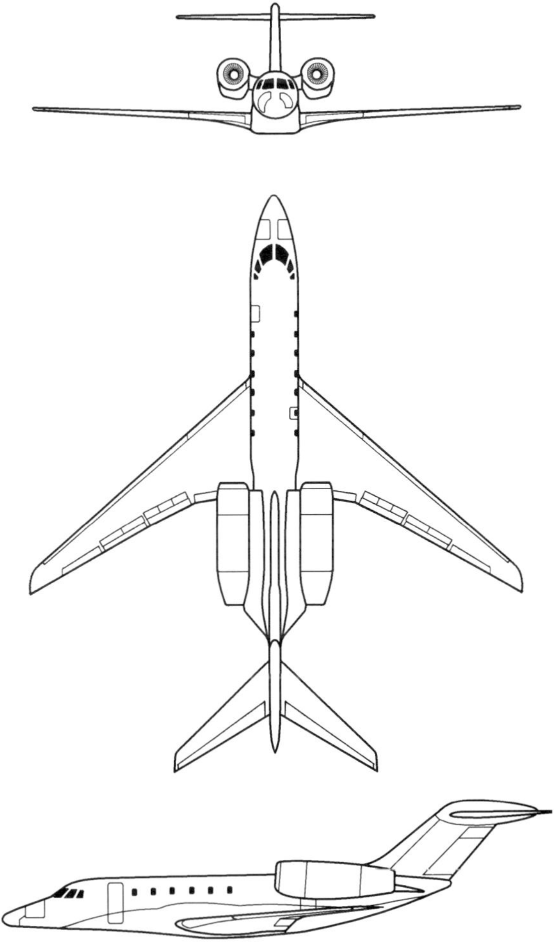

CIRRUS SR20

Ursprungsland: USA.
Kategorie: Sport- und Reiseflugzeug.
Triebwerke: Ein luftgekühlter Vierzylinder-Boxermotor Teledyne Continental IO-360-ES von 200 PS (149 kW) Leistung.
Leistungen: Normale Reisegeschwindigkeit mit 75 % Leistung 296 km/h; Anfangssteiggeschwindigkeit 5 m/Sek; max. Reichweite 1480 km.
Gewichte: Leergewicht 815 kg; max. Startgewicht 1315 kg.
Zuladung: Pilot und drei Passagiere, max. Nutzlast 500 kg.
Entwicklungsstand: Der Prototyp fliegt seit Ende 1994. Bisher sind rund 120 SR20 bestellt. Die ersten Exemplare werden Anfang 1998 abgeliefert.
Bemerkungen: Die erst 1986 gegründete Cirrus Design hat sich zum Ziel gesetzt, völlig neue einmotorige Sportflugzeuge zu entwickeln, welche die neueste Technologie nutzen. Als erstes Modell ist die CR20 entstanden. Zelle und Flügel mit Festfahrwerk sind ganz aus Verbundwerkstoff (Epoxyd-Fiberglas) in Sandwichbauweise hergestellt und entsprechend leicht, was die CR20 für ihre Klasse sehr leistungsfähig macht. Sie verfügt über eine umfassende Avionik, bestehend u.a. aus einem ICDS 2000-Multifunktionscockpit mit Autopilot und GPS für Flüge unter IFR-Bedingungen. Die sonst üblichen zwei Steuerhörner sind durch «Sidesticks» ersetzt worden. Bisher einmalig ist das sog. «Ballistic Recovery System», welches die Maschine bei Absturzgefahr mittels Fallschirm sicher auf den Boden bringen soll. Der Kaufpreis beträgt rund US$ 160.000,–. Cirrus plant sowohl einfachere wie weiterentwickelte Versionen der SR20 mit stärkerem Triebwerk.
Hersteller: Cirrus Design Corp., Duluth, Minnesota, USA.

Abmessungen: Spannweite 10,67 m, Länge 7,92 m, Höhe 3,14 m.

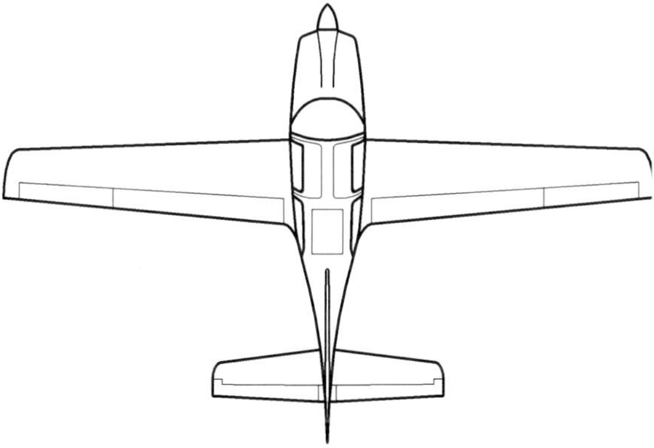

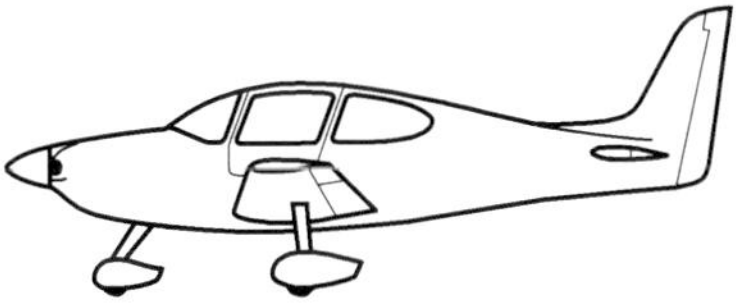

DASSAULT FALCON 50EX

Ursprungsland: Frankreich.
Kategorie: Firmenflugzeug.
Triebwerke: Drei Mantelstromtriebwerke AlliedSignal Garrett TFE731-40 von je 1678 kp (16,47 kN) Leistung.
Leistungen: Höchstgeschwindigkeit Mach 0,86; max. Reisegeschwindigkeit 880 km/h; Zeit um 12497 m zu erreichen 23 Min; Reichweite mit acht Passagieren und IFR-Reserven 6046 km.
Gewichte: Leergewicht 9605 kg; max. Startgewicht 18010 kg.
Zuladung: Zwei Piloten im Cockpit und normalerweise neun Passagiere in Club-Bestuhlung, max. jedoch bis zu 19 Personen; max. Nutzlast 1710 kg.
Entwicklungsstand: Die Langstreckenausführung des Ausgangsmusters Falcon 50 startete am 10. April 1996 zum Erstflug. Mit den Kundenauslieferungen wurde im Februar 1997 begonnen. Von der Vorgängerversion Falcon 50 wurden rund 250 Einheiten hergestellt. Von der Version EX sind 1997 12 Einheiten produziert worden. Die französische Marine hat fünf Falcon 50EX für Seeüberwachungsaufgaben bestellt und wird diese ab 1998 erhalten.
Bemerkungen: Die Falcon 50EX besitzt leistungsstärkere und wirtschaftlichere Triebwerke, dank denen bei günstigeren Kosten die Reichweitenleistung um rund 370 km verbessert werden konnte. Auch andere Leistungsparameter wurden gesteigert. Die 50EX erhielt zudem die neueste Collins Pro Line 4-Avionik mit EFIS-Bildschirmen. Die Maschinen für die französische Marine werden ein Überwachungsradar und unter dem Rumpf angeordnete Behälter für Such- und Rettungsgeräte sowie eine Infrarotkamera erhalten.
Hersteller: Dassault Aviation, Vaucresson, Frankreich.

Abmessungen: Spannweite 18,86 m, Länge 18,52 m, Höhe 6,98 m.

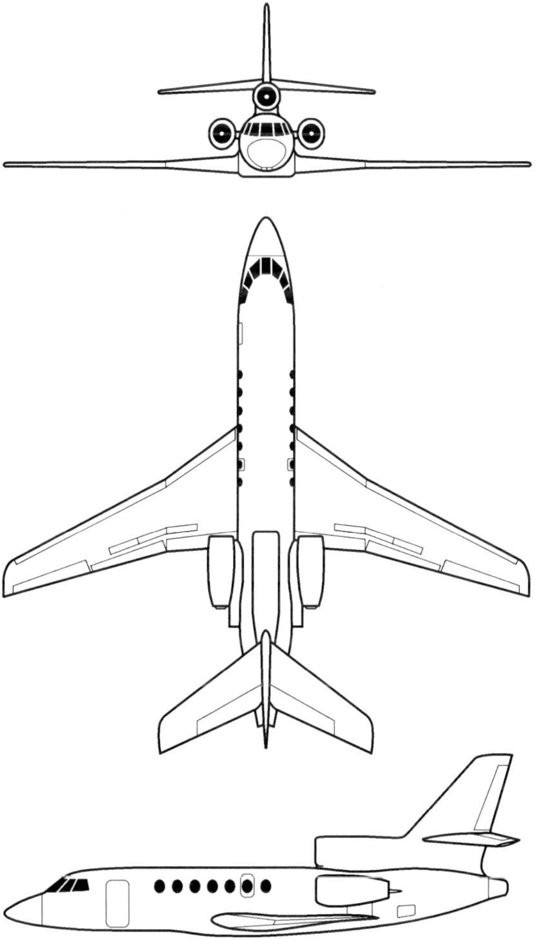

DASSAULT FALCON 900EX

Ursprungsland: Frankreich.
Kategorie: Firmenflugzeug.
Triebwerke: Drei Mantelstromtriebwerke AlliedSignal TFE731-60 von je 2270 kp (22,24 kN) Standschub.
Leistungen: Höchstgeschwindigkeit bei 12250 kg 924 km/h auf 10975 m (Mach 0,87); max. Reisegeschwindigkeit 893 km/h auf 11890 m (Mach 0,84); Langstrecken-Reisegeschwindigkeit 797 km/h auf 11275 m (Mach 0,75); Dienstgipfelhöhe 15550 m; Reichweite mit acht Passagieren 8300 km.
Gewichte: Rüstgewicht 10830 kg; max. Startgewicht 21910 kg.
Zuladung: Zwei Piloten und je nach Innenausstattung 8 bis 15 Passagiere. Maximale Passagierkapazität 19 Personen in Dreierreihen; max. Nutzlast 2795 kg.
Entwicklungsstand: Erstflug des ersten Prototypen des Falcon 900 am 21. September 1984, gefolgt vom ersten Serienflugzeug im März 1986. Die Ablieferungen begannen am 19. Dezember 1986. Die Version 900EX flog erstmals am 1. Juni 1995 und gelangte ab Mitte 1996 (bei Sony Corp.) in Einsatz. Bisher sind über 190 Falcons 900 beider Versionen in Auftrag gegeben worden.
Bemerkungen: Die Falcon 900 ist das grösste Modell in der Mystère-Falcon-Familie von Geschäftsreiseflugzeugen und wird u.a. von mehreren Nationen für Regierungsaufträge eingesetzt, so z.B. Australien, Belgien, Frankreich, Malaysia, Nigeria und Spanien. Zwei Exemplare für Seeüberwachungsaufgaben setzt die Japanese Maritime Safety Agency ein. Mit der neuen Version EX bietet Dassault ein Modell mit nochmals erweiterter Reichweitenleistung an. Um das durch die grössere Treibstoffzuladung erhöhte Abfluggewicht aufzufangen, sind etwas stärkere Triebwerke eingebaut. Zudem gelangt ein neuer Avionik-Kit Honeywell Primus 2000 zur Anwendung. Dieser kann als Option mit einem Head-up-Display ergänzt werden.
Hersteller: Dassault Aviation, Vaucresson, Frankreich.

Abmessungen: Spannweite 19,33 m, Länge 20,21 m, Höhe 7,55 m, Flügelfläche 49,03 m².

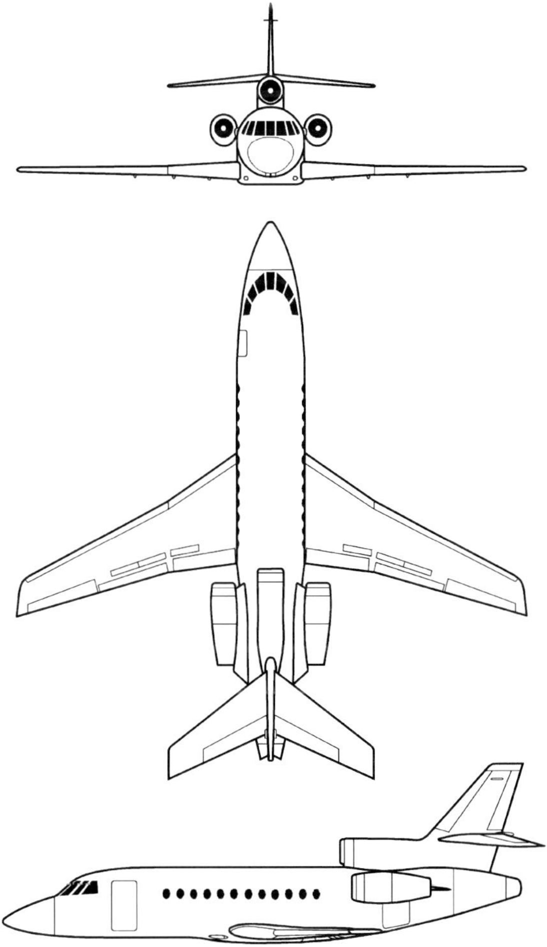

DASSAULT FALCON 2000

Ursprungsland: Frankreich.
Kategorie: Firmenflugzeug.
Triebwerke: Zwei Mantelstromtriebwerke General Electric/Garrett CFE 738-1-1B von je 2596 kp (25,46 kN) Standschub.
Leistungen: Max. Reisegeschwindigkeit auf 11890 m 903 km/h (Mach 0,85); Anfangssteiggeschwindigkeit 17,4 m/Sek; Dienstgipfelhöhe 14300 m; Reichweite mit acht Passagieren, max. Treibstoffzuladung und NBAA-Reserven 5790 km, mit max. Nutzlast rund 1850 km.
Gewichte: Rüstgewicht 9435 kg; max. Startgewicht 16239 kg.
Zuladung: Zwei Piloten im Cockpit und je nach Innenausstattung acht bis zwölf Passagiere in der Kabine, bei enger Bestuhlung sogar 19 Passagiere.
Entwicklungsstand: Erstflug des Erprobungsmusters am 4. März 1993. Zulassung und Beginn der Ablieferungen an Kunden im Februar 1995. Bis Ende 1997 sind über 70 Falcon 2000 bestellt (darunter u.a. 24 von Executive Jet Aviation) worden, die Monatsproduktion beläuft sich auf zwei Einheiten.
Bemerkungen: Die Falcon 2000 verfügt über den gleichen komfortablen Rumpfquerschnitt mit durchgehender Stehhöhe wie die Falcon 900/900B (siehe Seiten 132/133). Dank nur zwei Triebwerken kann sie deutlich wirtschaftlicher betrieben werden. Das Cockpit ist mit vier CRT EFIS-Displays des Typs Collins Pro Line 4 ausgerüstet. Als Option ist ein Head-up Display (HUD) erhältlich. Neu werden alle Falcon 2000 mit Schubumkehr ausgerüstet. Der Flügel ist mit wenigen Modifikationen von der Falcon 20/200 übernommen. Entgegen der ursprünglichen Absicht, soll die Falcon 2000 nicht die Familie der Falcon 10/100 bzw. 20/200 ersetzen, sondern vielmehr die Angebotslücke zwischen diesen und der dreistrahligen Falcon 50/900 schliessen.
Hersteller: Dassault Aviation, Vaucresson, Frankreich.

Abmessungen: Spannweite 19,33 m, Länge 20,23 m, Höhe 7,10 m, Flügelfläche 49,02 m^2.

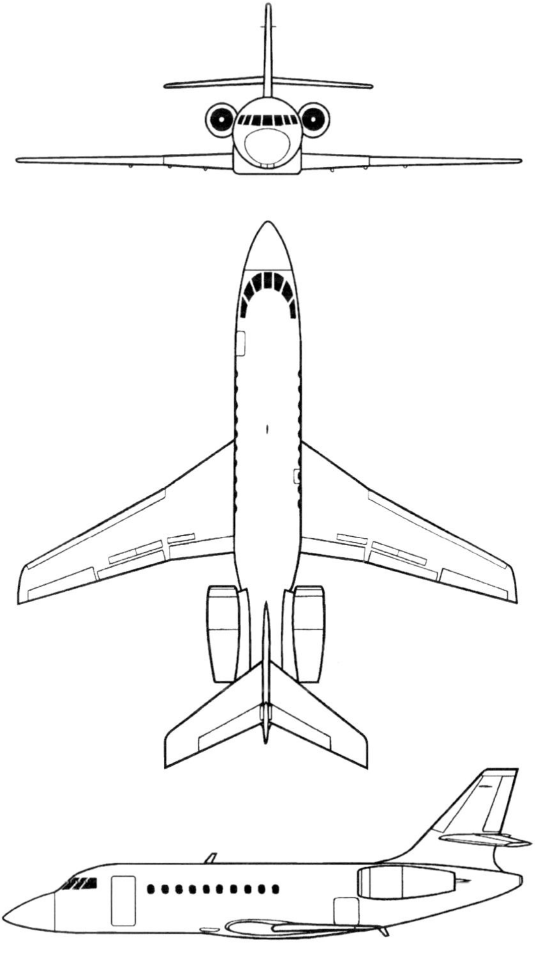

DASSAULT MIRAGE 2000-5

Ursprungsland: Frankreich.
Kategorie: Ein- oder zweisitziges Mehrzweckkampfflugzeug.
Triebwerke: Ein Mantelstromtriebwerk SNECMA M53-P2 von 6558 kp (64,3 kN) Standschub ohne und 9700 kp (95,1 kN) mit Nachbrenner.
Leistungen: Kurzzeitig erreichbare Spitzengeschwindigkeit 2390 km/h oder Mach 2,25 auf über 11000 m; Höchstgeschwindigkeit über längere Zeit 2230 km/h oder Mach 2,1, bzw. 1118 km/h oder Mach 0,912 ohne Nachbrenner; max. Anfangssteiggeschwindigkeit 305 m/Sek; Steigzeit auf 15000 m und Beschleunigung auf Mach 2,0 4 Min; Reichweite mit max. interner und externer Treibstoffzuladung 3355 km; taktischer Einsatzradius mit zwei abwerfbaren 1700-l-Zusatztanks und 1000 kg Waffen 1500 km.
Gewichte: Leergewicht 7500 kg; Startgewicht ohne Aussenlasten 9500 kg; max. Startgewicht 17000 kg.
Bewaffnung: Als Abfangjäger typischerweise zwei 30-mm-DEFA-Kanonen, zwei Kurzstrecken-Luft-Luft-Lenkwaffen Magic und vier mit einem Aktivradar ausgerüstete Mittelstrecken-Luft-Luft-Lenkwaffen Mica. Als Erdkämpfer Waffenlasten bis zu 6500 kg, verteilt auf fünf Rumpf- und vier Flügelstationen.
Entwicklungsstand: Der erste zweisitzige Prototyp der Mirage 2000-5-Version flog erstmals am 24. Oktober 1990. Taiwan erhält seit Mitte 1996 60, Quatar seit September 1997 12 Einheiten. Neuester Besteller: UAE 30 Mirage 2000-9. Frankreich baut 37 heutige Mirage 2000 in diese Version um. Von allen Mirage 2000-Varianten sind bisher etwa 610 Einheiten fest bestellt worden. Eventuell wird Taiwan weitere 60 Mirage 2000-5 bestellen.
Bemerkungen: Die Mirage 2000-5 ist eine verbesserte Mehrzweckvariante mit neuem Multifunktionsradar RDY und modernisiertem Cockpit. Dank dieser Ausrüstung können im Luftkampf gleichzeitig acht Ziele kontinuierlich verfolgt werden. Weiter verfügt diese Ausführung über hochentwickelte EloKa-Geräte, die sowohl gegnerische Radare wie auch den Start von Abwehrraketen erkennen und bekämpfen können. Schliesslich wurde die Struktur verstärkt.
Hersteller: Dassault Aviation, Vaucresson, Frankreich.

Abmessungen: Spannweite 9,13 m, Länge 14,36 m, Höhe 5,02 m, Flügelfläche 41,00 m^2.

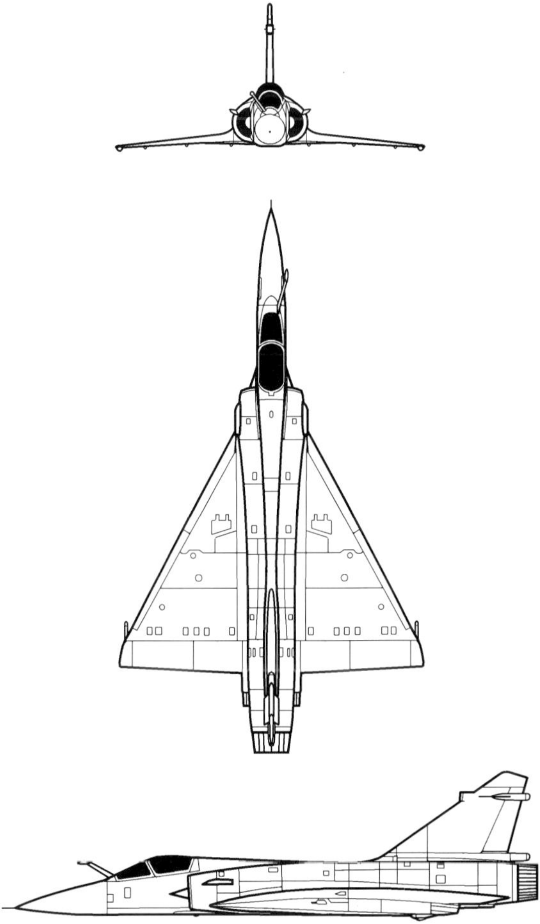

DASSAULT RAFALE B/M

Ursprungsland: Frankreich.
Kategorie: Zweisitziges Mehrzweckkampfflugzeug/Einsatztrainer (B bzw. F2), einsitziger, bordgestütztes Mehrzweckkampfflugzeug (M bzw. F1).
Triebwerke: Zwei Mantelstromtriebwerke SNECMA M88-2 von je 4966 kp (48,7 kN) Standschub ohne und 7438 kp (72,9 kN) mit Nachbrenner.
Leistungen (geschätzt): Höchstgeschwindigkeit 2124 km/h über 10975 m (Mach 2,0), 1390 km/h im Tiefflug (Mach 1,15); taktischer Einsatzradius in Abfangmission mit acht Mica Luft-Luft-Lenkwaffen, einem Zusatztank von 1700 l und zwei von 1300 l 1853 km, bei einem Einsatzprofil hoch-tief-tief-hoch mit 12 250-kg-Bomben, vier Mica-Lenkwaffen und Zusatztanks von insgesamt 4300 l 1093 km.
Gewichte: Rüstgewicht (B) 8600, (M) 9800 kg; max. Startgewicht 19500 bis 21500 kg.
Bewaffnung: Eine 30-mm-GIAT-DEFA-Kanone und eine Waffenlast von 6000 kg, max. 8000 kg, verteilt auf 13 Aufhängepunkte.
Entwicklungsstand: Erstflug des ersten von vier Prototypen (Rafale C) am 19. Mai 1991. Nach heutiger Planung erhalten die französische Luftwaffe 235 Rafale B (neu als F2 bezeichnet), die französische Marine nur noch 60 Rafale M (neu als F1 bezeichnet), und zwar erst ab 2000. Abgesehen von den Prototypen sind vorläufig aber erst 13 Rafales (10 M/3 B) bestellt worden. Ein Folgeauftrag von 48 Einheiten ist in der Schwebe.
Bemerkungen: Die Marineversion Rafale M wurde in der Ausgabe 1997 beschrieben. Sowohl die Landversion Rafale B wie auch die Rafale M sind mit dem neuesten zweidimensionalen Bordradar GIE RBE2 mit elektronisch scannender Antenne ausgerüstet. Fast die gesamte Zelle ist aus Verbundwerkstoffen hergestellt, Rumpfspitze und Heck bestehen aus Kevlar. In besonders beanspruchten Bereichen gelangt Titan zum Einsatz. Die Steuerung erfolgt nach dem Fly-by-Wire-Prinzip.
Hersteller: Dassault Aviation, Vaucresson, Frankreich.

Abmessungen: Spannweite inkl. Lenkwaffen an den Flügelspitzen 10,90 m, Länge 15,30 m, Höhe 5,18 m, Flügelfläche 45,00 m^2.

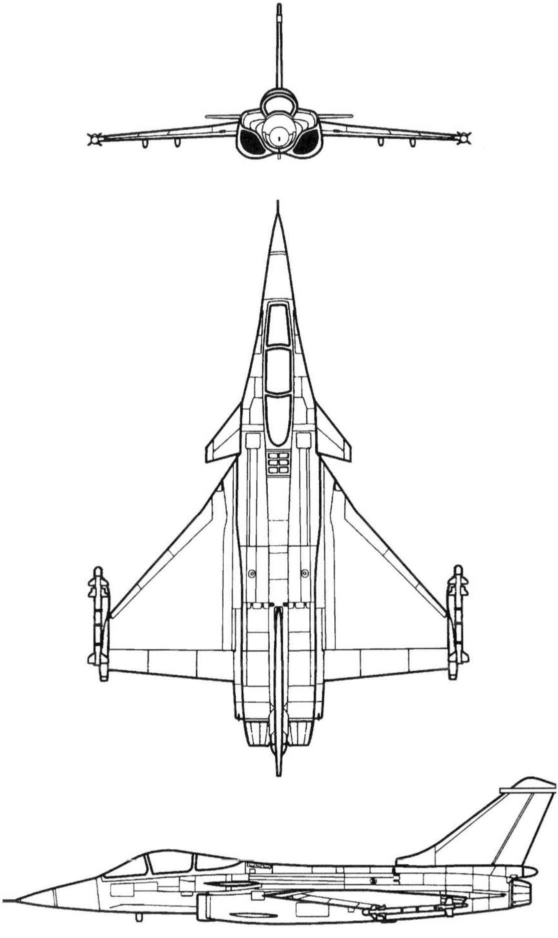

EH INDUSTRIES EH 101

Ursprungsland: Grossbritannien und Italien.
Kategorie: U-Boot-Jäger sowie ziviler und militärischer Transporthubschrauber.
Triebwerke: Drei Gasturbinen (RN) Rolls-Royce-Turboméca RTM 322 von je 2312 WPS (1566 kW) oder (italienische Marine) General Electric T700-GE-T6A von je 1714 WPS (1278 kW) oder CT7-6A1 von je 2000 WPS (1491 kW) Leistung.
Leistungen (CT7-6): Max. Fluggeschwindigkeit 308 km/h; typische Reisegeschwindigkeit 272 km/h; ökonom. Reisegeschwindigkeit 267 km/h; Schwebehöhe mit Bodeneffekt 2745 m, ohne Bodeneffekt 1675 m; max. Flughöhe 4600 m; Reichweite mit 30 Passagieren 926 km; Überführungsreichweite mit Zusatztanks 1760 km.
Gewichte: Rüstgewichte ASW-Ausführung 9275 kg, Militärversion 9000 kg, Zivilausführung 8993 kg; max. Startgewicht ASW-Ausführung 13530 kg, übrige 14288 kg.
Zuladung: Zwei Piloten und 30 Passagiere; max. Nutzlast 6700 kg.
Bewaffnung: Zwei Leichtgewichttorpedos Stingray und die Möglichkeit, Antischiffslenkwaffen der Exocet-Harpoon-Klasse mitzuführen.
Entwicklungsstand: Die erste von neun Entwicklungs- und Versuchsmaschinen flog erstmals am 9. Oktober 1987. Das erste Serienmuster wurde am 6. März 1996 fertiggestellt. Grossbritannien hat bisher 60 (44 ASW für RN, 22 Mehrzweckversion für RAF), Italien 16 für die Marine (+ 8 Optionen; 8 ASW, 4 AEW und 4 Mehrzweckversion) bestellt. Erstkunde für Zivilausführung: Polizei von Tokyo (1). Erste Auslieferungen sind für 1998/99 vorgesehen.
Bemerkungen: Obwohl noch nicht einmal im Einsatz, stellt die Royal Navy bereits Überlegungen für eine aufdatierte ASW-Version an. Nebst Verbesserungen an der Zellenstruktur soll die Missions- und Abwehrfähigkeit erhöht werden. Die Mehrzweckversion (siehe Foto) verfügt über eine Laderampe am Heck. Eine dank kleiner Tragflächen wesentlich schnellere Variante wird derzeit geprüft.
Hersteller: EH Industries Ltd., London, Grossbritannien.

Abmessungen: Rotordurchmesser 18,59 m, Rumpflänge 19,51 m, Höhe inkl. Rotorkopf 5,21 m.

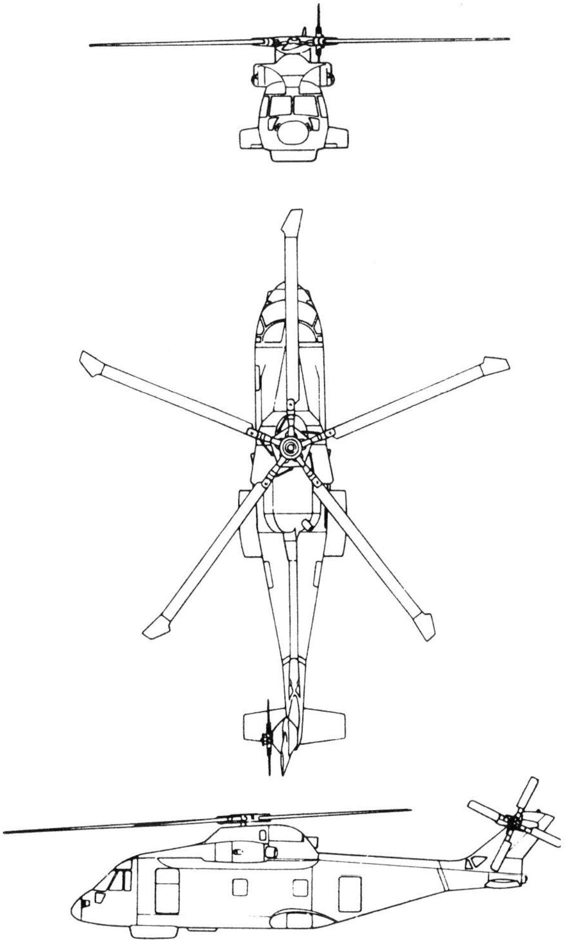

EMBRAER RJ-145 AMAZON

Ursprungsland: Brasilien.
Kategorie: Regionalverkehrsflugzeug.
Triebwerke: Zwei Mantelstromtriebwerke Allison GMA 3007A von 3391 kp (33,00 kN) Standschub.
Leistungen: Max. Reisegeschwindigkeit 811 km/h auf 10668 m; Dienstgipfelhöhe 11270 m; Zeit um 9100 m zu erreichen 16 Min; Reichweite mit max. Treibstoffzuladung 2648 km, mit max. Passagierzuladung 1612 km; Version -ER mit 50 Passagieren bis zu 2220 km, Version -LR bis zu 3000 km.
Gewichte: Leergewicht 11585 kg; max. Startgewicht 19300 kg, (-ER 20600 kg, -LR 22000 kg).
Zuladung: Zwei Piloten und je nach Innenausstattung bis zu 50 Passagiere in Dreierreihen mit Mittelgang. Max. Nutzlast 5515 kg.
Entwicklungsstand: Der erste Prototyp nahm die Flugerprobung am 11. August 1995 auf, gefolgt vom ersten von drei Vorserienmaschinen am 17. November 1995. Nach Erteilen der Zulassung begann die Einsatzbereitschaft im Dezember 1996. Bisher sind rund 170 Bestellungen und 225 Optionen von 10 Airlines eingegangen. Grösster Einzelauftraggeber ist die Continental Express mit 50 Festbestellungen und 150 Optionen. Die monatliche Produktion beträgt sechs Einheiten.
Bemerkungen: Die RJ-145 ist besonders dafür ausgelegt worden, längere Streckenabschnitte, beispielsweise in dünnerbesiedelten Regionen, schneller und komfortabler bedienen zu können. Die Rumpfgrundkonstruktion sowie andere Elemente sind von der EMB-120 (siehe Ausgabe 1997) übernommen, während es sich in den anderen Bereichen um eine völlige Neukonstruktion handelt. Generell wurde auf einfache, kostengünstige Auslegung geachtet, um den Verkaufspreis niedrig zu halten. Für grössere Reichweiten werden die Varianten EMB-145ER (Extended Range) und EMB-145LR (Long Range, mit AE3007A1-Triebwerken, Erstflug im April 1998) angeboten. Unter der Bezeichnung RJ-135 entwickelt Embraer eine um 3,50 m kürzere Variante für bis zu 37 Fluggäste (Erstflug für Mitte 1998 geplant). Schliesslich erhält die brasilianische Luftwaffe fünf EMB-145 der AEW-Ausführung mit Ericsson Erieye-Radar.
Hersteller: EMBRAER (Emprêsa Brasileira de Aeronautica SA), Sao José dos Campos, Brasilien.

Abmessungen: Spannweite 20,04 m, Länge 29,87 m, Höhe 6,71 m, Flügelfläche 51,18 m².

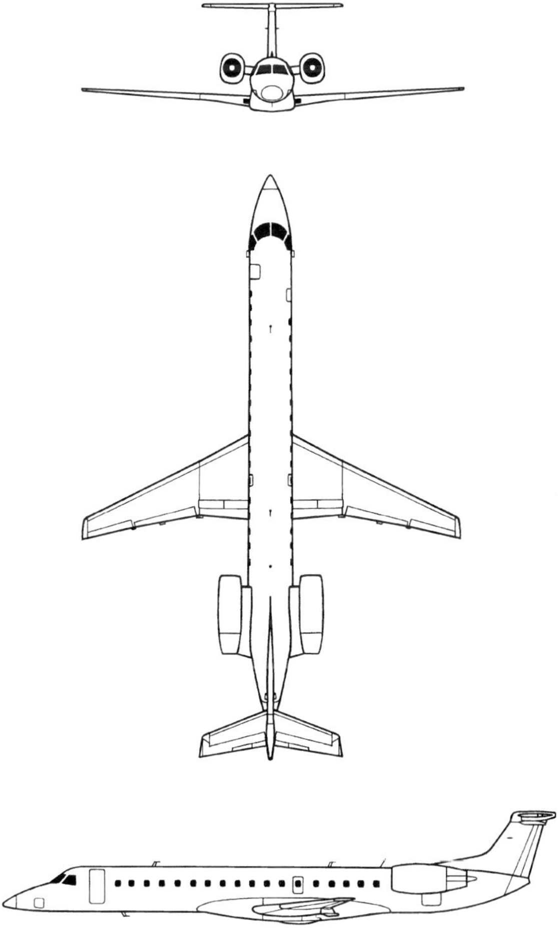

EMBRAER EMB-314/AL-X SUPER TUCANO

Ursprungsland: Brasilien.
Kategorie (EMB-314): Zweisitziger Basis- und Fortgeschrittenentrainer bzw. (AL-X) leichtes einsitziges (A-29) bzw. zweisitziges (AT-29) Erdkampf- und Überwachungsflugzeug.
Triebwerke: Eine Propellerturbine Pratt & Whitney Canada PT6A-68 von 1600 WPS (1190 kW) Leistung.
Leistungen (EMB-314): Höchstgeschwindigkeit 563 km/h; max. Reisegeschwindigkeit 535 km/h; Anfangssteiggeschwindigkeit 22 m/Sek; Dienstgipfelhöhe 11600 m; Reichweite auf 9140 m mit 30 Min. Reserven 1500 km; max. Flugdauer 4 Std. 40 Min.
Gewichte (EMB-314): Leergewicht 2390 kg; max. Startgewicht unbewaffnet 3160 kg, mit Waffenlast 3790 kg.
Bewaffnung (AL-X): Fünf Aufhängestationen unter dem Rumpf und unter den Flügeln für eine Vielzahl von verschiedenen Waffenlasten.
Entwicklungsstand: Die beiden Erprobungsträger EMB-312H Super Tucano werden in AL-X-Prototypen umgebaut. Der erste nahm die Flugerprobung offenbar 1996 auf. Die brasilianische Luftwaffe erhält ab 1999 100 AL-X (Ein- und Zweisitzer).
Bemerkungen: Die AL-X wurde auf private Initiative von EMBRAER aus der im JPATS-Wettbewerb ausgeschiedenen Super Tucano entwickelt. Sie unterscheidet sich von ihr hauptsächlich durch eine missionsbezogene Ausrüstung: Elbit-Angriffs- und Navigationselektronik, GPS, Head-up-Display, Multifunktionsbildschirme, punktuell verstärkte Zellenstruktur. Das Cockpit ist gepanzert und druckbelüftet. Die Besatzung kann mit Night-Vision-Goggles (NVG) ausgestattet werden. Der Zweisitzer AT-29 verfügt zusätzlich über ein nach vorne gerichtetes FLIR-Gerät. So ausgerüstet, soll die ALX primär zur Bekämpfung von Drogenschmugglern und Guerillas in der Amazonasregion eingesetzt werden. Dabei wird sie mit der AEW-Version der EMB-145 (siehe Seiten 142/143) zusammenarbeiten.
Hersteller: EMBRAER (Emprêsa Brasileira de Aeronautica SA), Sao José dos Campos, Brasilien.

Abmessungen: Spannweite 11,14 m, Länge 11,42 m, Höhe 3,90 m, Flügelfläche 19,40 m^2.

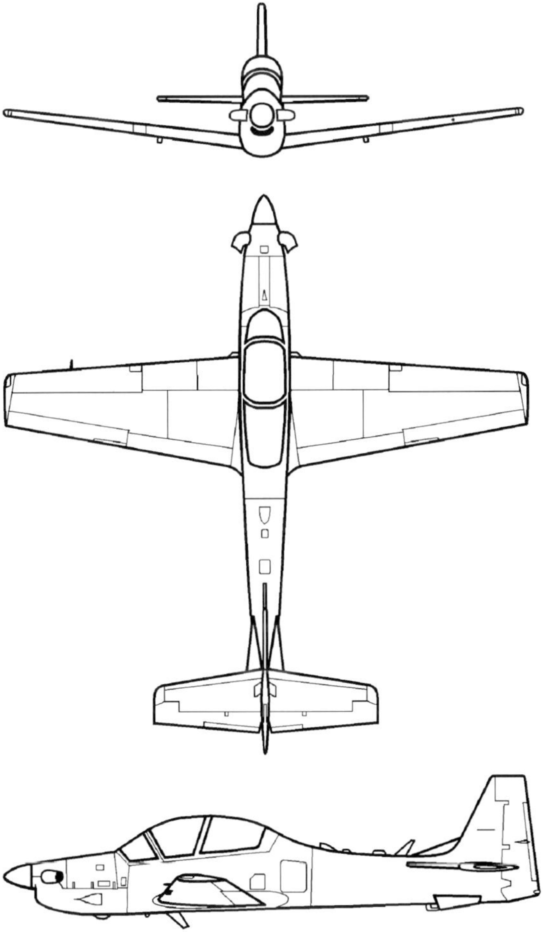

EUROCOPTER TIGER/UHU

Ursprungsland: Frankreich und Bundesrepublik Deutschland.
Kategorie: Zweisitziger Panzerabwehr- und Erdkampfunterstützungs-Hubschrauber.
Triebwerke: Zwei Gasturbinen MTU/Rolls-Royce/Turboméca MTR 390 von je 1285 WPS (958 kW) Leistung.
Leistungen: Höchstgeschwindigkeit 315 km/h; max. Reisegeschwindigkeit 280 km/h; normale Reisegeschwindigkeit 250 km/h; max. Schrägsteiggeschwindigkeit 10 m+/Sek; Dienstgipfelhöhe 3960 m; Schwebehöhe ohne Bodeneffekt 2000 m+; Flugdauer 2,85 Std.
Gewichte: Leer 3300 kg; max. Startgewicht mit Überlast 6000 kg.
Bewaffnung (HAP): 30-mm-Kanone, bis zu 68 ungelenkte Raketen und vier Mistral-Luft-Luft-Lenkwaffen; (HAC): Acht Panzerabwehrlenkwaffen HOT/Trigat und zwei Luft-Luft-Lenkwaffen Mistral; (UHU): Zwei Behälter für je 22 ungelenkte 67-mm-Raketen, zwei starre 12,7-mm-Kanonen unter den Flügeln und Stinger-Luft-Luft-Lenkwaffen.
Entwicklungsstand: Fünf Prototypen wurden gebaut, wovon der erste am 27. April 1991 erstmals flog und der letzte am 21. Februar 1996 die Flugerprobung aufgenommen hat. Die französische Luftwaffe erhält definitiv 215 Maschinen (115 HAP und 100 HAC), die deutsche Armee ab 2001 212 Uhu's. Vorerst werden Mittel für die Beschaffung von 160 Maschinen (je 80 pro Land) freigegeben.
Bemerkungen: Von der Tiger werden drei Versionen gebaut: HAP (Hélicoptère d'Appui Protection = Feuerunterstützung, mit Schützenoptik mittels TV-/Infrarotkamera, Laser-Entfernungsmesser) und HAC (Hélicoptère Anti-Char = Panzerabwehrhubschrauber zusätzlich mit Osiris-Sichtsystem) für die französische Armee und UHU (Unterstützungshubschrauber, Ausrüstung weitgehend baugleich mit der HAC-Version) für die deutsche Armee. Die Zelle besteht zu über 75 % aus Verbundwerkstoffen. Zur Abschirmung von elektromagnetischen Einflüssen und zum Blitzschutz sind grosse Teile des Rumpfes mit einem Kupfer-Bronze-Gitter versehen. Die Panzerabwehrversion erhält ein auf dem Rotormast montiertes Visier mit Kamera.
Hersteller: Eurocopter Hubschrauber GmbH, München, BRD.

Abmessungen: Rotordurchmesser 13,00 m, Rumpflänge 14,00 m, Höhe 3,81 m.

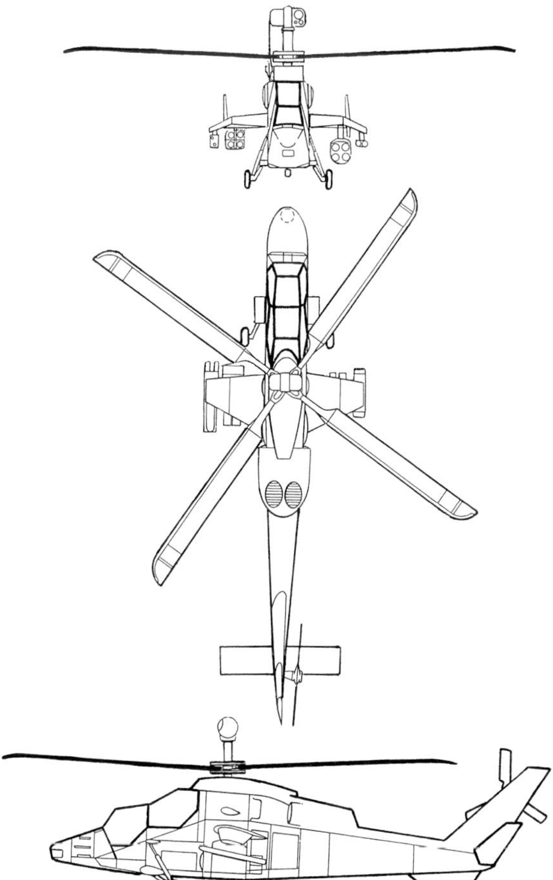

EUROCOPTER AS 332 SUPER PUMA MK.II / AS 532 COUGAR MK. II

Ursprungsland: Frankreich.
Kategorie: Mittelschwerer ziviler (AS 332) und militärischer (AS 532) Mehrzweckhubschrauber.
Triebwerke: Zwei Gasturbinen Turboméca Makila 1A2 von je 1959 WPS (1461 kW) Leistung.
Leistungen (AS 532): Höchstgeschwindigkeit 315 km/h; Reisegeschwindigkeit 276 km/h auf Meereshöhe; max. Schrägsteiggeschwindigkeit 6,5 m/Sek; Schwebehöhe mit Bodeneffekt 2500 m, ohne Bodeneffekt 1600 m; Reichweite mit Standardtreibstoffzuladung 647 km.
Gewichte: Leer 4650 kg; max. Startgewicht 9500 kg, mit Aussenlast 10000 kg.
Zuladung: Zwei Piloten und 24 Passagiere oder 29 Soldaten (AS 532). Max. Nutzlast 4140 kg.
Entwicklungsstand: Erstflug des Prototyps am 6. Februar 1987. Von allen Super Puma-Varianten sind bis heute über 500 Maschinen in Auftrag gegeben worden, davon rund zwei Drittel durch 31 militärische bzw. paramilitärische Organisationen. Die AS 332/532 wird in Indonesien in Lizenz bei IPTN gebaut, welche kürzlich einen Auftrag für weitere 16 Einheiten für die indonesische Armee erhielt.
Bemerkungen: Die AS 332 Super Puma Mk.II ist die zivile und die AS 532 Cougar Mk.II die militärische Ausführung des gleichen Ausgangsmusters. Die gegenwärtig produzierte Zivilausführung heisst AS 332L2 und wurde im April 1992 zuerst an Bristow Helicopters geliefert. Weitere Ausführungen: AS 532MC für SAR-Aufgaben und AS 532SC für ASW-Einsätze, AS 532UC für taktische Einsätze, ausgerüstet mit 20-mm-Kanonen und Raketenwerfer sowie Transportversion AS 532U2, welche auch zur Evakuation von Verwundeten geeignet ist (sechs liegende und sechs sitzende Verletzte). Die mit einem Thomson-CSF-Radar ausgerüstete AS 532UL Horizon für Gefechtsfeldaufklärung erhält die französische Armee in vier Exemplaren. Eurocopter lancierte kürzlich eine als AS532UB Cougar 100 bezeichnete preisgünstige Variante mit einem auf 15,53 m verkürzten Rumpf und Makila 1A1-Triebwerken von je 1902 WPS (1400 kW) Leistung.
Hersteller: Eurocopter, Werk Marignane, La Courneuve, Frankreich.

Abmessungen: Rotordurchmesser 16,20 m, Rumpflänge inkl. Heckrotor 16,79 m, Höhe inkl. Rotorkopf 4,60 m.

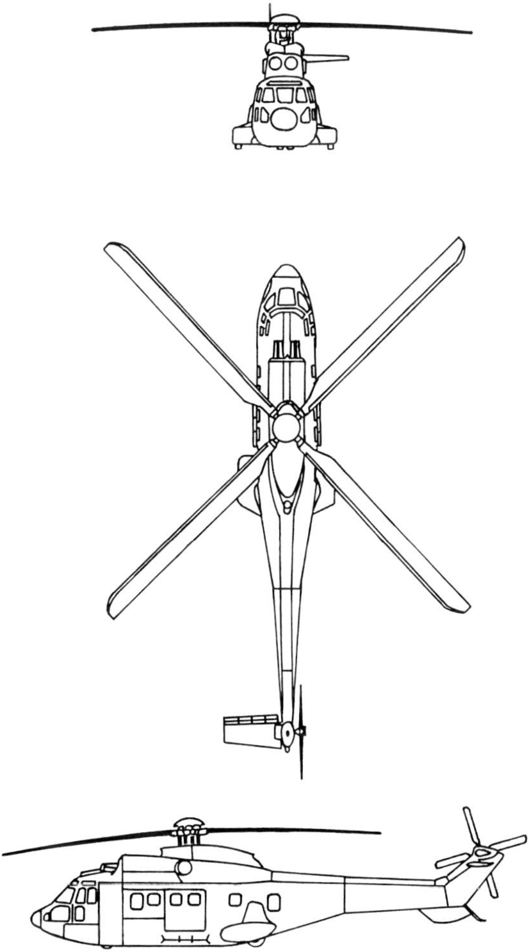

EUROCOPTER AS 350 ECUREUIL/AS 550 FENNEC

Ursprungsland: Frankreich.
Kategorie: Leichter ziviler und militärischer Mehrzweckhubschrauber.
Triebwerke: Eine Gasturbine Turboméca Arriel 1D1 von 740 WPS (540 kW) Leistung.
Leistungen (AS 550 bei 2200 kg): Höchstgeschwindigkeit 287 km/h; Reisegeschwindigkeit 249 km/h auf Meereshöhe; max. Schrägsteiggeschwindigkeit 10,1 m/Sek; Schwebehöhe mit Bodeneffekt 4050 m, ohne Bodeneffekt 3400 m; Reichweite mit normaler Treibstoffzuladung 686 km.
Gewichte: Leer 1180 kg; max. Startgewicht 2350 kg, mit Aussenlast 2500 kg.
Zuladung: Sechs Personen. Max. Nutzlast 1115 kg.
Bewaffnung (AS 550A2): 20-mm-GIAT-Kanone, zwei 7,62-mm-Maschinengewehr- bzw. 68-mm-Raketenbehälter; (AS 550C2): HeliTow-Antitank-Lenkwaffensystem Saab/Emerson.
Entwicklungsstand: Die gegenwärtig neueste Ausführung AS 350BA wird seit 1992 angeboten. Von den zahlreichen bisher entwickelten Varianten sind über 2000 Exemplare von rund 800 Kunden bestellt und zum grössten Teil ausgeliefert worden. 38 als HT.1 bzw. HAT.2 bezeichnete AS350BB werden zur Ausbildung von Hubschrauberpiloten der RAF und der RN beschafft. Lizenzbau in Brasilien bei Helibras als HB 350 (200+) sowie voraussichtlich in Rumänien bei IAR.
Bemerkungen: Die AS 350 Ecureuil ist die zivile, die AS 550 Fennec die militärische Variante des gleichen Grundmusters. In den USA wird unter der Bezeichnung Astar eine Ausführung mit Textron Lycoming LTS 101-600A-3-Triebwerk sowie die SuperStar mit dem Arriel 1D-Triebwerk angeboten. Von der militärischen Fennec sind erhältlich: AS 550U2 Mehrzwecktransporter; AS 550A2 Feuerunterstützungs- und Nahkampfversion; AS 550C2 Panzerbekämpfer. Bei der AS 550M2 bzw. AS 550S2 handelt es sich um eine unbewaffnete bzw. bewaffnete Marineausführung. Am 4. März 1997 absolvierte die leistungsfähigere Ausführung AS350B3 mit Arriel 2-Triebwerk von 858 WPS (639 kW) Leistung den Erstflug. Die zweimotorige AS355, von der rund 630 Einheiten gebaut wurden, ist in der Ausgabe 1995 beschrieben.
Hersteller: Eurocopter, Werk Marignane, La Courneuve, Frankreich.

Abmessungen: Rotordurchmesser 10,69 m, Rumpflänge inkl. Heckrotor 12,94 m, Höhe inkl. Rotorkopf 3,14 m.

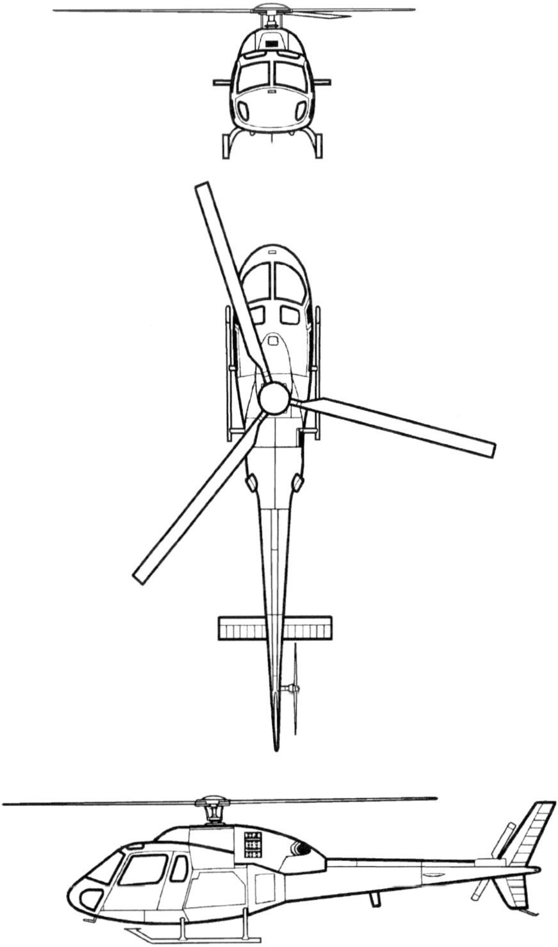

EUROCOPTER AS 365 N4 DAUPHIN 2

Ursprungsland: Frankreich.
Kategorie: Ziviler und militärischer Mehrzweckhubschrauber.
Triebwerke: Zwei Gasturbinen Turboméca Arriel 2C von je 851 WPS (635 KW) Leistung.
Leistungen: Höchstgeschwindigkeit auf Meereshöhe 263 km/h; max. Durchschnittsreisegeschwindigkeit 252 km/h auf Meereshöhe; max. Schrägsteiggeschwindigkeit 7,0 m/Sek; Schwebehöhe mit Bodeneffekt 2550 m, ohne Bodeneffekt 1800 m; Reichweite 796 km auf Meereshöhe.
Gewichte: Leer 2523 kg; max. Startgewicht intern 4800 kg, extern 5000 kg.
Zuladung: Ein bis zwei Piloten und max. 13 Passagiere; max. Nutzlast 1994 kg.
Entwicklungsstand: Die derzeitige Produktionsversion AS 365 N2 ist seit 1990 erhältlich. Bis heute sind von allen Varianten inkl. Lizenzbau rund 650 Einheiten bestellt worden. 50 Exemplare wurden als Harbin Z-9 in China hergestellt sowie weitere bei Helibras in Brasilien als MH-1. Erstflug der neuesten Ausführung N4 am 17. Juni 1997.
Bemerkungen: Die AS 365 N2 (siehe Silhouette) weist stärkere Triebwerke, höheres Abfluggewicht und neugestaltete Türen auf. Die militärische Ausführung wurde in der Ausgabe 1997 beschrieben. Ohne Voranmeldung stellte Eurocopter Mitte 1997 die Variante AS365 N4 vor. Sie zeichnet sich durch eine um 30 cm verlängerte Kabine aus, die zudem 18 cm höher ist. Das Innenvolumen nahm sogar um 40 % zu. Als Antrieb dienen zwei leistungsgesteigerte Arriel 2C-Triebwerke mit einem neuen Spheriflex-Fünfblattrotor, welcher einen um 60 cm grösseren Durchmesser aufweist. Der Fenestron-Heckrotor wurde zur Lärmreduktion ebenfalls modifiziert und weist einen Rotor mit 10 asymetrisch angeordneten Blätter auf. Bisher sind 13 Exemplare vom deutschen BGS und 6 von der Helicopter Service Group bestellt worden. Die Version N4 soll 1998 zugelassen werden.
Hersteller: Eurocopter (Aérospatiale), Werk Marignane, La Courneuve, Frankreich.

Abmessungen: Rotordurchmesser 12,60 m, Rumpflänge 12,83 m, Höhe inkl. Rotorkopf 3,52 m, inkl. Seitenleitwerk 4,35 m.

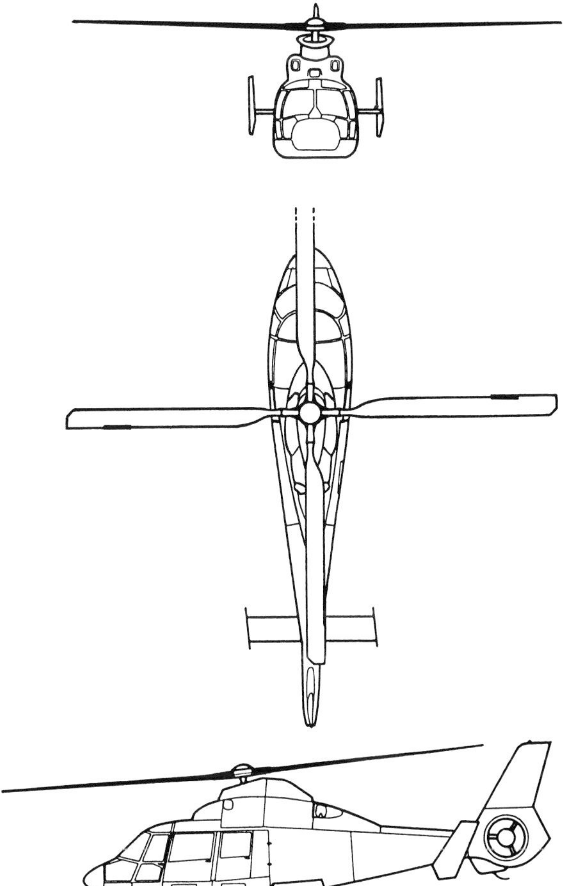

EUROCOPTER EC 120B COLIBRI

Ursprungsland: Frankreich, Volksrepublik China und Singapur.
Kategorie: Leichter ziviler Mehrzweckhubschrauber.
Triebwerke: Eine Gasturbine Turboméca Arrius 1F von 503 WPS (375 kW) Leistung.
Leistungen: Höchstgeschwindigkeit 278 km/h; max. Reisegeschwindigkeit 231 km/h; max. Steiggeschwindigkeit 7,49 m/Sek; Dienstgipfelhöhe 6100 m; Schwebehöhe mit Bodeneffekt 4145 m, ohne Bodeneffekt 3413 m; Reichweite 700 km.
Gewichte: Max. Startgewicht 1678 kg.
Zuladung: Pilot und vier Passagiere. Max. Nutzlast 800 kg.
Entwicklungsstand: Der erste von drei Prototypen ging am 9. Juni 1995 in die Luft. Der zweite folgte am 17. Juli 1996. Die Zulassung erfolgte im Juni 1997. Der aktuelle Bestellungsstand beläuft sich auf über 50 Einheiten von 30 Kunden. 1998 sollen 39 Colibris hergestellt werden.
Bemerkungen: An der Gemeinschaftsentwicklung EC 120 nehmen teil: Eurocopter als technischer Leiter mit 61 % Anteil (Konzeption, Elektronik, dynamische Komponenten, Endmontage und Zertifizierung), CATIC/HAMC 24 % (ganze Rumpfstruktur) und Singapore Technologies 15 % (Rotorheck, Verbundwerkstoffstruktur, Kabinentüren). Die Zelle dieses nach neuesten Erkenntnissen konstruierten Hubschraubers besteht weitgehend aus Verbundwerkstoffen. Dank des Spheriflex-Hauptrotors und des neu entwickelten ummantelten Fenestron-Heckrotors werden ausgezeichnete Flugleistungen bei geringem Geräuschpegel erwartet. Mit der EC 120 will man das untere Ende des Hubschraubermarktes abdecken und erhofft sich dank tiefem Anschaffungspreis und sehr günstigen Betriebskosten eine grosse Abnehmerzahl. Im englischsprachigen Raum wird die EC 120 statt Colibri als Hummingbird bezeichnet.
Hersteller: Eurocopter, CATIC/HAMC (China) und Singapore Aerospace, Paris, Frankreich.

Abmessungen: Rotordurchmesser 10,20 m, Rumpflänge 11,54 m, Höhe 3,40 m.

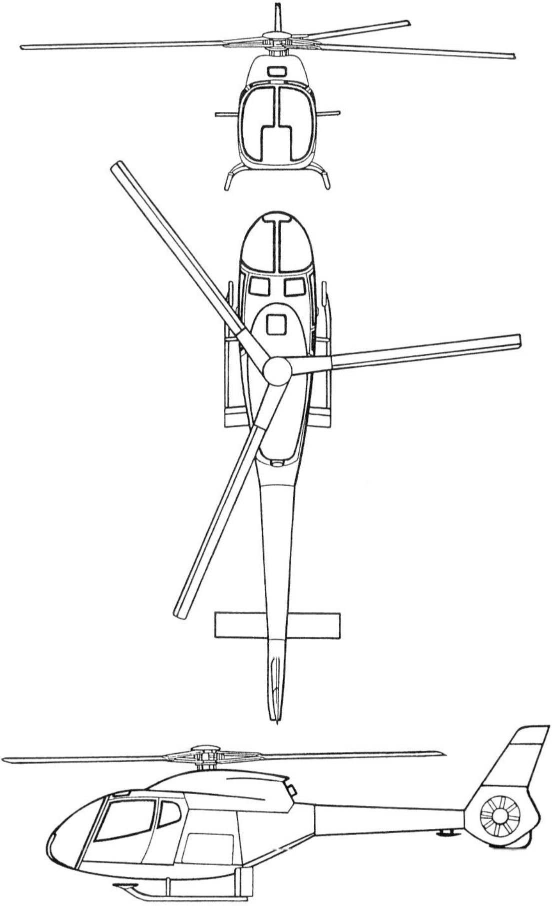

EUROCOPTER (MBB) EC 135

Ursprungsland: Bundesrepublik Deutschland.
Kategorie: Leichter Mehrzweckhubschrauber.
Triebwerke: Zwei Gasturbinen Turboméca Arrius 2B von je 696 WPS (519 kW) oder Pratt & Whitney Canada PW206B von je 732 WPS (546 kW) Leistung.
Leistungen: Höchstgeschwindigkeit 287 km/h; max. Reisegeschwindigkeit 270 km/h auf 1500 m; ökonom. Reisegeschwindigkeit 240 km/h; max. Schrägsteiggeschwindigkeit 9,23 m/Sek; Dienstgipfelhöhe 6096 m; Schwebehöhe mit Bodeneffekt 4750, ohne 4100 m; max. Reichweite 820 km.
Gewichte: Leer 1420 kg; max. Startgewicht mit Aussenlast 2900 kg.
Zuladung: Sechs bis sieben Personen; bei Rettungseinsätzen zwei Tragbaren und zwei Helfer; max. Nutzlast 1250 kg.
Entwicklungsstand: Der erste eigentliche Prototyp EC 135 fliegt seit 15. Februar 1994, gefolgt vom zweiten, mit PW206B-Triebwerken ausgerüstet, am 16. April 1994. Ablieferung des ersten Serienmusters an die Deutsche Rettungsflugwacht am 31. Juli 1996. Bisher sind rund 100 Bestellungen bekanntgegeben worden, u.a. von der deutschen ADAC als Rettungshubschrauber, Bundesgrenzschutz (9) und der Bayerischen Polizei (9). Die Bundeswehr erhält 15 Trainingshubschrauber.
Bemerkungen: Die EC 135 ist nach neuesten Technologieprinzipien konstruiert: Haupt- und Heckrotor aus Faserverbundwerkstoffen ohne jegliche Gelenke; Übertragungswelle mit speziellen Vibrationsdämpfern, Zellenstruktur aus Kunststoff, Fenestron-Heckrotor usw. Der Rotorkopf besitzt keine Blattlager mehr. Die Verstellung der einzelnen Rotorblätter geschieht durch elastische Verformung der Kunststoff-Blattwurzel. Rotornabe und Rotormast sind in einem einzigen Stück geschmiedet. Gegenüber der Vorgängerin Bo 105LS verfügt die EC 135 über um 15 % höhere Nutzlast, 45 % mehr Reichweite, geringeres Lärmniveau (80,2 dB(A) Aussenlärmemission) und um 23 % reduzierte Betriebskosten. Derzeit wird an der Entwicklung einer Version EC 635 für militärische Einsätze gearbeitet.
Hersteller: Eurocopter Hubschrauber, MBB Division, München, BRD.

Abmessungen: Rotordurchmesser 10,20 m, Rumpflänge 10,16 m, Höhe inkl. Rotorkopf 3,23 m, Höhe über alles 3,89 m.

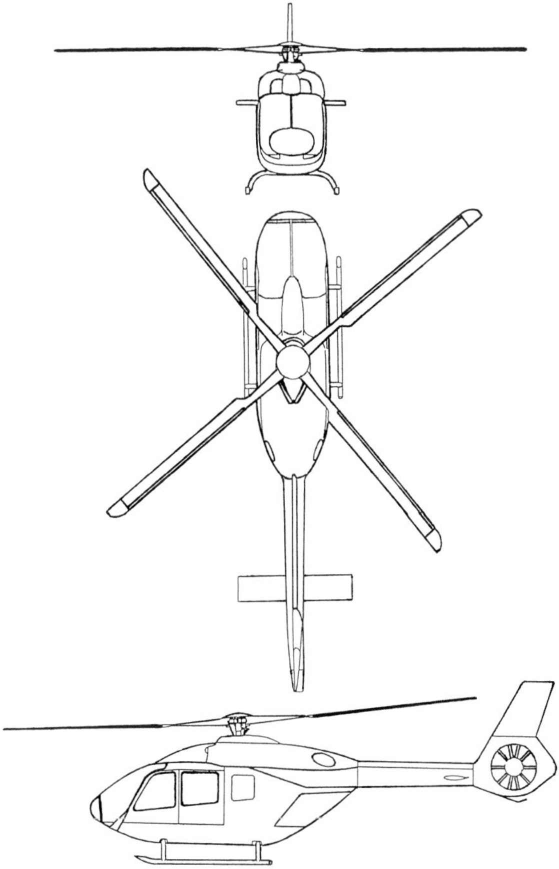

EUROCOPTER (MBB/KAWASAKI) BK 117

Ursprungsland: Bundesrepublik Deutschland und Japan.
Kategorie: Mehrzweckhubschrauber.
Triebwerke: Zwei Gasturbinen Textron Lycoming LTS101-750B-1 von je 592 WPS (441,5 kW) oder Turboméca Arriel 1-E von je 660 WPS (492 kW) Leistung.
Leistungen (bei einem Fluggewicht von 3350 kg mit LTS101-750B-1): Höchstgeschwindigkeit 278 km/h auf Meereshöhe; max. Reisegeschwindigkeit 248 km/h; max. Schrägsteiggeschwindigkeit 9,7 m/Sek; Schwebehöhe mit Bodeneffekt 2925 m, ohne Bodeneffekt 2285 m; Reichweite mit normaler Treibstoffzuladung 570 km; Überführungsreichweite mit 200-l-Zusatztank 740 km.
Gewichte: Leergewicht 1727 kg; max. Startgewicht 3350 kg.
Zuladung: Acht bis zwölf Personen; max. Nutzlast 1510 kg.
Entwicklungsstand: Erstflug des Ausgangsmusters am 13. Juni 1979. Beginn der Auslieferungen der Serienversion BK 117A-1 Anfang 1981. Bis heute sind über 300 BK 117 weltweit in Einsatz gelangt.
Bemerkungen: Die BK 117 entstand in gemeinsamer Entwicklungsarbeit zwischen MBB (BRD) und Kawasaki (Japan) und wird zusammen so produziert, dass jeder Partner die Bauteile, die er entwickelt hat, auch serienmässig herstellt. Neben den Endmontagen in der BRD und in Japan findet ein Zusammenbau auch bei MBB Helicopter Canada in Fort Erie (Kanada) und bei IPTN in Indonesien (als NBK 117) statt. Seit Ende 1994 ist die BK 117B-2 erhältlich, welche über verbesserte LTS101-750B-1-Triebwerke, ein überarbeitetes Kühlsystem und über einen neuen Heckrotor verfügt. Ein Erprobungsträger mit im Rotorkopf kreuzförmig integrierter Radarantenne (vorläufig nur als Attrappe) soll auch bei schlechtestem Wetter die Einsatzfähigkeit ermöglichen.
Hersteller: Eurocopter Hubschrauber, MBB Division, München, BRD, sowie Kawasaki Heavy Industries Ltd., Gifu, Japan.

Abmessungen: Rotordurchmesser 11,00 m, Rumpflänge 9,91 m, Höhe inkl. Rotorkopf 3,36 m.

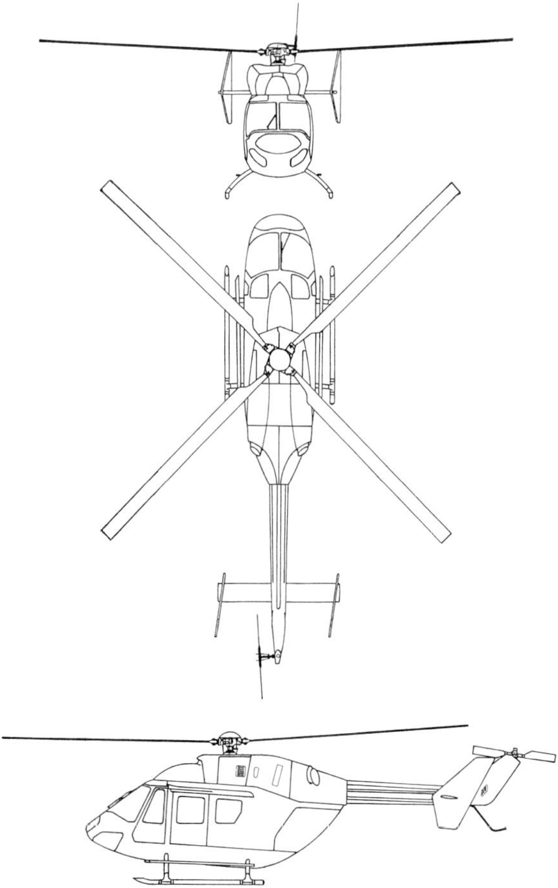

EUROFIGHTER EFA

Ursprungsland: Grossbritannien, BRD, Italien und Spanien.
Kategorie: Einsitziger Abfang- und Luftüberlegenheitsjäger.
Triebwerke: Zwei Mantelstromtriebwerke Eurojet EJ200 von je rund 6100 kp (60 kN) Standschub ohne und 9185 kp (90 kN) mit Nachbrenner.
Leistungen (geschätzt): Höchstgeschwindigkeit über 10975 m 1915 – 2020 km/h oder Mach 1,8 bis 1,9; Aktionsradius mit je zwei Luft-Luft-Lenkwaffen AIM-120 und AIM-132 inkl. Aussentanks 1390 km+; Überführungsreichweite mit zwei Aussentanks 3700 km.
Gewichte (geschätzt): Leer 9750 kg; normales Startgewicht 15300 kg; max. Startgewicht 21000 kg.
Bewaffnung: Eine 27-mm-Mauser-Kanone im Rumpf und eine Zusammensetzung von sechs Kurzstrecken-Luft-Luft-Lenkwaffen AIM-132 und vier Mittelstrecken-Luft-Luft-Lenkwaffen AIM-120. Max. Waffenlast 6500 kg.
Entwicklungsstand: Der erste (deutsche) Prototyp nahm am 27. März 1994, der zweite (britische) am 6. April 1994 die Flugerprobung auf. Das dritte (italienische) Versuchsmuster flog erstmals am 4. Juni 1995. Sie ist die erste Maschine, die mit dem neuen EJ200-Mantelstromtriebwerk ausgerüstet ist. Alle sieben Prototypen befinden sich nun in der Erprobung. Die ersten Serienflugzeuge stehen nach neuester Planung erst im Jahr 2003 zur Verfügung. Folgende Beschaffungszahlen sind vereinbart: Grossbritannien 232, Bundesrepublik Deutschland 180, Italien 121, Spanien 87. Ein erstes Produktionslos wurde mittlerweile freigegeben.
Bemerkungen: Die EFA (European Fighter Aircraft) wird als Ein- wie als Doppelsitzer durch ein Konsortium, bestehend aus Grossbritannien (British Aerospace 33 %), Deutschland (DASA 33 %), Italien (Alenia 21 %) und Spanien (CASA 13 %), entwickelt. Die ersten zwei Prototypen wurden noch mit Turbo Union RB199-122-Triebwerken ausgestattet. Die Prototypen zwei und sieben sind Doppelsitzer (Hersteller DASA und CASA). Die Muster fünf und sechs (Hersteller DASA und BAe) werden als die eigentlichen Avionik-Erprobungsträger eingesetzt.
Hersteller: EFA, München, Bundesrepublik Deutschland.

Abmessungen: Spannweite 10,95 m, Länge 15,96 m, Höhe ca. 4,00 m, Flügelfläche 50,00 m^2.

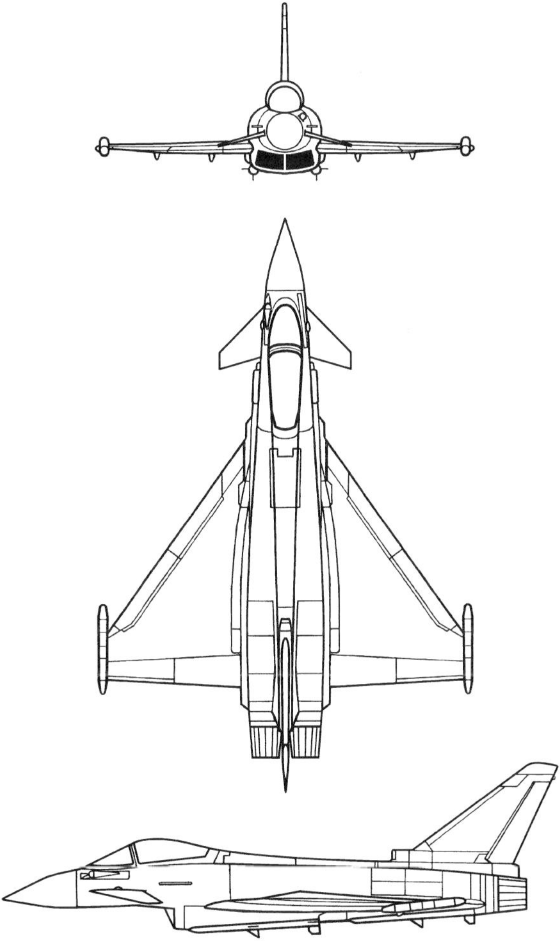

FAIRCHILD/DORNIER 328-120

Ursprungsland: Bundesrepublik Deutschland (USA).
Kategorie: Regionalverkehrsflugzeug.
Triebwerke: Zwei Propellerturbinen Pratt & Whitney Canada PW119B von je 2180 WPS (1625 kW) Leistung.
Leistungen: Max. Reisegeschwindigkeit 620 km/h auf 7620 m; Anfangssteiggeschwindigkeit 12,34 m/Sek; Dienstgipfelhöhe 9450 m; Reichweite mit max. Nutzlast 1850 km; max. Reichweite mit 16 Passagieren 2780 km.
Gewichte: Rüstgewicht 9175 kg; max. Startgewicht 13990 kg.
Zuladung: Zwei Piloten und 30 bis 33 Passagiere in Dreierreihen mit Mittelgang. Max. Nutzlast 3690 kg.
Entwicklungsstand: Der Erstflug des ersten von vier Erprobungsmustern erfolgte am 6. Dezember 1991. Das erste Serienmuster wurde am 21. Oktober 1993 der Air Engiadina übergeben. Bis Ende 1997 sind Aufträge für 103 Einheiten (plus 44 Optionen) von 24 Gesellschaften eingegangen, über 60 davon waren ausgeliefert.
Bemerkungen: Die Do 328 ist für ihre Klasse eine extrem schnelle Maschine und in der Auslegung des kreisförmigen Rumpfes mit Druckkabine sehr auf Komfort der Passagiere bedacht. Sie weist einen superkritischen Flügel neuester Technologie auf. Damit kann von kurzen und unvorbereiteten Pisten gestartet und gelandet werden. Die Do 328 ist das erste kommerzielle Flugzeug, welches über einen Druckspant aus Kunststoff verfügt (Kevlar kombiniert mit karbonverstärktem Plastik). Ein Erprobungsträger mit Wasserstoffantrieb befindet sich in der Endmontage. Eine Version -130 mit Kurzstarteigenschaften, ausgerüstet mit PW119C-Triebwerken mit einer Leistung von 2180 WPS (1624 kW) und Modifikationen an den Klappen, wird Anfang 1998 erstmals fliegen.
Hersteller: Fairchild Aircraft, San Antonio, Texas, USA/Dornier GmbH, Wessling, BRD.

Abmessungen: Spannweite 20,98 m, Länge 21,28 m, Höhe 7,20 m, Flügelfläche 40,00 m^2.

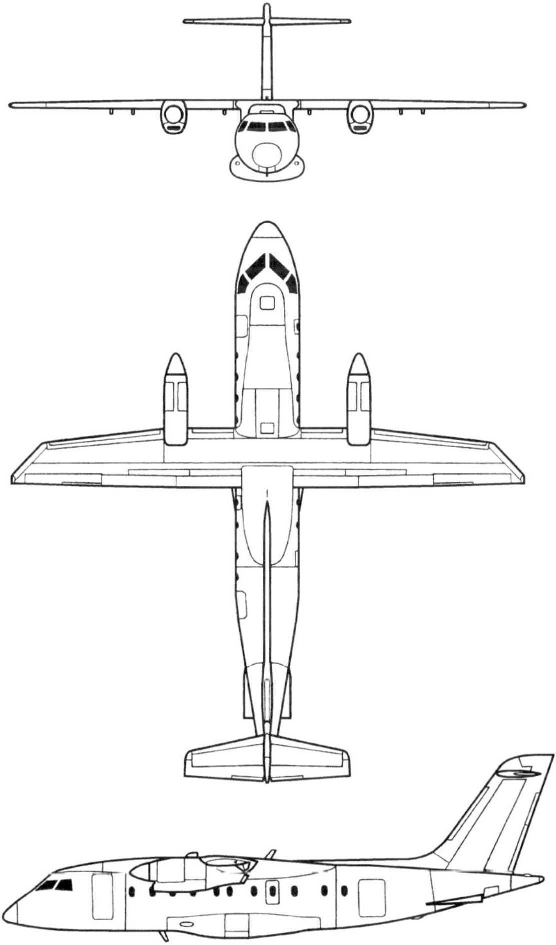

FAIRCHILD/DORNIER 328JET

Ursprungsland: Bundesrepublik Deutschland/USA
Kategorie: Regionalverkehrsflugzeug.
Triebwerke: Zwei Mantelstromtriebwerke Pratt & Whitney Canada PW306B von je 2742 kp (26,9 kN) Leistung.
Leistungen (geschätzt): Max. Reisegeschwindigkeit 740 km/h; norm. Reisegeschwindigkeit 690 km/h; Reichweite mit 34 Passagieren bis zu 2200 km.
Gewichte: Max. Startgewicht 14600 kg.
Zuladung: Zwei Piloten und zwischen 30 und 34 Passagiere; max. Nutzlast 3410 kg.
Entwicklungsstand: Die Flugerprobung begann Anfang 1998. Insgesamt werden drei Maschinen für die Zulassung zur Verfügung stehen. Bisher sind 17 Exemplare (+ 15 Optionen) bestellt worden, die ab 1999 auszuliefern sind.
Bemerkungen: Mit der 328JET will man eine schnellere Ausführung der 328 (siehe Seiten 162/163) anbieten, um in diesem Sektor der Regionalflugzeuge konkurrenzfähig zu bleiben. Die Grundkonstruktion bleibt weitgehend gleich. Nur die Systeme im Zusammenhang mit dem Düsenantrieb (neue Triebwerksgondeln, Software) sind entsprechend angepasst worden. Das Fahrwerk ist verstärkt. Von der 328JET soll auch eine Geschäftsreiseversion mit einer auf 3700 km erhöhten Reichweite angeboten werden. Weiter steht zurzeit eine um rund 7 m verlängerte und mit einem neuen gepfeilten Flügel versehene Variante 728JET für bis zu 70 Passagiere in Planung, sowie neuerdings auch eine 43-plätzige Ausführung 428JET.
Hersteller: Fairchild Aircraft, San Antonio, Texas, USA/Dornier GmbH, Wessling, BRD.

Abmessungen: Spannweite 20,98 m, Länge 21,28 m, Höhe 7,20 m, Flügelfläche 40,00 m².

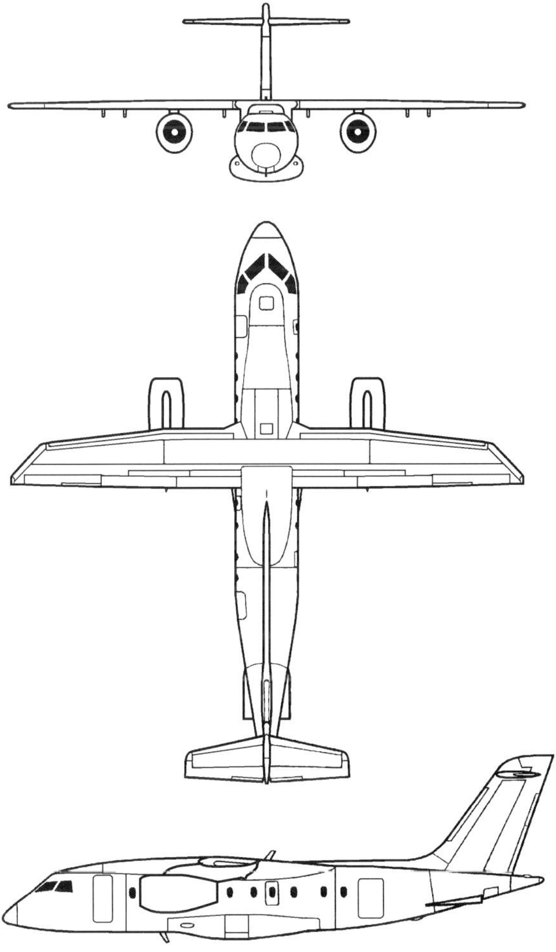

GALAXY AEROSPACE 1125A ASTRA SPX

Ursprungsland: Israel/USA.
Kategorie: Firmenflugzeug.
Triebwerke: Zwei Mantelstromtriebwerke AlliedSignal TFE731-40R von je 1930 kp (18,90 kN) Standschub.
Leistungen: Max. Reisegeschwindigkeit 867 km/h; Langstrecken-Reisegeschwindigkeit 796 km/h; Anfangssteiggeschwindigkeit 18,8 m/Sek; Dienstgipfelhöhe 13715 m; Reichweite mit max. Treibstoffzuladung, vier Passagieren und IFR-Reserven (SP) 5053 km, (SPX) 5900 km.
Gewichte: Leergewicht (SP) 5998 kg, (SPX) 6214 kg; max. Startgewicht (SP) 10659 kg, (SPX) 11179 kg.
Zuladung: Zwei Mann Cockpitbesatzung und je nach Inneneinrichtung normal sechs bis maximal neun Passagiere; max. Nutzlast 1510 kg.
Entwicklungsstand: Der Prototyp der Version SP fliegt seit 1989, jener der SPX seit 16. August 1994. Die Auslieferungen der SPX begannen im Januar 1996. Beide Ausführungen SP und SPX werden gleichzeitig angeboten. Die US Nationalgarde hat vorerst zwei als C-38 bezeichnete SPX (+ 2 Optionen) als schnelle Verbindungstransporter bestellt. Die indische Luftwaffe soll bis zu neun für ELINT- und Seeüberwachungs-Aufgaben erhalten. Jährlich werden rund 15 SPX hergestellt.
Bemerkungen: Die SP (= Special Performance) verfügt über eine überarbeitete Inneneinrichtung und aerodynamische Verbesserungen zur Erhöhung der Dienstgipfelhöhe und der Reichweitenleistung. Zudem ist das Cockpit vollständig überarbeitet und mit EFIS-Anzeigen ausgerüstet worden. Sie verfügt über TFE731-3A-Triebwerke von je 1680 kp (16,46 kN) Leistung. Die Version SPX erreicht dank eines neuen Flügels und leistungsfähigeren Triebwerken eine mit Mach 0,82 wesentlich höhere Reisegeschwindigkeit und grössere Reichweiten.
Hersteller: Israel Aircraft Industries Ltd./Galaxy Aerospace, Ben-Gurion International Airport, Israel.

Abmessungen: Spannweite 16,64 m, Länge 16,94 m, Höhe 5,54 m, Flügelfläche 29,40 m^2.

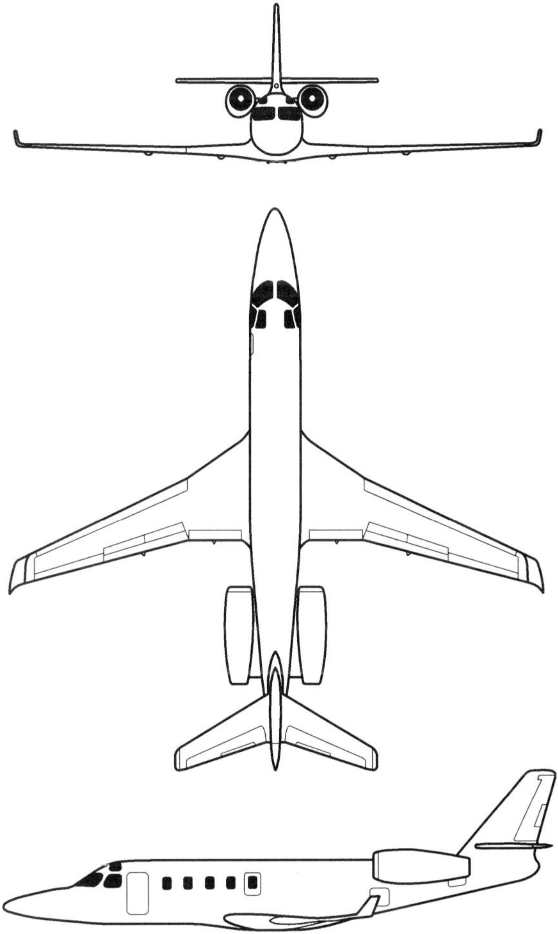

GALAXY AEROSPACE GALAXY

Ursprungsland: Israel.
Kategorie: Firmenflugzeug.
Triebwerke: Zwei Mantelstromtriebwerke Pratt & Whitney Canada PW306A von je 2850 kp (25,34 kN) Leistung.
Leistungen (geschätzt): Höchstgeschwindigkeit 870 km/h oder Mach 0,85; Langstrecken-Reisegeschwindigkeit 800 km/h; max. Reichweite 6850 km.
Gewichte (geschätzt): Leergewicht 8030 kg; max. Startgewicht 15170 kg.
Zuladung: Zwei Piloten und normalerweise acht Passagiere in Komfortausführung oder bis zu 19 Personen in Dreierbestuhlung mit Mittelgang; max. Nutzlast 2404 kg.
Entwicklungsstand: Der erste von vier Prototypen fliegt seit 25. Dezember 1997. Die Zulassung ist für Ende 1998 geplant. Nebst vier Bestellungen sind für 17 Galaxies Depotzahlungen erfolgt. Es ist geplant, jährlich zwischen 18 und 24 Maschinen in Israel herzustellen, welche die Innenausstattung durch die Galaxy Aerospace in den USA erhalten.
Bemerkungen: Die Galaxy ist das Resultat einer Zusammenarbeit zwischen der israelischen IAI und einer amerikanischen Finanzgruppe und wurde aus der Astra SPX (siehe Seiten 166/167) weiterentwickelt. Während der Flügel weitgehend von ihr übernommen wurde, verfügt die Galaxy über einen völlig neu konstruierten, wesentlich grösseren Rumpf. Mit einer Länge von 7,13 m, einer Breite von 2,13 m und einer Höhe von 1,90 m (Innenmasse) wird er wesentlich höheren Ansprüchen gerecht. Hersteller des Rumpfes als Unterauftragnehmer ist die französische SOGERMA in Rochefort. Die Galaxy soll als Ausgangsmuster für eine ganze Familie von Modellen dienen. Im Vordergrund stehen dabei Commuterversionen für 30 bis 50 Passagiere.
Hersteller: Israel Aircraft Industries Ltd./Galaxy Aerospace, Ben-Gurion International Airport, Israel.

Abmessungen: Spannweite 17,71 m, Länge 18,87 m, Höhe 6,40 m.

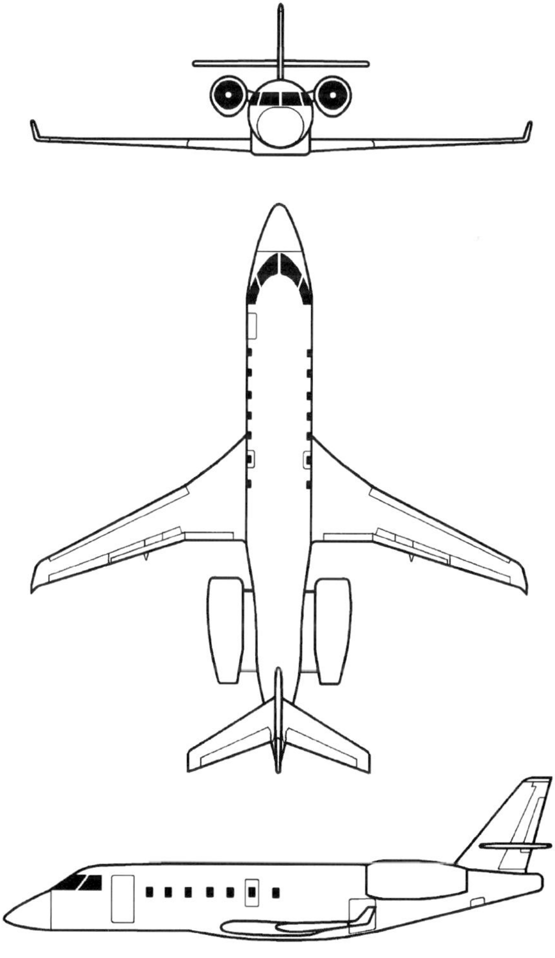

GULFSTREAM AEROSPACE GULFSTREAM V

Ursprungsland: USA.
Kategorie: Langstrecken-Firmenflugzeug.
Triebwerke: Zwei Mantelstromtriebwerke BMW/Rolls-Royce BR 710-48 von je 6690 kp (65,6 kN) Standschub.
Leistungen: Max. Reisegeschwindigkeit 904 km/h; Langstrecken-Reisegeschwindigkeit 851 km/h; Anfangssteiggeschwindigkeit 21,3 m/Sek; Dienstgipfelhöhe 15500 m; Reichweite mit max. Treibstoffzuladung und acht Passagieren unter Beachtung der IFR-Reserven 12046 km.
Gewichte: Rüstgewicht 21228 kg; max. Startgewicht 41050 kg.
Zuladung: Zwei Piloten im Cockpit und normalerweise 13 bis 15, max. 19 Passagiere. Max. Nutzlast 2950 kg.
Entwicklungsstand: Der erste Prototyp fliegt seit 28. November 1995. Vier Maschinen nehmen an der Flugerprobung teil. Die ersten Auslieferungen begannen Mitte 1997. Bisher sind 75 Einheiten, darunter auch von einigen Regierungen als Staatsflugzeuge, bestellt worden. Die USAF erhält zwei als C-37 (+ vier Optionen) bezeichnete VIP-Transporter.
Bemerkungen: Gulfstreams neuestes Modell ist das erste Firmenflugzeug, welches unter Normalbetrieb Reichweitenleistungen von über 10000 km anbietet. Dazu wurde das Ausgangsmuster Gulfstream IV vollständig überarbeitet. Der Rumpf weist eine Streckung von 2,40 m auf und bietet somit einen wesentlich höheren Passagierkomfort mit grösserer Gepäckzuladung. Die Kabine misst nun 15,30 m. Höhe mit 1,90 m und Breite mit 2,20 m bleiben gegenüber der Gulfstream IV hingegen gleich. Völlig neu wurde der Flügel konstruiert, um ihn für die erforderlichen Reichweiten zu optimieren. Es gelangt das digitale Avionik-System Honeywell SPZ-8000 mit sechs Multifunktionsbildschirmen zum Einbau. Eine militärische Ausführung für sog. ASTOR-Einsätze (Airborne STand-Off Radar) wird derzeit von der RAF geprüft.
Hersteller: Gulfstream Aerospace Corp. (Tochterfirma von Chrysler Corp.), Savannah, Georgia, USA.

Abmessungen: Spannweite 28,50 m, Länge 29,40 m, Höhe 7,70 m.

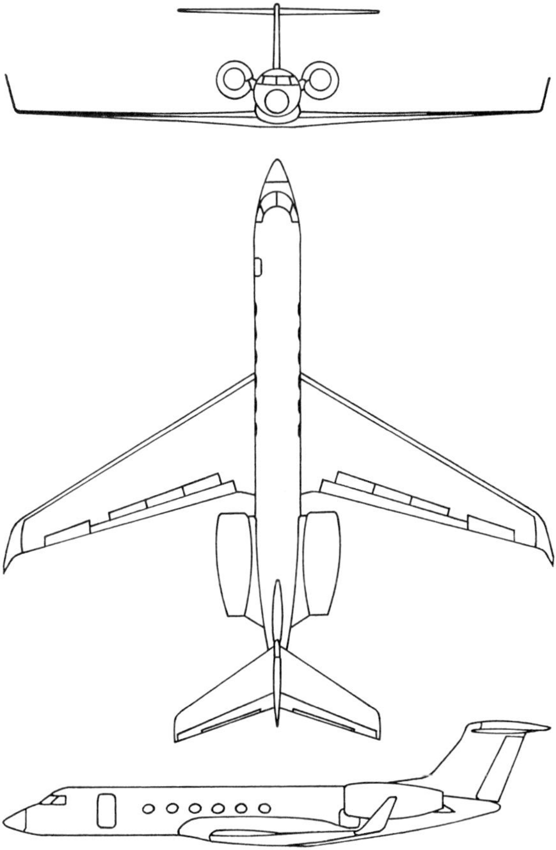

HAL ALH

Ursprungsland: Indien.
Kategorie: Ziviler und militärischer Mehrzweckhubschrauber.
Triebwerke: Zwei Gasturbinen Turboméca TM 333-2B von je 1000 WPS (746 kW) Leistung.
Leistungen: Höchstgeschwindigkeit 280 km/h auf Meereshöhe; Reisegeschwindigkeit 245 km/h; max. Schrägsteiggeschwindigkeit 9,0 m/Sek; Dienstgipfelhöhe 6000 m; Schwebehöhe ohne Bodeneffekt 3000 m+; Reichweite mit einer Nutzlast von 700 kg 400 km auf Meereshöhe, max. Reichweite 800 km.
Gewichte: Leer (Luftwaffenversion) 2216 kg, (Marineversion) 2352 kg; max. Startgewicht (Armeeversion) 5500 kg, (Luftwaffenversion) 4000 kg, (Marineversion) 5000 kg.
Zuladung: Zwei Piloten und bis zu 14 Passagiere. Max. Nutzlast als Aussenlast 1500 kg.
Entwicklungsstand: Der erste von vier Prototypen nahm die Flugerprobung im August 1992 auf, gefolgt vom zweiten am 18. April 1993. Die indische Armee hat bei einem Bedarf von 300 ALH's (Armee 110, Luftwaffe 150, Marine 40) bisher 100 der verschiedenen Versionen bestellt. Die ersten Maschinen befinden sich in Produktion und werden ab 1998 abgeliefert. Die Monatsproduktion ab 1999 beträgt drei ALH.
Bemerkungen: Die ALH (Advanced Light Helicopter) wurde von HAL mit Unterstützung der deutschen MBB (heute Teil von Deutsche Aerospace) entwickelt. Verschiedene Varianten sind vorgesehen: (Armee) Truppentransporter und Nachschubhubschrauber, Antitank- und Minenlegemissionen, alle ausgerüstet mit einem Kufenfahrwerk; (Marine) Verbindungs- und Evakuationsaufgaben sowie SAR- und ASW-Aufträge, ausgerüstet mit einem einziehbaren Dreipunkt-Radfahrwerk, faltbarem Haupt- und Heckrotor und Sonar; (Luftwaffe) Rettungshubschrauber, Mehrzwecktransporter. Auch eine Zivilversion für normalerweise bis zu 12 Passagieren wird angeboten. Haupt- wie Heckrotor sind gelenklos aus Faserverbundwerkstoffen, der Rumpf besteht nebst Aluminium aus Karbon und Kevlar. Der vierte Prototyp (Marineausführung, Erstflug 22. Januar 1996) ist als Alternative mit einer Gasturbine LHTEC CTS800 ausgerüstet.
Hersteller: HAL Hindustan Aeronautics Ltd., Bangalore, Indien.

Abmessungen: Rotordurchmesser 13,20 m, Rumpflänge 12,89 m, Höhe inkl. Rotorkopf 3,76 m.

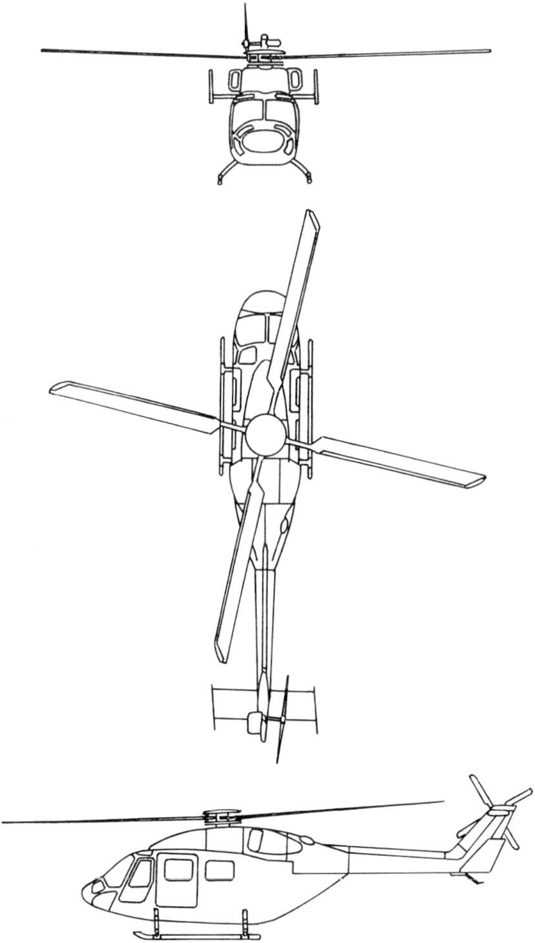

HAL LCA

Ursprungsland: Indien.
Kategorie: Ein- und zweisitziger leichter Mehrzweckjäger.
Triebwerke (Prototyp): Ein Mantelstromtriebwerk General Electric F404-F2J3 von 8210 kp (80,50 kN) Standschub mit Nachbrenner; (Serienmaschinen) ein Mantelstromtriebwerk Kaveri GTX-35VS von rund 5000 kp (50,0 kN) Standschub ohne und 8500 kp (83,4 kN) mit Nachbrenner.
Leistungen (geschätzt): Höchstgeschwindigkeit in grossen Höhen Mach 1,6+; Dienstgipfelhöhe über 15000 m.
Gewichte: Leergewicht ca. 5500 kg; Startgewicht ohne Aussenlasten 8500 kg; max. Startgewicht 13000 kg.
Bewaffnung: Eine doppelläufige 23-mm-Kanone GSh-23 mit 220 Schuss sowie an sieben Aufhängepunkten Waffenlasten bis zu 4000 kg.
Entwicklungsstand: Der erste von zwei Erprobungsträgern TD-1 wurde am 17. November 1995 aus der Montagehalle gerollt und soll nach mehreren Verzögerungen durch Softwareprobleme nun die Flugerprobung Anfang 1998 beginnen. Anschliessend folgen fünf Vorserienmaschinen, drei Einsitzer, ein Doppelsitzer sowie eine Marineausführung. Mit der Indienststellung ist ab ca. 2003 zu rechnen. Die indische Luftwaffe will als Ersatz der MiG-21 bis zu 200 Einheiten beschaffen.
Bemerkungen: Die LCA ist das erste indische Projekt eines Jagdflugzeuges. Dank kleiner Abmessungen und Verwendung von modernsten Verbundwerkstoffen und Aluminium/Lithium sowie Titan, kann die LCA sehr leicht gehalten werden. Die Elektronik wird in Zusammenarbeit mit der israelischen IAI entwickelt und basiert zum Teil auf jener der israelischen Lavi (siehe Ausgabe 1987/88). Die LCA verfügt über ein Multifunktions-Dopplerradar. Das Fly-by-Wire-System entsteht gemeinsam mit der amerikanischen Lockheed Martin (Marietta).
Hersteller: Hindustan Aeronautics Ltd./ADA Aeronautical Development Agency, Bangalore, Indien.

Abmessungen: Spannweite 8,20 m, Länge 13,20 m, Höhe 4,40 m.

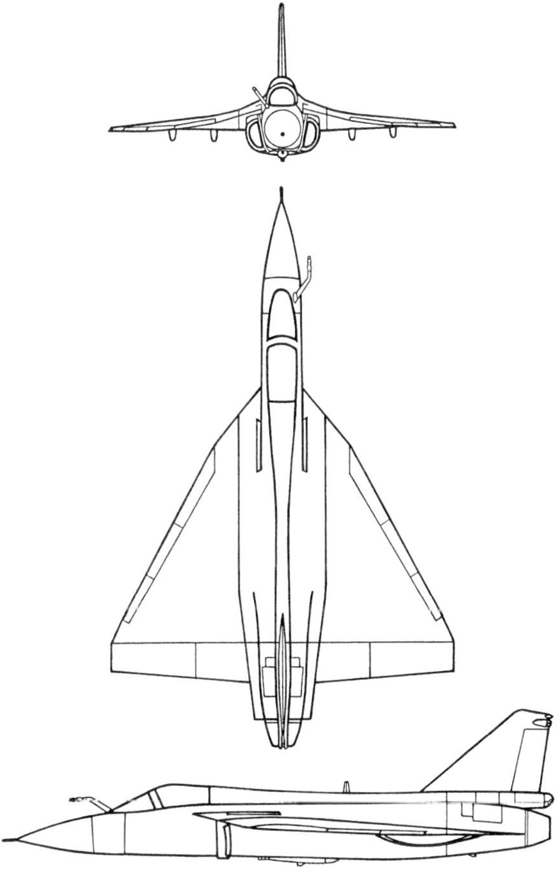

HARBIN Y-12 IV

Ursprungsland: Volksrepublik China.
Kategorie: Leichter Mehrzwecktransporter.
Triebwerke: Zwei Propellerturbinen Pratt & Whitney Canada PT6A-27 von je 680 WPS (507 kW) Leistung.
Leistungen: Max. Reisegeschwindigkeit 328; normale Reisegeschwindigkeit 250 km/h; Anfangssteiggeschwindigkeit 8,1 m/Sek; Dienstgipfelhöhe 7010 m; Reichweite 1340 km; max. Flugdauer 5,25 Std.
Gewichte: Rüstgewicht 3000 kg; max. Startgewicht 5670 kg.
Zuladung: Zwei Piloten und 18/19 Passagiere; max. Nutzlast 1700 kg.
Entwicklungsstand: Die für den westlichen Markt lancierte Version Y-12 IV erhielt am 26. März 1995 die amerikanische Musterzulassung. Von dieser Ausführung sind bisher etwa 50 Maschinen bestellt worden, darunter auch von mehreren Luftwaffen. Das Ausgangsmuster Y-12 I, abgeleitet von der Kolbenmotorversion Y-11, startete am 16. August 1984 zum Erstflug.
Bemerkungen: Die neueste Ausführung dieses robusten Arbeitsflugzeuges ist teilweise mit westlicher Ausrüstung versehen. Fahrwerk wie Flügelenden sind verbessert, Nutzlast und Abfluggewicht erhöht worden. Alle ausserhalb Chinas verkauften Y-11 werden in Kanada fertig ausgerüstet und mit der Inneneinrichtung ausgestattet und als Twin Panda bezeichnet. Sie ist besonders geeignet, von unbefestigten Flugplätzen mit kurzen Pisten aus zu starten und zu landen. Die Konstruktion ist weitgehend konventionell aus Leichtmetallstruktur, das Fahrwerk ist nicht einziehbar.
Hersteller: Harbin Aircraft Manufacturing Harbin/CATIC, Beijing, VR China.

Abmessungen: Spannweite 17,23 m, Länge 14,86 m, Höhe 5,86 m, Flügelfläche 34,27 m^2.

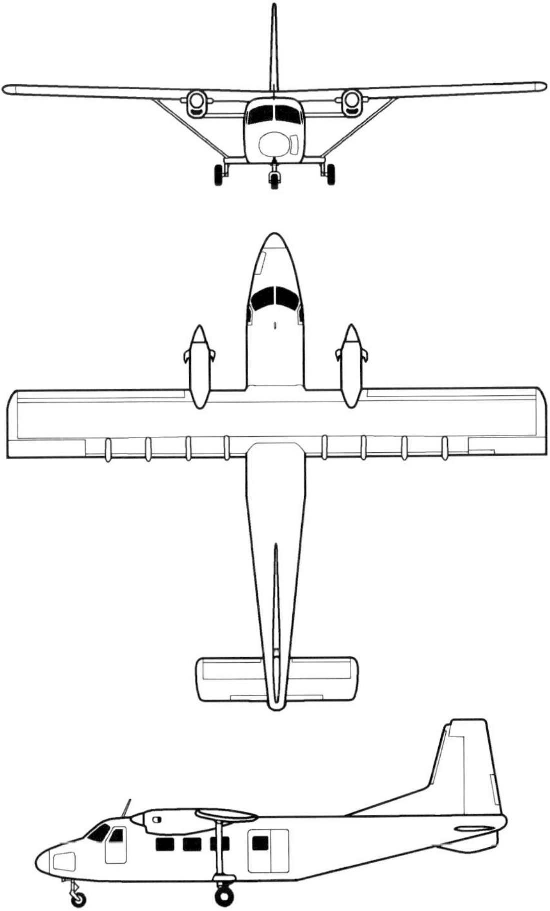

ILJUSCHIN IL-76MF

Ursprungsland: Russland.
Kategorie: Schwerer ziviler wie militärischer Mittel- und Langstreckentransporter.
Triebwerke: Vier Mantelstromtriebwerke Aviadvigatel/Perm PS-90A-76 von rund 16000 kp (157,8 kN) Standschub.
Leistungen (geschätzt): Höchstgeschwindigkeit 850 km/h auf 10000 m; max. Reisegeschwindigkeit 800 km/h; Langstrecken-Reisegeschwindigkeit 750 km/h; Anfangssteiggeschwindigkeit 9,0 m/Sek; Dienstgipfelhöhe ca. 15500 m; Reichweite mit max. Nutzlast von 52000 kg 4500 km, mit 40000 kg 5200 km.
Gewichte: Max. Startgewicht 200000 bis 210000 kg.
Zuladung: Bis zu sechs Mann Besatzung, einschliesslich zwei Lademeister und ein Navigator. Max. Nutzlast je nach Einsatzzweck zwischen 40000 und 52000 kg.
Entwicklungsstand: Die neueste Version Il-76MF hat den Erstflug am 1. August 1995 absolviert. Die russische Luftwaffe will eine noch unbekannte Anzahl beschaffen. Zwei sind vorerst bestellt worden. Zivile Aufträge fehlen noch. Von den früheren Varianten der Il-76 sind bisher rund 900 Maschinen hergestellt worden. Mehrere Dutzend fabrikneuer Maschinen Il-76T warten offenbar noch auf Käufer.
Bemerkungen: Die Il-76MF stellt eine wesentlich verbesserte Variante der Il-76 (siehe Ausgabe 1994) dar. Nebst neuen und deutlich leistungsfähigeren Mantelstromtriebwerken mit hohem Nebenstromverhältnis, wurde der Rumpf um 6,60 m verlängert. Dadurch können im um rund 30 % vergrösserten Frachtraum statt drei inskünftig vier Container geladen werden. Die max. Nutzlast steigt um rund 5000 kg. Zudem ist die Wirtschaftlichkeit wesentlich besser. Der spezifische Treibstoffverbrauch soll etwa 25 bis 30 % geringer als bei der Il-76T sein. Schliesslich ist das Cockpit so überarbeitet worden, dass die Cockpit-Besatzung reduziert werden kann. Unter der Bezeichnung Il-76DMP wurde 1990 eine Variante der Il-76T für Feuerlöscheinsätze mit einer Nutzlast von 44000 kg Wasser entwickelt. Weiter wird eine neue AEW-Version vorbereitet, ausgerüstet mit dem israelischen Phalcon-Radar oder jenem der englischen GEC-Marconi.
Hersteller: Iljuschin Design Bureau, Moskau, Russland und Chkalow Werk, Taschkent, Usbekistan.

Abmessungen: Spannweite 50,50 m, Länge 53,19 m, Höhe 14,76 m, Flügelfläche 300 m^2.

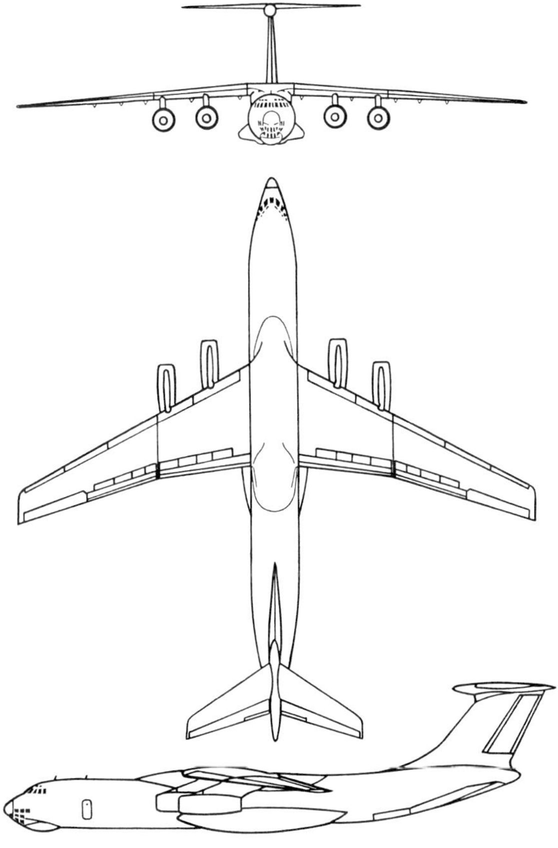

ILJUSCHIN IL-96M/IL-96T/-300

Ursprungsland: Russland.
Kategorie: Langstrecken-Verkehrsflugzeug.
Triebwerke: Vier Mantelstromtriebwerke (Il-96M) Pratt & Whitney PW2337 von je 17350 kp (170,1 kN) bzw. (Il-96-300) Aviadvigatel/Perm PS-90A von je 16000 kp (156,90 kN) Standschub.
Leistungen (Schätzung): Max. Reisegeschwindigkeit 900 km/h auf 12000 km; normale Reisegeschwindigkeit 850 bis 870 km/h auf 9000 bis 12000 m; Dienstgipfelhöhe 13100 m; Reichweite mit max. Nutzlast (Il-96-300) 7500 km, (Il-96M) 11482 km, mit 30000 kg (Il-96-300) 9000 km.
Gewichte: Rüstgewicht (Il-96-300) 117000 kg, (Il-96M) 132400 kg; max. Startgewicht (Il-96-300) 216000 kg, (Il-96M) 270000 kg.
Zuladung (Il-96-300/Il-96M): Drei/zwei Mann Cockpitbesatzung und drei verschiedene Inneneinrichtungen z.B. für 22/18 Erstklasse-, 40/44 Businessklasse- und 173/250 Zweitklassepassagiere oder in Einheitsklasse 300/375 Passagiere. Max. Nutzlast (Il-96-300) 40000 kg, (Il-96T) 92000 kg.
Entwicklungsstand: Der Prototyp der Ausführung Il-96M (Umbau der ersten Il-96-300) flog erstmals am 6. April 1993. Bisher sind von der Passagierausführung mehr als 30 (+ Optionen) und von der davon abgeleiteten Frachtversion Il-96T (Erstflug 16. Mai 1997, siehe Foto und Silhouette) 7 Maschinen bestellt worden. Das erste Serienflugzeug der Il-96M fliegt seit Dezember 1995. Für die Il-96-300 gingen bisher 20 Aufträge (+ 10 Optionen) ein, darunter auch eine Regierungsmaschine für den russischen Präsidenten. Das erste Exemplar nahm am 14. Juli 1993 bei Aeroflot den Liniendienst auf.
Bemerkungen: Die Il-96M bzw. T ist eine mit westlichen Triebwerken und Rockwell-Collins-Avionik versehene Ausführung für den internationalen Markt. Der Rumpf wurde gegenüber der Il-96-300 um 9,35 m verlängert, das Seitenleitwerk dafür etwas verkleinert. Das Cockpit ist voll digitalisiert und für Zweimannbetrieb eingerichtet. Die preisgünstigere Vorgängerversion Il-96-300 bleibt weiterhin im Angebot, vorwiegend für den östlichen Markt. Für diese Ausführung besteht aber auch die Möglichkeit, PW2337-Triebwerke nachzurüsten.
Hersteller: Iljuschin Design Bureau, Moskau, Werk Woronesch, Russland.

Abmessungen: Spannweite inkl. Winglets 60,11 m, Länge 63,94 m, Höhe 15,72 m, Flügelfläche 391,6 m^2.

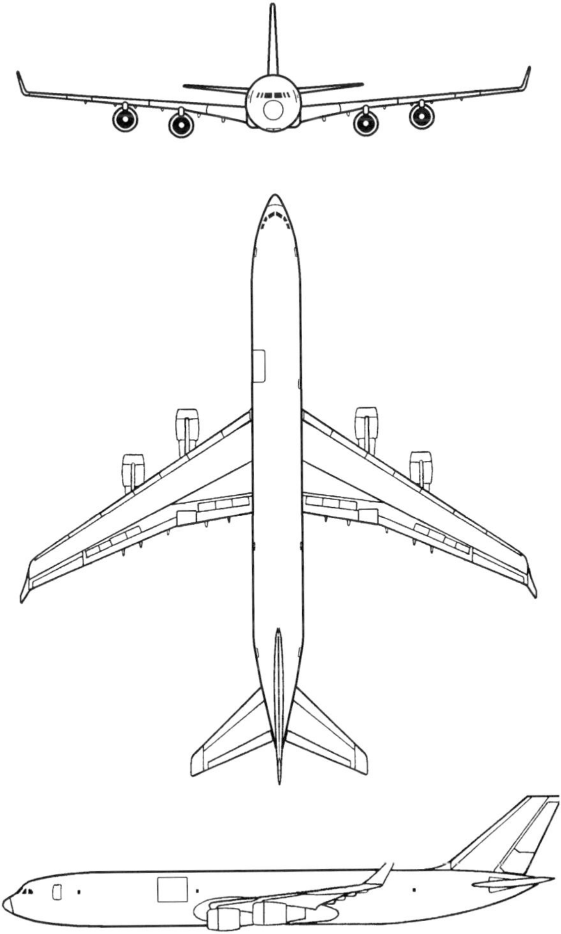

ILJUSCHIN IL-114

Ursprungsland: Russland.
Kategorie: Regionalverkehrsflugzeug (Il-114) und leichter Frachter (Il-114T).
Triebwerke: Zwei Propellerturbinen Isotow TV7-117S von je 2500 WPS (1860 kW) Leistung.
Leistungen: Max. Reisegeschwindigkeit 500 km/h auf 8150 m; Reiseflughöhe 8150 m; Reichweite mit 5400 kg Nutzlast 1000 km, mit 3000 kg Nutzlast 3250 km; max. Reichweite ohne Nutzlast 5800 km.
Gewichte: Leergewicht 13700 kg; max. Startgewicht 21000 kg, als Frachter 23500 kg.
Zuladung: Zwei Piloten und Standardinnenausstattung für 60 Passagiere in Viererreihen mit Mittelgang; als Frachter max. Nutzlast 6500 kg.
Entwicklungsstand: Der erste von fünf Prototypen flog am 29. März 1990. Das erste Serienflugzeug wurde im Januar 1994 ausgeliefert. Zurzeit sollen mehr als zehn Exemplare fliegen, definitive Bestellungen stehen aber noch aus. Die Zulassung wurde am 16. April 1997 erteilt.
Bemerkungen: Die Il-114 soll hauptsächlich im Binnenluftverkehr bis 1000 km eingesetzt werden, wobei auch Flugplätze mit Graspisten anzufliegen sind. Die Zelle besteht teilweise aus Verbundwerkstoffen, hochentwickelten Aluminiumlegierungen und auch Titaniumteilen. Das Triebwerk soll einen äusserst geringen spezifischen Kraftstoffverbrauch aufweisen und zusammen mit dem neuartigen Sechsblatt-Propeller aus Verbundwerkstoff für ein sehr tiefes Lärmniveau verantwortlich sein. Auch eine Ausführung mit leistungsstärkeren westlichen Triebwerken Allison AE2100, vorwiegend für den westlichen Markt, wird angeboten. Die Frachtausführung (siehe Foto und Silhouette) verfügt auf der rechten Seite über ein Ladetor von 3,31 m x 1,78 m. Neben einer Küstenüberwachungsvariante Il-114P entwickelt Iljuschin auch die Il-114FK für Kartographie- und Aufklärungsaufgaben. Dazu ist sie mit einem völlig überarbeiteten Vorderrumpf mit Glasnase ausgerüstet. Auf der linken Rumpfseite wird ein Seitensichtradar installiert.
Hersteller: Iljuschin Design Bureau, Moskau, Russland und Werk Taschkent, Usbekistan.

Abmessungen: Spannweite 30,00 m, Länge 26,88 m, Höhe 9,32 m.

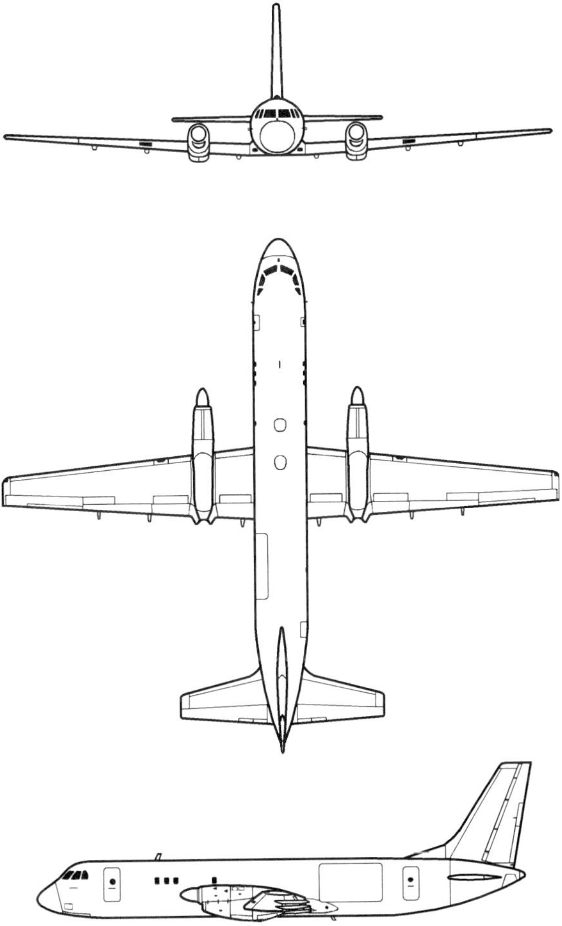

ILJUSCHIN IL-103

Ursprungsland: Russland.
Kategorie: Zweisitziger Anfangstrainer oder fünfsitziges Reiseflugzeug.
Triebwerke: Ein luftgekühlter Sechszylinder-Boxermotor Teledyne Continental IO-360ES von 210 PS (157 kW) Leistung.
Leistungen (geschätzt, als Trainer): Höchstgeschwindigkeit auf 3000 m 265 km/h; Reisegeschwindigkeit 235 km/h; Anfangssteiggeschwindigkeit 8 m/Sek; Reichweite mit drei Passagieren 1240 km.
Gewichte: Leergewicht 720 kg; max. Startgewicht als Trainer 965 kg, als Reiseflugzeug 1400 kg.
Zuladung: Normalerweise vier Personen inkl. Pilot, max. aber fünf Personen. Nutzlast 440 kg.
Entwicklungsstand: Am 17. Mai 1994 nahm der Prototyp die Flugerprobung auf, das erste von vorerst 20 Serienflugzeugen folgte im Januar 1995. In diesem Jahr erhielt die Il-103 auch die russische Zulassung. Jene der USA wird in Kürze erwartet. Bisher sollen Aufträge für rund 80 Il-103 (+ 120 Optionen) eingegangen sein. Iljuschin hofft, über 1000 Il-103 im In- und Ausland absetzen zu können.
Bemerkungen: Bei der Il-103 handelt es sich um einen in konventioneller Ganzmetallbauweise konstruierten Tiefdecker mit festem Dreibein-Fahrwerk. Ursprünglich für einen zivil/militärischen Bedarf an Trainern entwickelt, wird sie nun auch als Reiseflugzeug angeboten. Die Trainingsausführung ist mit zwei Steuerknüppeln und Sichtflug-Instrumentierung ausgerüstet, während die Reiseversion über Steuerhörner verfügt. In Zusammenarbeit mit AlliedSignal wird zudem ein integrales Avionik-Paket westlicher Provenienz angeboten. Als nächste Ausführung ist die Il-103RG mit Einziehfahrwerk geplant.
Hersteller: Iljuschin Design Bureau, Moskau, MAPO-MiG-Werk Lukhowitsy, Russland.

Abmessungen: Spannweite 10,60 m, Länge 7,95 m, Höhe 3,00 m.

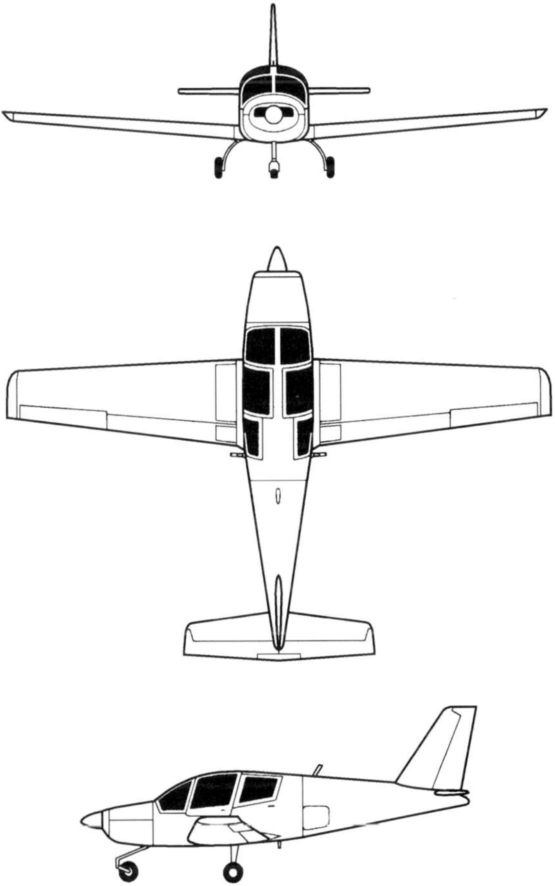

IPTN N-250-100

Ursprungsland: Indonesien.
Kategorie: Regionalverkehrsflugzeug.
Triebwerke: Zwei Propellerturbinen Allison AE 2100C von je 3200 WPS (2386 kW) Leistung.
Leistungen (geschätzt): Max. Reisegeschwindigkeit 610 km/h auf 6100 m; ökonom. Reisegeschwindigkeit 556 km/h; Anfangssteiggeschwindigkeit 10 m/Sek; Dienstgipfelhöhe 7620 m; Reichweite mit 50 Passagieren normal 1450 km, als Option 2000 km.
Gewichte: Rüstgewicht 15700 kg; max. Startgewicht 24800 kg.
Zuladung: Zwei Piloten und (N-250) bis zu normal 64, maximal 68 Passagiere in Viererreihen; (N-270) 70 bis 78 Passagiere. Max. Zuladung 6000 kg.
Entwicklungsstand: Der Prototyp mit verkürztem Rumpf N-250 führte den Erstflug am 10. August 1995 aus. Der zweite um 1,50 m längere Prototyp N-250-100 flog erstmals im Dezember 1996. Die Auftragslage belief sich Ende 1997 auf etwa 26 verifizierte Festbestellungen. IPTN geht davon aus, mit den Auslieferungen (an Merpati) 1998 beginnen zu können. Die erste N-270 sollte Ende 1998 die Erprobung aufnehmen und 2000 in Einsatz gelangen.
Bemerkungen: In die N-250 gelangen wie heute üblich zum grossen Teil Verbundwerkstoffe in nicht-tragenden Bereichen zum Einbau. Sie ist mit einem aktiven Fly-by-wire-System ausgerüstet, welches u.a. Höhen-, Seiten- und Querruder sowie die Vorflügel steuert. Im Cockpit sind fünf Kathodenröhren-Displays (CRT) eingebaut. In Mobile, Alabama, USA, wird eine zweite Produktionslinie eingerichtet. Die N-270 ist durch Einsätze hinter und vor dem Flügel insgesamt um rund 3,00 m länger. Flügel wie Fahrwerk sind verstärkt. Dank leistungsfähigerer Triebwerke Allison AE2100C von je 4000 WPS (2980 kW) ist die Nutzlast um 1360 kg höher.
Hersteller: IPTN Industri Pesawat Terbang Nusantara, Bandung, Indonesien.

Abmessungen: Spannweite 28,20 m, Länge 28,15 m, Höhe 8,37 m, Flügelfläche 65,00 m^2.

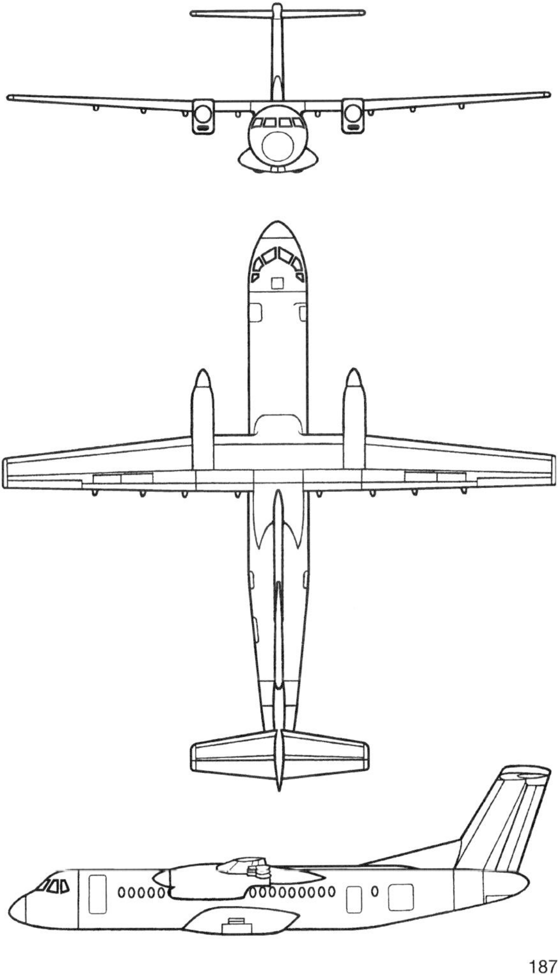

KAMAN K-MAX

Ursprungsland: USA.
Kategorie: Einsitziger Lastenhubschrauber.
Triebwerke: Eine Gasturbine Textron Lycoming T5317A-1 mit einer reduzierten Leistung von 1500 WPS (1119 kW).
Leistungen: Höchstgeschwindigkeit ohne Aussenlasten 185 km/h, mit Aussenlasten 148 km/h; Dienstgipfelhöhe 7620 m; Schwebehöhe mit Bodeneffekt und einer Nutzlast von 2268 kg und Treibstoff für 1,5 Std. 2440 m.
Gewichte: Leer 2132 kg; max. Startgewicht 5216 kg.
Zuladung: Ein Pilot und Aussenlasten ohne Bodeneffekt bis zu 2300 kg, mit Bodeneffekt 2700 kg.
Entwicklungsstand: Der erste von zwei Prototypen startete am 23. Dezember 1991 zum Erstflug. Die Auslieferungen begannen unmittelbar nach der Zulassung vom 30. August 1994. Bis Mitte 1997 hat Kaman 23 K-Max abgeliefert, darunter je ein Exemplar an die schweizerischen Operators Helog und HeliSuisse. Jährlich werden sechs Maschinen gebaut.
Bemerkungen: Die K-Max ist ein aussergewöhnlicher, speziell für den Lastentransport ausgelegter Hubschrauber, insbesondere für den Transport von Baumstämmen in unwirtlichen Gegenden. Dazu ist sie sehr einfach und robust konstruiert und die Kabine besonders crash-resistent ausgelegt. Wie bei fast allen bisherigen Kaman-Konstruktionen, gelangt auch hier das Rotorsystem mit zwei gegenläufig ineinandergreifenden gelenklosen Zweiblattrotoren zur Anwendung. Damit kann auf einen Heckrotor verzichtet werden. Dank der ungewöhnlichen Kabinenauslegung geniesst der Pilot eine ausgezeichnete Aussicht nach unten. Die K-Max soll auch als Feuerwehr- bzw. Landwirtschaftshubschrauber mit einem 2500-l-Tank ausgerüstet werden können. Neu wird für einen Flugbegleiter ein zweiter Sitz ausserhalb! des Hubschraubers angeboten.
Hersteller: Kaman Aerospace Corp, Bloomfield, Connecticut, USA.

Abmessungen: Rotordurchmesser je 14,70 m, Rumpflänge 15,80 m.

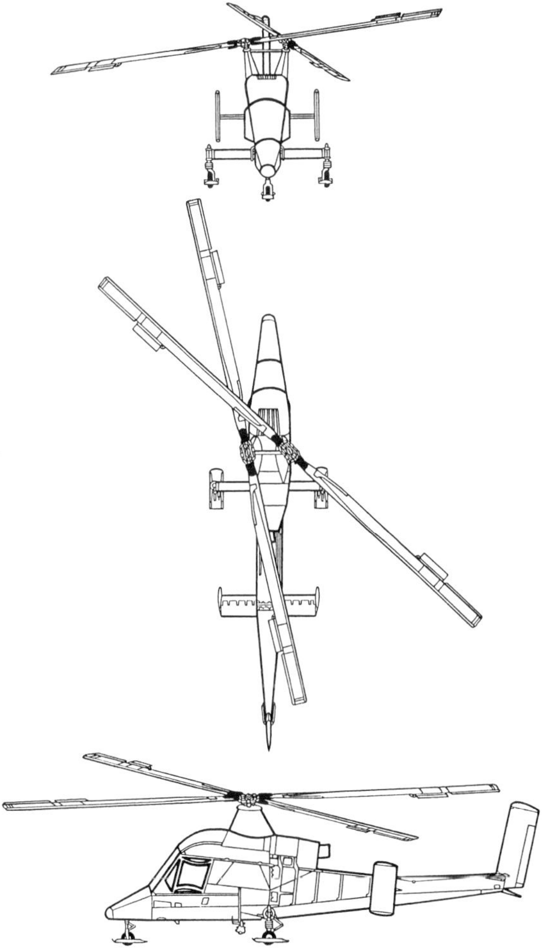

KAMOW KA-52 ALLIGATOR

Ursprungsland: Russland.
Kategorie: Zweisitziger Kampfhubschrauber.
Triebwerke: Zwei Gasturbinen Klimow/St. Petersburg (Prototyp) TV3-117VMA von je 2200 WPS (1641 kW) Leistung bzw. (Serienhubschrauber) TV3-117VMA-SB3 von je 2500 WPS (1864 kW) Leistung.
Leistungen: Höchstgeschwindigkeit in einem Bahnneigungsflug 350 km/h; max. Dauergeschwindigkeit 310 km/h; max. Schrägsteiggeschwindigkeit 8 m/Sek; Schwebehöhe ohne Bodeneffekt 3600 m; Einsatzradius 250 km; Reichweite 460 km.
Gewichte: Max. Startgewicht 10400 kg.
Bewaffnung: Eine einläufige 30-mm-Kanone Shipunow 2A42 an der rechten Rumpfseite und beispielsweise bis zu 16 Panzerabwehrlenkwaffen AT-9 Whirlwinds oder ungelenkte 80 x 80-mm- bzw. 20 x 130-mm-Raketen an vier Pylonen unter den beiden Stummelflügeln; max. Nutzlast 2500 kg.
Entwicklungsstand: Die Ka-52 fliegt seit 25. Juli 1997; Aufträge stehen noch aus.
Bemerkungen: Die Ka-52 dient primär für Luftnahunterstützungs-Aufgaben, in zweiter Linie auch für Luftkampfeinsätze. Die Grundkonzeption aller Kamow-Hubschrauber und der koaxiale, gegenläufige Doppelrotor wurde auch vom Alligator übernommen. Cockpit, Triebwerke, Rotoren und Getriebe sind so gepanzert, dass sie einer Beschiessung mit 20-mm-Geschossen standhalten können. Vermutlich als erster Helikopter der Welt, sind die einsitzige Ka-50 und die zweisitzige Ka-52 mit Schleudersitzen ausgerüstet. Vor dem Ausstieg werden die Koaxialrotoren abgesprengt. Die Ka-52 ist für Nacht- und Allwettereinsätze konzipiert.
Hersteller: OKB Nikolai I. Kamow, Werk Arsenyew, Moskau, Russland.

Abmessungen: Rotordurchmesser 14,50 m, Rumpflänge bei drehenden Rotoren 16,00 m, Höhe ohne Radar 4,93 m.

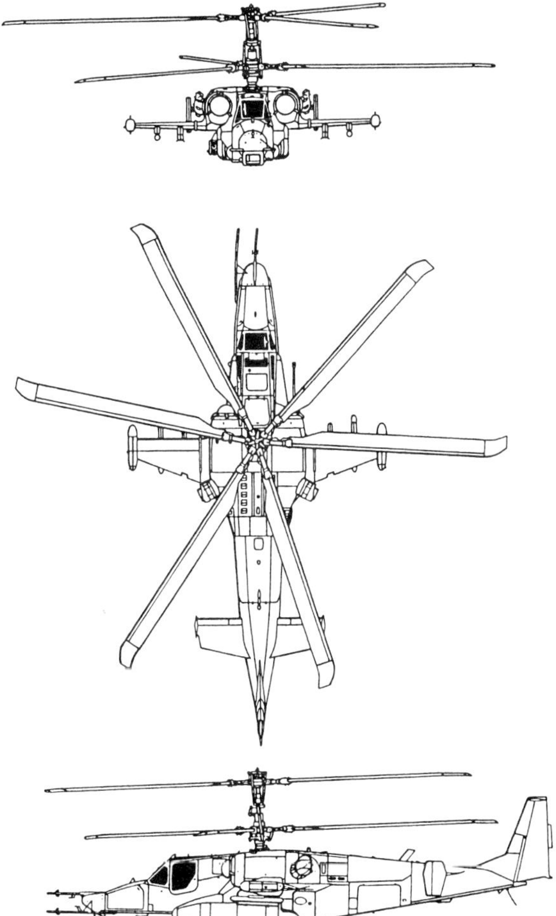

KAMOW KA-226

Ursprungsland: Russland.
Kategorie: Leichter Mehrzweckhubschrauber.
Triebwerke: Zwei Gasturbinen Allison 250-C20B von je 420 WPS (313 kW) Leistung.
Leistungen (geschätzt): Höchstgeschwindigkeit 205 km/h; ökonom. Reisegeschwindigkeit 185 km/h; max. Schrägsteiggeschwindigkeit 2,8 m/Sek; Dienstgipfelhöhe 5050 m; Reichweite mit max. Nutzlast 40 km, mit max. Treibstoffzuladung 600 km.
Gewichte (geschätzt): Leergewicht 1952 kg; max. Startgewicht 3400 kg.
Zuladung: Ein bis zwei Piloten und bis zu acht Passagiere; max. Nutzlast 1300 kg.
Entwicklungsstand: Erstflug dieser Variante am 4. September 1997. Zwei weitere Prototypen sollen bis Ende 1997 die Flugerprobung ebenfalls aufgenommen haben. Das russische Ministerium für Zivilschutz beabsichtigt, vorerst 20 Einheiten zu bestellen. Weitere Interessenten sind neben der Stadt Moskau auch der Gasproduzent Gazprom für Patrouilleneinsätze entlang von Gaspipelines. Mit der Einsatzbereitschaft wird bereits ab 1998 gerechnet.
Bemerkungen: Die Ka-226 ist eine zweimotorige stark verbesserte Ausführung der früheren Ka-26/126-Modelle. Wie bei den meisten russischen Weiterentwicklungen, wurde in wichtigen Komponenten auf westliche Produkte zurückgegriffen. In diesem Fall sind es die Triebwerke von Allison sowie die gesamte Avionik. Das Besondere an der Ka-226 ist, dass die gesamte Passagierkabine als separater «Behälter» an den Hubschrauber befestigt und bei anderer Verwendung des Hubschraubers durch mehrere andere angebotene Module ausgewechselt werden kann. Dadurch ist die Ka-226 ausgesprochen flexibel einsetzbar, wie beispielsweise als Passagiertransporter, Frachter, für Ambulanz- und Sprüheinsätze mit Behältern mit bis zu 1000 l Inhalt usw. Wie die Vorgänger ist auch die Ka-226 sehr einfach und robust ausgelegt, mit einem Festfahrwerk versehen und verfügt über den für Kamow typischen Koaxial-Rotor.
Hersteller: OKB Nikolai I. Kamow, Werk Orenburg, Russland.

Abmessungen: Rotordurchmesser (jeder einzelne) 13,00 m, Rumpflänge 8,10 m, Höhe inkl. Rotorkopf 4,15 m.

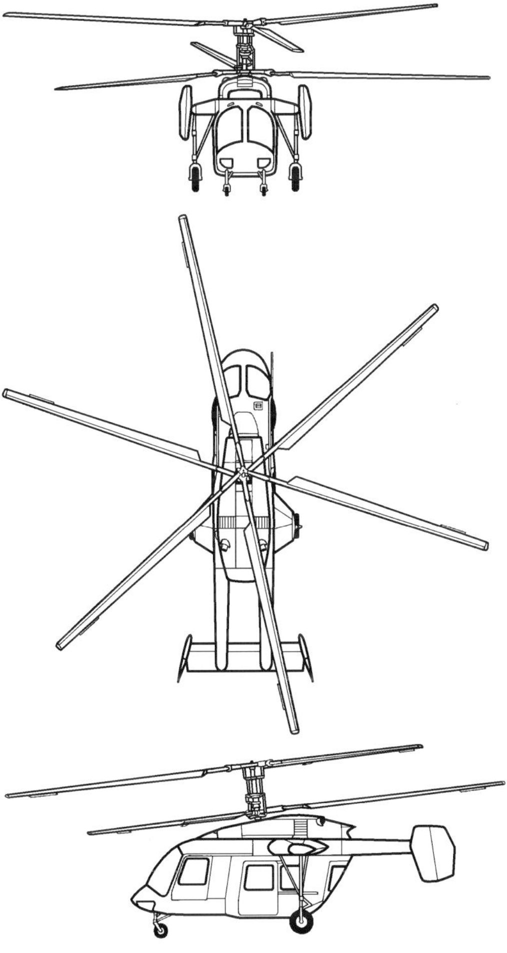

KAWASAKI T-4

Ursprungsland: Japan.
Kategorie: Zweisitziger Trainer.
Triebwerke: Zwei Mantelstromtriebwerke Jshikawajima-Harima F3-IHI-30 von je 1670 kp (16,37 kN) Standschub.
Leistungen: Höchstgeschwindigkeit bei 4700 kg 1038 km/h auf Meereshöhe, 956 km/h auf 10975 m; max. Dauergeschwindigkeit bei 5500 kg 797 km/h; Anfangssteiggeschwindigkeit bei 5500 kg 51 m/Sek; Dienstgipfelhöhe 12200 m; Reichweite ohne Zusatztanks 1297 km, mit zwei 450-l-Zusatztanks 1668 km.
Gewichte: Leer 3700 kg; max. Startgewicht 7500 kg.
Bewaffnung (als Waffentrainer): Ein 7,6-mm-MG-Behälter unter dem Rumpf und zwei Luft-Luft-Lenkwaffen AIM-9L Sidewinder an den beiden Flügelstationen oder bis zu vier 227-kg-Übungsbomben.
Entwicklungsstand: Der erste von vier XT-4-Prototypen ist am 29. Juli 1985 erstmals geflogen, gefolgt vom ersten Serienflugzeug T-4 am 28. Juni 1988. Bei einem Gesamtbedarf der japanischen Luftstreitkräfte von 200 T-4 sind bisher deren 154 beschafft worden. Im Fiskaljahr 1998 stossen voraussichtlich weitere zehn dazu. Die japanische Kunstflugstaffel «Blue Impulse» wurde 1996 mit der T-4 ausgerüstet (siehe Foto).
Bemerkungen: Für die Produktion der T-4 zeichnet Kawasaki als Hauptauftragnehmer verantwortlich. Mitsubishi ist Lieferant von Rumpfmittelteil und -heck, Triebwerkeinläufen und Seitenflosse und Fuji von Rumpfnase und Flügel. Die T-4 ersetzt die Fuji T-1 und die Lockheed T-33 als Schulflugzeug. Sie kann aber auch für eine Reihe anderer Missionen eingesetzt werden, wie z.B. Verbindungs- und Zielschleppaufgaben. Die T-4 ist die erste japanische Eigenentwicklung mit einheimischem Triebwerk seit 25 Jahren. Der japanischen Luftwaffe wird zurzeit eine verbesserte Version der T-4 angeboten, welche auch die Aufgaben des Fortgeschrittenentrainers Mitsubishi T-2 übernehmen könnte.
Hersteller: Kawasaki Heavy Industrie Ltd., Werk Gifu, Japan.

Abmessungen: Spannweite 9,94 m, Länge 13,00 m, Höhe 4,60 m, Flügelfläche 21,00 m^2.

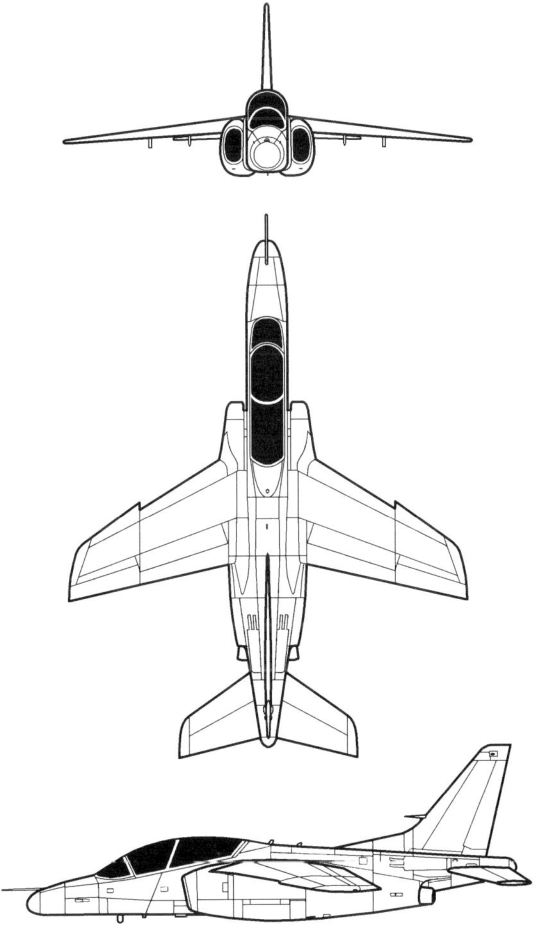

KAWASAKI OH-1

Ursprungsland: Japan.
Kategorie: Zweisitziger leichter Kampf- und Beobachtungshubschrauber.
Triebwerke: Zwei Gasturbinen Mitsubishi XTS-1 von je 800 WPS (597 kW) Leistung.
Leistungen (nach provisorischen Angaben des Herstellers): Maximalgeschwindigkeit im Horizontalflug 260 km/h; Aktionsradius ohne Aussentanks 200 km.
Gewichte: Leergewicht 2500 kg; max. Startgewicht rund 3500 kg.
Bewaffnung: An zwei Auslegern seitlich am Rumpf vier Kurzstrecken-Luft-Luft-Infrarot-Lenkwaffen Toshiba Type 91 sowie zwei Zusatztanks von je 160 l.
Entwicklungsstand: Der erste von sechs Prototypen (davon zwei nicht fliegende Muster zur statischen Erprobung) absolvierte den Erstflug am 6. August 1996. Man rechnet mit dem Beginn der Auslieferungen ab 2000. Die japanischen Bodenstreitkräfte haben einen Bedarf von etwa 200 OH-1 als Ersatz der Kawasaki/MDD OH-6D angemeldet, die ersten drei wurden kürzlich bestellt, 1998 soll ein Auftrag für weitere fünf folgen.
Bemerkungen: Etwas überraschend wurde Ende 1994 die Existenz dieses Projekts durch Präsentation einer 1 : 1 Attrappe bekannt. Nebst Kawasaki beteiligen sich auch Fuji und Mitsubishi mit je 20 % an der Entwicklung. Die Konzeption des ursprünglich als OH-X bezeichneten Entwurfs folgt dem heute üblichen Muster eines schlanken Tandemzweisitzers, wobei der Pilot im Frontcockpit und der Beobachter/Systemoperateur hinten sitzt. Die Zelle ist weitgehend aus Verbundwerkstoffen, das Cockpit gepanzert. Auch der gelenklose Hauptrotor ist aus Kunststoff und der Heckrotor aus Sicherheitsgründen ummantelt. Die Kampfelektronik umfasst u.a. TV, FLIR und Laser-Entfernungsmesser. Mit dieser Ausrüstung ist die OH-1 vollständig nacht- und allwettertauglich.
Hersteller: Kawasaki Heavy Industries Ltd., Tokyo, Japan.

Abmessungen: Rotordurchmesser 11,50 m, Rumpflänge 12,00 m, Höhe inkl. Rotor 3,80 m.

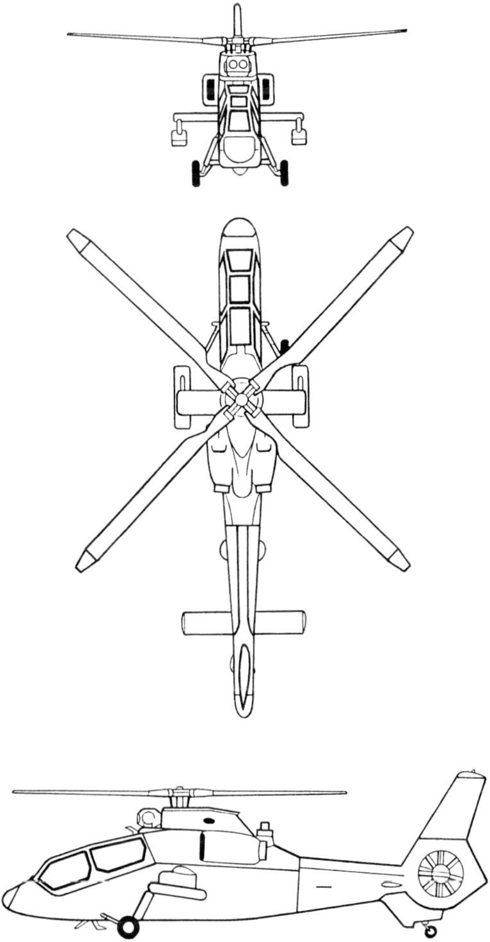

KAZAN ANSAT

Ursprungsland: Russland.
Kategorie: Leichter ziviler und militärischer Mehrzweckhubschrauber.
Triebwerke: Zwei Gasturbinen Pratt & Whitney Canada PW206C (Lizenzbau Klimow) von je 621 WPS (463 kW) Leistung.
Leistungen (nach Angaben des Herstellers): Max. Reisegeschwindigkeit 290 km/h, normal 238 km/h; Schwebehöhe ohne Bodeneffekt 2700 m; Dienstgipfelhöhe 5500 bis 6000 m; Reichweite mit einer Nutzlast von 1300 kg 520 km, max. ohne Zusatztanks 620 km; max. Flugdauer 3 Std.
Gewichte: Max. Startgewicht 3300 kg.
Zuladung: Neun Personen einschliesslich Pilot; als Ambulanzhubschrauber bis zu zwei liegende Patienten und zwei Pfleger; als Frachter max. Zuladung 1650 kg.
Entwicklungsstand: Der erste nur für statische Zwecke vorgesehene Prototyp 01 (siehe Foto) wurde im Juni 1997 der Öffentlichkeit erstmals präsentiert. Ende 1997 folgte die Nummer 02, vorgesehen für die eigentliche Flugerprobung. Die russische Grenzwacht will offenbar bis zu 100 Ansat bestellen, die ab Ende 1999 auszuliefern wären.
Bemerkungen: Mit der Ansat will die neu aus der ehemaligen Mil (darum intern auch als Mi-54 bezeichnetes Modell) entstandene Kazan Helicopter einen Hubschrauber anbieten, welcher sämtliche internationalen Vorschriften erfüllt und sich somit in alle Länder verkaufen lässt. Er ist für die verschiedensten Einsatzzwecke geeignet und kann dafür eine Vielfalt von Zusatzgeräten mitführen. Dabei wurde auf kostengünstige Konstruktion und wirtschaftlichen Betrieb besonders geachtet. Je nach Kundenwunsch kann westliche oder russische Avionik bestellt werden. Der Hubschrauber ist mit einem Fly-By-Wire-System ausgerüstet, weite Teile der Struktur bestehen aus Verbundwerkstoffen. Auch eine bewaffnete Variante wird derzeit in Betracht gezogen.
Hersteller: Kazan Helicopter Plant, Kazan, Russland.

Abmessungen: Rotordurchmesser 11,50 m, Rumpflänge einschliesslich drehendem Heckrotor 11,54 m, Höhe inkl. Rotor 3,44 m.

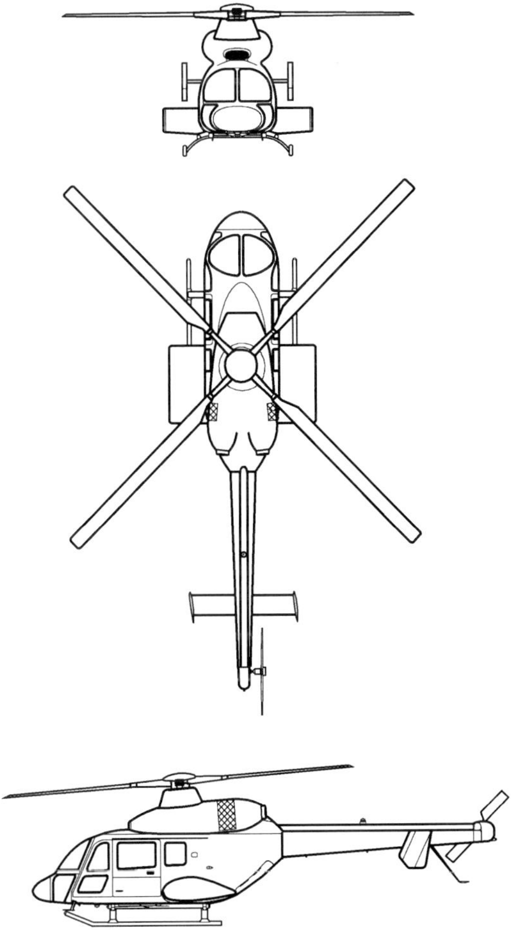

LOCKHEED C-130J HERCULES II

Ursprungsland: USA.
Kategorie: Mittelschwerer militärischer und ziviler Transporter.
Triebwerke: Vier Propellerturbinen Allison AE2100 von je 6000 WPS (4500 kW) Leistung.
Leistungen (geschätzt): Max. Reisegeschwindigkeit 630 km/h, norm. Reisegeschwindigkeit 556 km/h; Anfangssteiggeschwindigkeit 12 m/Sek; Dienstgipfelhöhe 10060 m; Reichweite mit einer Nutzlast von 21625 kg über 2600 km.
Gewichte: Leergewicht (J) 32615 kg, (J-30) 34326 kg; max. Abfluggewicht 79000 kg +.
Zuladung: Zwei Piloten und eine Nutzlast von 22000 kg +.
Entwicklungsstand: Das erste von fünf C-130J-Erprobungsmustern fliegt seit 5. April 1996. Bisherige Bestellungen: RAF 25, Italien 18, RAAF 12 (+ 24 Optionen), RNZAF 8 Optionen, USAF 18 (u.a. 7 WC-130J, 3 KC-130J). Letztere hat einen Bedarf von 200+ neuen C-130J. Aufgrund technischer Schwierigkeiten verzögerte sich die Ablieferung der ersten Serienexemplare auf Anfang 1998. Die C-130 ist das einzige Flugzeug, das in mehreren Varianten ununterbrochen seit 43 Jahren produziert wird, und zwar bisher in rund 2150 Exemplaren!
Bemerkungen: Die Version C-130J ist gegenüber der bisherigen C-130H in wesentlichen Teilen überarbeitet und verbessert worden. Nebst neuen Triebwerken mit Sechsblattrotoren neuester Technologie werden ein völlig neues Zweimann-Cockpit mit vier grossen LCD-Anzeigen und einem HUD eingebaut. Weiter hat Lockheed zur Leistungserhöhung und zur Vereinfachung der Wartung das elektrische System, die Betankungsanlage sowie die gesamte Elektronik neu konzipiert. Alle diese Massnahmen führen dazu, dass bei um 17 % reduziertem Treibstoffverbrauch sowie einer um 15 % höheren Geschwindigkeit die Nutzlast-/Reichweitenleistung um nicht weniger als 61 % verbessert wird. Zudem hat man Teile der Struktur verstärkt. Lockheed entwickelt auch eine zivile Ableitung L-100J. Nebst der Heckladerampe verfügt sie zusätzlich über ein 3,55 m breites Frachttor an der rechten Rumpfvorderseite. Weiter werden zurzeit eine AEW/C- sowie eine Flugbootvariante ins Auge gefasst.
Hersteller: Lockheed Martin Marietta Corp., Marietta, Georgia, USA.

Abmessungen: Spannweite 40,41 m, Länge (C-130J) 32,33 m, (C-130J-30) 34,36 m, Höhe 11,71 m, Flügelfläche 162,12 m^2.

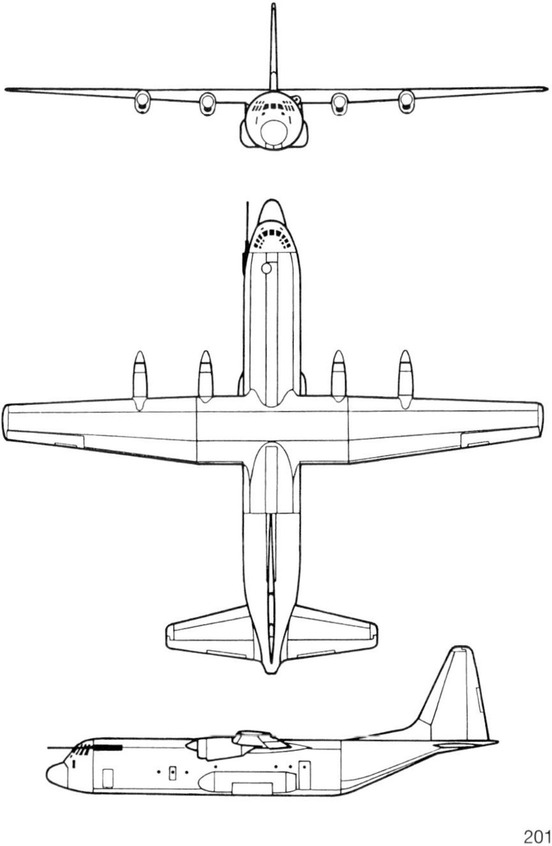

LOCKHEED F-16C/D FIGHTING FALCON

Ursprungsland: USA.
Kategorie: Einsitziger Mehrzweckjäger (F-16C) und zweisitziger operationeller Trainer (F-16D).
Triebwerke: Ein Mantelstromtriebwerk Pratt & Whitney F100-PW-220 von 6518 kp (63,9 kN) Standschub ohne und 10781 kp (105,7 kN) mit Nachbrenner, bzw. General Electric F110-GE-100 von 6359 kp (62,3 kN) Standschub ohne und 13146 kp (128,9 kN) mit Nachbrenner.
Leistungen (F-16C mit F-100): Kurzzeitig erreichbare Höchstgeschwindigkeit 2145 km/h auf 12190 m (Mach 2,02), andauernde Höchstgeschwindigkeit 2007 km/h (Mach 1,89); taktischer Einsatzradius (Einsatzprofil hoch-tief-hoch, ohne Zusatztanks) 580 km mit sechs 227-kg-Bomben; Überführungsreichweite mit max. Zusatztanks 3943 km.
Gewichte (F-16C): Leergewicht 8273 kg; max. Startgewicht 19187 kg.
Bewaffnung: Eine mehrläufige 20-mm-Revolverkanone M61A-1 und, als Abfangjäger, bis sechs Luft-Luft-Lenkwaffen AIM-9L/M, als Erdkämpfer bis zu 5638 kg Aussenlasten.
Entwicklungsstand: Die Version F-16C befindet sich seit 1984 im Einsatz. Von allen Ausführungen sind bisher über 4000 Einheiten von 20 Luftwaffen neu oder gebraucht beschafft worden. Seit der letzten Ausgabe gingen folgende Zusatzaufträge ein: Singapur 12, USAF 3.
Bemerkungen: Gegenwärtig werden die Ausführungen F-16A/B (Block 15) für Taiwan sowie die Varianten F-16C und F-16D (Blöcke 40 bzw. 50/52) abgeliefert. Letztere verfügen über stärkere Triebwerke und verbesserte Elektronik (u.a. APG-65(V-5)-Radar, Laserkreisel). In Planung steht nun die Version F-16C/D (Block 60). Neben nochmals stärkeren Triebwerken F110-129EFE von 14270 kp (140 kN) mit Nachbrenner ist sie mit dem modernsten «Active-Array»-Radar ausgerüstet. Das Cockpit wurde verbessert, und im Helm des Piloten ist ein Display eingebaut. Zur Erhöhung der Reichweite sind sog. konforme Zusatztanks vorgesehen, welche gegenüber herkömmlichen zylindrischen Behältern den Luftwiderstand deutlich verringern. Ende 1998 startet eine umgebaute F-16 als Erprobungsträger, welche ausschliesslich durch Fly-by-Wire elektrisch gesteuert wird und über keinerlei hydraulische Antriebe mehr verfügt.
Hersteller: Lockheed Martin Marietta Corp., Fort Worth Division, Fort Worth, Texas, USA.

Abmessungen: Spannweite 9,45 m, Länge 15,03 m, Höhe 5,09 m, Flügelfläche 27,87 m².

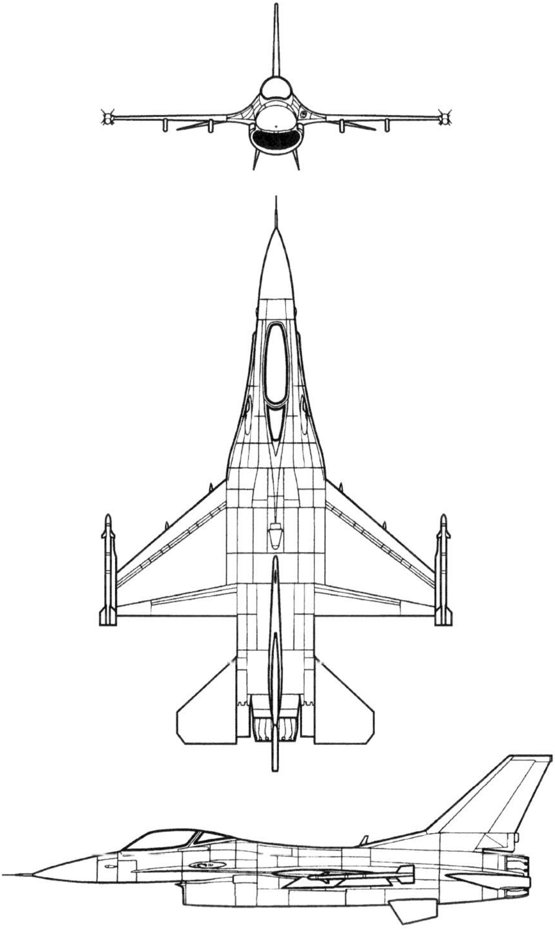

LOCKHEED/BOEING F-22 RAPTOR

Ursprungsland: USA.
Kategorie: Luftüberlegenheits- und Mehrzweckkampfflugzeug.
Triebwerke: Zwei Mantelstromtriebwerke Pratt & Whitney YF119-PW-100 von 15900 kp (156 kN) Standschub mit Nachverbrennung mit schwenkbarem Triebwerkstrahl.
Leistungen (YF-22, geschätzt): Höchstgeschwindigkeit in geringer Höhe 1470 km/h (Mach 1,20) oder 1915 km/h über 10975 m (Mach 1,80); max. Dauergeschwindigkeit 1595 km/h über 10975 m (Mach 1,50); Dienstgipfelhöhe 15240 m; Aktionsradius mit interner Treibstoffzuladung und voller Zahl Luft-Luft-Lenkwaffen 1450 km.
Gewichte (geschätzt): Leergewicht 14365 kg; normal beladen 24950 kg; max. Startgewicht 27216 kg.
Bewaffnung: Eine sechsläufige 20-mm-Revolverkanone und zwei Kurzstrecken-Luft-Luft-Lenkwaffen AIM-9 je in einem separaten Schacht seitlich am Rumpf sowie bis zu sechs Mittelstrecken-Luft-Luft-Lenkwaffen AIM-120 im zentralen Waffenschacht. Für Erdkampfeinsätze können darin auch spezielle 450-kg-Bomben sowie unter den Flügeln Lenkwaffen oder Zusatztanks an vier Aufhängungen mitgeführt werden.
Entwicklungsstand: Der überarbeitete Serienprototyp der F-22 startete am 7. September 1997 zum Erstflug. Die Flugerprobung wird neun Flugzeuge umfassen. Mit der Einsatzbereitschaft rechnet man nicht vor 2004. Die USAF plant nun nur noch 339 Maschinen zu beschaffen.
Bemerkungen: Der Serienprototyp hat in seinen äusseren Konturen einige wesentliche Änderungen erfahren. Diese zielen darauf, die F-22 schwerer entdeckbar zu machen und die Wendigkeit der Maschine zu verbessern. Aus Kostengründen hat die USAF auf die zweisitzige Ausführung F-22B verzichtet. Die Raptor ist auch für Tiefangriffe ausgelegt und kann entsprechende Munition in den Waffenschächten, als auch an Aufhängepunkten unter den Flügeln mitführen. Stealth-Eigenschaften, hohe, kaum Einschränkungen unterworfene Wenigkeit, modernste Kampfelektronik und die Fähigkeit, ohne Nachbrenner eine Dauergeschwindigkeit von Mach 1,5 zu erzielen, machen den Raptor zum derzeit leistungsfähigsten Jagdflugzeug der Welt.
Hersteller: Lockheed Martin Marietta Corp., Marietta, Georgia und Boeing Military Airplanes, Seattle, Washington, USA.

Abmessungen: Spannweite 13,56 m, Länge 18,87 m, Höhe 5,28 m, Flügelfläche 77,1 m².

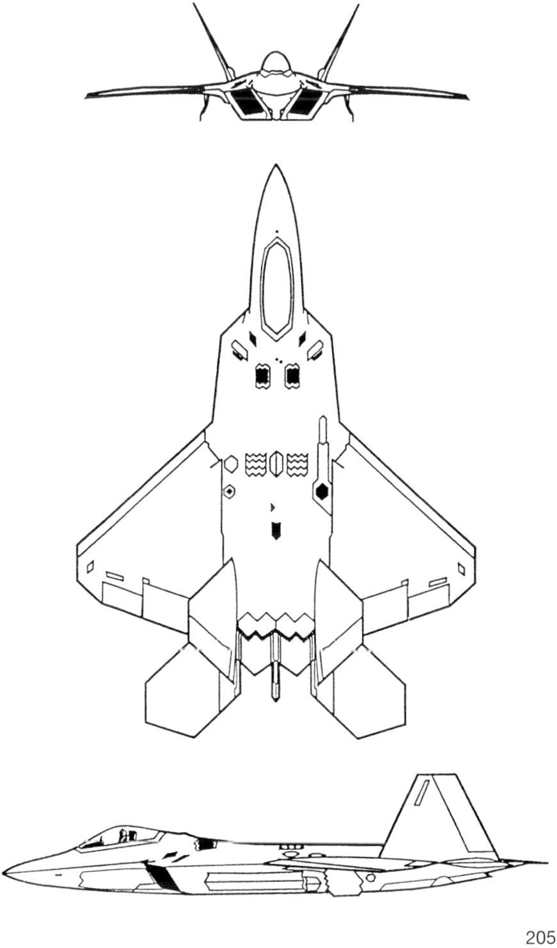

LOCKHEED (NORTHROP) B-2A SPIRIT

Ursprungsland: USA.
Kategorie: Zweisitziger, schwer ortbarer strategischer Bomber.
Triebwerke: Vier Mantelstromtriebwerke General Electric F118-GE-110 von je 8620 kp (84,5 kN) Standschub.
Leistungen: Höchstgeschwindigkeit 955 – 1010 km/h auf 15250 m (Mach 0,9 - 0,95) oder 970 km/h auf Meereshöhe (Mach 0,75); Dienstgipfelhöhe 15240 m; max. Reichweite ohne Flugbetankung 12955 km, mit einer Flugbetankung 18532 km; Reichweite mit acht SRAM-Lenkwaffen und acht B83-Bomben (Flugprofil hoch-hoch-hoch) 11675 km bzw. (Flugprofil hoch-tief-hoch) 8154 km.
Gewichte: Leergewicht 56700 kg; max. Startgewicht 168422 kg.
Bewaffnung: Geschätzte Waffenlast von 34000 kg in zwei Waffenschächten nebeneinander für beispielsweise je acht SRAM's (Short-Range Attack Missiles) an einem rotierbaren Träger, B61 und B63 freifallende Nuklearwaffen, 454-kg-/340-kg-/227-kg-Bomben oder Seeminen vom Typ Mk.36.
Entwicklungsstand: Die erste B-2A startete am 17. Juli 1989 zum Erstflug, gefolgt von der zweiten am 19. Oktober 1990. Das vierte und letzte Entwicklungsmuster nahm am 17. April 1992 die Flugerprobung auf. Die USAF erhält die letzte von 20 bestellten Einheiten Anfang 1998. Ein Prototyp wird anschliessend noch auf den Serienstandard gebracht und der USAF übergeben.
Bemerkungen: Die B-2 basiert auf den neuesten Stealth-Erkenntnissen und ist daher mit heutigen Mitteln wie Radar und Infrarot nur schwer zu erfassen. Sie eignet sich für Angriffe im Tiefflug oder aus grosser Höhe, gegen feste oder mobile Ziele. Ihre Zelle besteht hauptsächlich aus Karbonfaser- und Kevlar-verstärkten Kunststoffen, mit Titan an extrem beanspruchten Stellen. Die Flugzeugoberfläche absorbiert Radarstrahlen. Wie bei der F-117A (siehe Ausgabe 1992/93) sind auch bei der B-2 Triebwerkein- und auslässe über dem Flügel angeordnet und daher gegen Infrarotsuchgeräte abgeschirmt. Ab Flugzeug Nr. 10 sind einige Verbesserungen an der Avionik vorgenommen worden, u.a. Einbau eines GPS.
Hersteller: Lockheed Martin (Northrop), B-2-Division, Pico Rivera, Kalifornien, USA.

Abmessungen: Spannweite 52,43 m, Länge 21,03 m, Höhe 5,18 m, Flügelfläche 477,51 m^2.

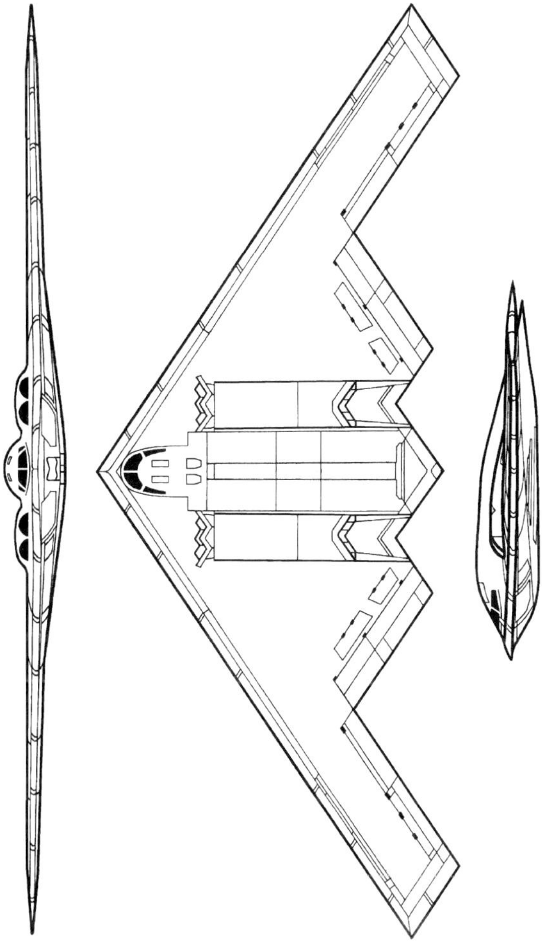

LOCKHEED (GRUMMAN) E-2C HAWKEYE

Ursprungsland: USA.
Kategorie: Bordgestütztes Frühwarn- und Überwachungsflugzeug sowie fliegende Kommandozentrale.
Triebwerke: Zwei Propellerturbinen Allison T56-A-427 von je 5250 WPS (3917 kW) Leistung.
Leistungen: Höchstgeschwindigkeit 598 km/h; max. Reisegeschwindigkeit 576 km/h; Anfangssteiggeschwindigkeit 12,8 m/Sek; Dienstgipfelhöhe 9390 m; Einsatzdauer 4 Std. bei einem Aktionsradius von 370 km; max. Flugdauer 6,1 Std; Überführungsreichweite 2580 km.
Gewichte: Leer 17265 kg; max. Startgewicht 24494 kg.
Zuladung: Fünf Mann Besatzung, bestehend aus zwei Piloten und drei Ingenieuren im zentralen Einsatzraum zur Bedienung des ATDS (**A**irborne **T**actical **D**ate **S**ystem).
Entwicklungsstand: Der erste Prototyp E-2C flog erstmals am 20. Januar 1971. Total erhielt die US Navy bis 1995 148 Flugzeuge. Nach einem Produktionsunterbruch werden seit 1997 wieder Hawkeyes bei einem Bedarf von weiteren 36 Einheiten in jährlichen Tranchen von drei bis vier E-2C (1998 vier) geliefert. Weitere Betreiber: Ägypten 6, Israel 4, Japan 13, Singapur und Taiwan 4. Die US Küstenwache setzt vier, die US Zollbehörde eine von der US Navy gemietete E-2C zur Drogenbekämpfung ein. Vorerst zwei Einheiten erhält die Aéronavale.
Bemerkungen: Die Elektronik der E-2C wurde schon mehrfach erheblich ausgebaut. Seit 1990 gelangt die APS-145-Anlage rückwirkend in alle E-2C zum Einbau. Dieses Radar soll weniger empfindlich auf störende Reflexe über Land sein. Die ab 1992 gebauten E-2C gehören dem sog. «Group 2 Standard» an mit den stärkeren Triebwerken T56-A-427, verbessertem IFF-System und APS-145-Radar mit vergrössertem Erkennungsradius. 54 frühere E-2C werden bis Ende der neunziger Jahre auf diesen Standard umgebaut. Bereits wird die Ausführung Hawkeye 2000 mit folgenden Modernisierungen vorbereitet (Erstflug Februar 1998): Neuer Zentralrechner, Satellitenkommunikation, bessere Navigationssysteme, Luftbetankungsmöglichkeit und ein Infrarotsensor für die passive Überwachung.
Hersteller: Lockheed Martin (Grumman), Werk St. Augustine, Florida, USA.

Abmessungen: Spannweite 24,56 m, Länge 17,55 m, Höhe 5,69 m, Flügelfläche 65,03 m^2.

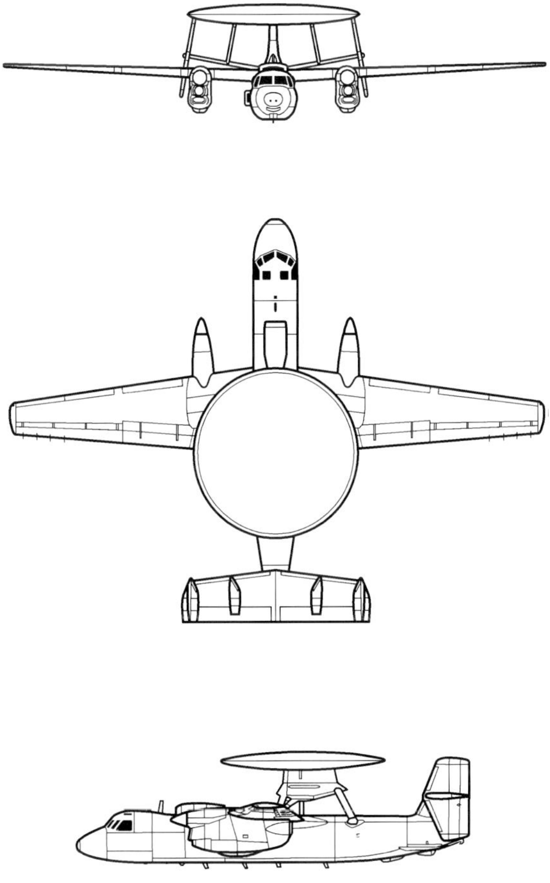

MIKOJAN MIG-29M/SMT

Ursprungsland: Russland.
Kategorie: Einsitziges Mehrzweckkampfflugzeug.
Triebwerke: Zwei Mantelstromtriebwerke Leningrad/Klimow RD-33K von je 8800 kp (86,30 kN) Standschub mit Nachbrenner.
Leistungen: Höchstgeschwindigkeit mit vier Luft-Luft-Lenkwaffen 2445 km/h auf 11000 m (Mach 2,3), oder 1500 km/h auf Meereshöhe (Mach 1,3); Dienstgipfelhöhe 17000 m; max. Anfangssteiggeschwindigkeit 330 m/Sek; Einsatzradius (Abfangmission mit 1500-l-Zusatztanks und vier Luft-Luft-Lenkwaffen) 1015 km; max. Reichweite mit drei Zusatztanks 3200 km.
Gewichte: Max. Startgewicht 24000 kg.
Bewaffnung: Eine 30-mm-Revolverkanone GSh-301 und eine maximale Waffenlast von 5000 kg an zehn Aussenstationen.
Entwicklungsstand: Der erste von sechs MiG-29M-Prototypen begann die Flugerprobung bereits am 25. April 1986. Ein Serienbau findet voraussichtlich nur in begrenzter Stückzahl statt. Bisher einziger Besteller dieser Ausführung: Bulgarien 12. Rund 1200 MiG-29 aller Versionen sind für 14 Luftwaffen gebaut worden. Die Produktion läuft weiter.
Bemerkungen: Die Version MiG-29M ist die Mehrzweckvariante des Jagdflugzeuges MiG-29. Sie verfügt über ein vierfachredundantes digitales Flugmanagement-System und einen Doppler-Bordradar Phazotron N-010-Bordradar sowie ein OLS-M Infrarot-/TV-/Laser-System. MiG stellte kürzlich die Version MiG-29SMT vor. Stärkere Triebwerke mit Schubvektorsteuerung, neues Kampfradar, Head-up-Display, Mil-Std.-1553 Databus und Glascockpit mit HOTAS-Steuerung sowie konforme Zusatztanks zur Erhöhung der Reichweite auf rund 3500 km sind die Merkmale dieser Ausführung. Ein Prototyp soll sich derzeit im Bau befinden und wird 1998 erstmals fliegen.
Hersteller: MiG, Moskovskii Mashinostroitelnyy Zavod Imieni A.I. Mikoyana und MAPO, Moskau, Russland.

Abmessungen: Spannweite 11,36 m, Länge 17,32 m, Höhe 4,73 m, Flügelfläche 38,00 m^2.

MIKOJAN MiG-AT

Ursprungsland: Russland.
Kategorie: Zweisitziger Fortgeschrittenentrainer.
Triebwerke: Zwei Mantelstromtriebwerke SNECMA Lazarc 04-R20 von je 1437 kp (14,10 kN) Standschub.
Leistungen (sehr provisorische Angaben): Höchstgeschwindigkeit 1000 km/h auf Meereshöhe; Anfangssteiggeschwindigkeit 80 m/Sek; Dienstgipfelhöhe 15500 m; Überführungsreichweite mit max. Treibstoffzuladung 2600 km.
Gewichte: Leergewicht mind. 3300 kg; normales Startgewicht 4610 kg, maximal 7000 kg.
Bewaffnung: Die Serienmaschinen sollen über sieben Aufhängepunkte für Waffen aller Art an Rumpf und Flügeln verfügen; (ATS) Kombination von Luft-Luft-Lenkwaffen und Präzisionsbomben.
Entwicklungsstand: Zwei Prototypen wurden gebaut, je einer mit französischer (Bezeichnung -F) bzw. russischer Elektronik (-R). Der erste nahm die Flugerprobung am 21. März 1996 auf. Angeblich sollen weitere 15 Vorserienmaschinen bereits gebaut sein. Die russische Luftwaffe benötigt als Ersatz der L-39 bis zu 1000 Einheiten, die ersten zehn wurden kürzlich bestellt. Zwei weitere erhält Bulgarien.
Bemerkungen: Die MiG-AT wird in enger Zusammenarbeit mit französischen Firmen entwickelt. So stammt das Triebwerk aus Frankreich, soll aber in Russland in Lizenz hergestellt werden. Auch die Sextant-Avionik steuert die französische Seite bei. Der Flügel aus Verbundwerkstoffen soll in Südkorea hergestellt werden. Das Flugzeug ist in der Lage, die genau gleichen Manöver wie die Einsatzmuster MiG-29 und Su-27 auszuführen und wurde deshalb für Belastungen von bis zu +8g bzw. -3g ausgelegt. MiG entwickelt derzeit die einsitzige Erdkampfversion ATS. Dieses der Öffentlichkeit erstmals im August 1997 (Erstflug Oktober 1997) vorgestellte Modell verfügt anstelle der Lazarc- über Klimow RD-1700-Mantelstromtriebwerke von je 1700 kp (16,7 kN) Leistung und russische Avionik, u.a. dem Phazotron Moskit-Leichtgewichtsradar.
Hersteller: MiG, Moskovskii Mashinostroitelnyy Zavod Imieni A.I. Mikoyana, Moskau, Russland.

Abmessungen: Spannweite 10,16 m, Länge 12,01 m, Höhe 4,62 m, Flügelfläche 17,67 m^2.

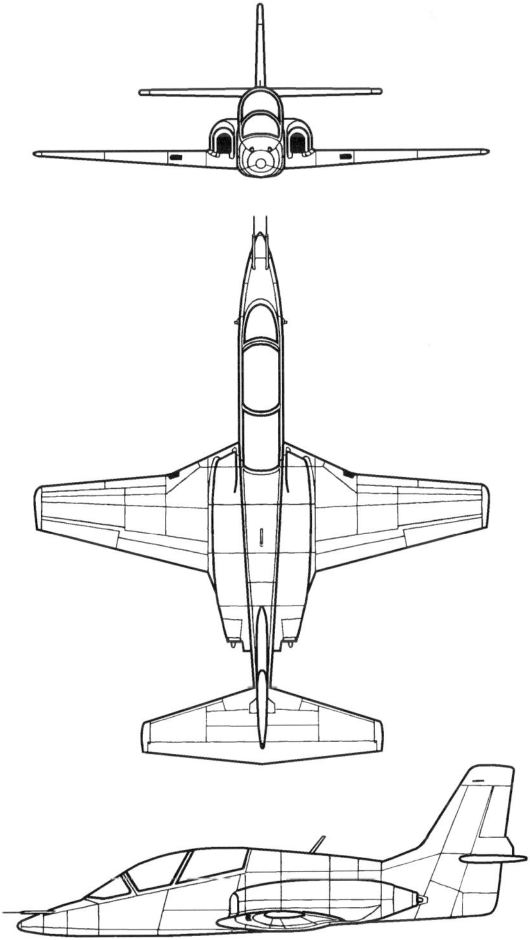

MIL/KAZAN MI-17M/MD

Ursprungsland: Russland.
Kategorie: Mittelschwerer militärischer und ziviler Mehrzweckhubschrauber.
Triebwerke: Zwei Gasturbinen Klimow TV3-117VM von je 2200 WPS (1620 kW) Leistung.
Leistungen: Höchstgeschwindigkeit in 1000 m 250 km/h; bei max. Startgewicht 230 km/h; Reisegeschwindigkeit 220 km/h; Dienstgipfelhöhe 6000 m; Schwebehöhe mit Bodeneffekt 4000 m, ohne Bodeneffekt 1760 m; Reichweite mit normaler Zuladung 500 km, mit vier externen Zusatztanks bis zu 1600 km.
Gewichte: Rüstgewicht 7100 kg; normales Startgewicht 11000 kg, maximal 13000 kg.
Zuladung: Zwei Piloten im Cockpit und bis zu 36 Soldaten bzw. 40 Passagiere; max. Nutzlast intern 4000 kg, extern 5000 kg.
Entwicklungsstand: Ein Prototyp der Version MD fliegt seit 1995. Die Mi-17 in ihren mehreren Ausführungen erfreut sich weiterhin grosser Nachfrage. So sind alleine 1997 mehr als 40 Exemplare u.a. von folgenden Betreibern bestellt worden: Daily Air 10, Indonesien 8, Kolumbien 10, Laos 12.
Bemerkungen: Als vorläufig letzte Ausführung dieses in grossen Stückzahlen hergestellten Hubschraubers wird die Mi-17MD angeboten. Äusserlich unterscheidet sie sich durch eine neue Buggestaltung mit Farb-Wetterradar. Weitere Merkmale: Notschwimmausrüstung mit aufblasbaren Ballonen, grössere Schiebetüren auf beiden Seiten, mechanische Frachttransportausrüstung im Heck, Platz für vier zusätzliche Passagiere. Als Option kann zusätzlich eine Rettungswinde mit einer Tragkraft von 300 kg installiert werden. Für den westlichen Markt ist die Mi-17KF vorgesehen, ausgerüstet mit Honeywell EDZ-756 -Avionik, EFIS, Marconi Dopper-Navigations-System, GPS usw. Die westliche Elektronik wird von der kanadischen Kelowna Flight Craft eingebaut (Erstflug 8. August 1997).
Hersteller: Mil/Kazan Helicopters, Moskau/Kazan, Russland.

Abmessungen: Rotordurchmesser 21,29 m, Rumpflänge ohne rotierenden Heckrotor 18,50 m Höhe inkl. Rotorkopf 4,75 m.

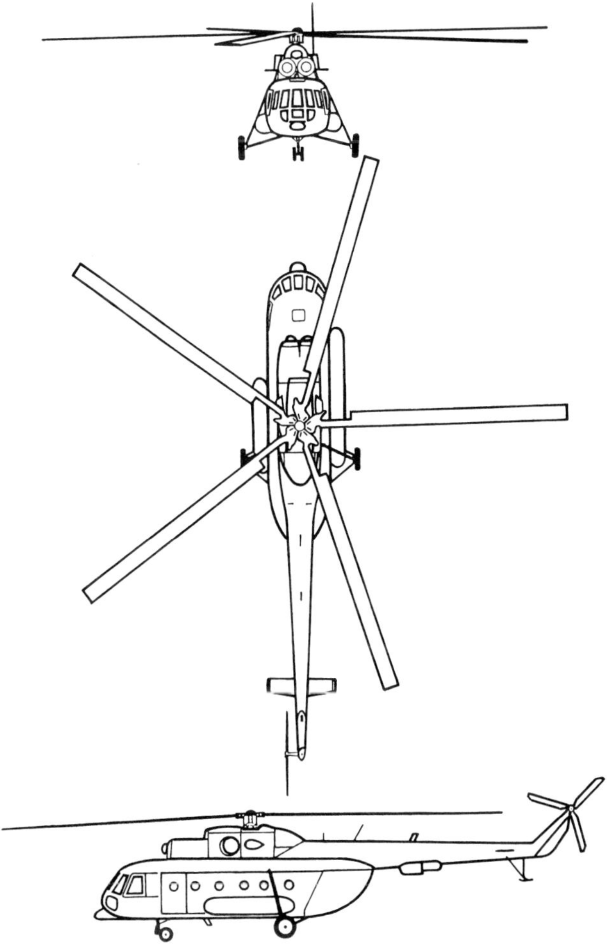

MIL MI-26TM (HALO)

Ursprungsland: Russland.
Kategorie: Schwerer militärischer und ziviler Transporthubschrauber.
Triebwerke: Zwei Gasturbinen ZMKB Progress (Lotarew) D-136 von je 11240 WPS (8383 kW) Leistung.
Leistungen: Höchstgeschwindigkeit 295 km/h; normale Reisegeschwindigkeit 255 km/h; Schwebehöhe mit Bodeneffekt 4500 m, ohne Bodeneffekt 1800 m; Reichweite 800 km mit vier Zusatztanks 1920 km.
Gewichte: Leer 28200 kg; normales Startgewicht 56000 kg.
Zuladung: Fünf Mann Besatzung und, als Militärtransporter, bis zu 100 Soldaten oder 20000 kg Fracht bzw. bei Ambulanzeinsätzen bis zu 32 liegende Patienten.
Entwicklungsstand: Als schwerster und stärkster Hubschrauber der Welt fliegt die Mi-26 bereits seit dem 14. September 1977. Sie steht seit 1985 bei der sowjetischen Luftwaffe in rund 60 Exemplaren im Einsatz. Weitere 10 betreibt die indische Luftwaffe. Die Produktion läuft in kleinen Stückzahlen weiter. Neueste Besteller: Peru 3, Samsung, Korea 1.
Bemerkungen: Eine technische Neuheit stellt vor allem der erste Achtblattrotor der Welt und dessen Titan-Rotorkopf samt Kraftübertragung dar. Der Frachtraum der Mi-26 ist grösser als derjenige des viermotorigen Frachtflugzeugs An-12. Er kann 85 vollausgerüstete Soldaten, 40 Patienten plus Pfleger oder zwei Luftlande-Kampffahrzeuge aufnehmen. Die Mi-26TM ist eine Weiterentwicklung mit stärkeren Triebwerken und Rotorblättern vollständig aus Kunststoff. Dadurch konnte die max. Nutzlast auf 22000 kg angehoben werden. Eine Ausführung für Feuerlöscheinsätze kann in vier Behältern Wasser von 15,0 m^3 mitführen.
Hersteller: Mil/Rostvertol, Werk Arseneyew, Moskau, Russland.

Abmessungen: Rotordurchmesser 32,00 m, Rumpflänge ohne Heckrotor 33,73 m, Höhe inkl. Rotorkopf 8,15 m.

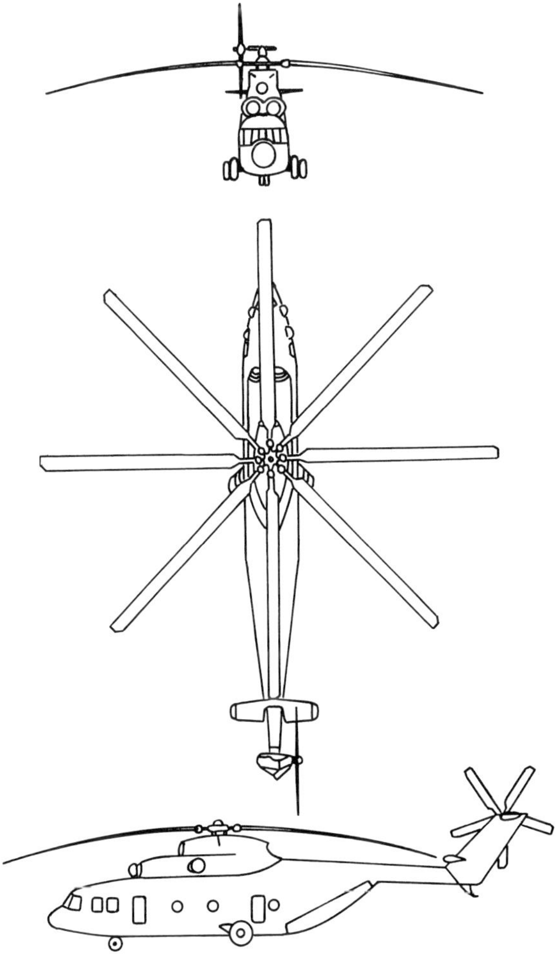

MIL MI-28N

Ursprungsland: Russland.
Kategorie: Zweisitziger Kampfhubschrauber.
Triebwerke: Zwei Gasturbinen Klimow (Isotow) TV3-117 von je 2200 WPS (1640 kW) Leistung.
Leistungen: Höchstgeschwindigkeit 320 km/h; max. Reisegeschwindigkeit 270 km/h; max. Schrägsteiggeschwindigkeit 14 m/Sek; Dienstgipfelhöhe 5800 m; Schwebehöhe ohne Bodeneffekt 3600 m; Reichweite mit max. Treibstoffzuladung 470 km; Flugdauer 2 Std.
Gewichte: Leer 7000 kg; normales Startgewicht 10700 kg, maximal 12100 kg.
Bewaffnung: Eine 30-mm-2A42-Kanone in einem Turm unter der Rumpfnase und je zwei Waffenstationen mit einer Tragkraft von 480 kg an beiden Stummelflügeln. Typische Bewaffnung: Panzerabwehrlenkwaffen 9M114 «Shturm» und Luft-Luft-Lenkwaffen 9M39 «Igla»; max. Nutzlast 2000 kg.
Entwicklungsstand: Der Prototyp der Weiterentwicklung Mi-28N nahm am 14. November 1996 die Flugerprobung auf. Nach den derzeitigen Plänen will Russland die Mi-28N ab 1998 beschaffen. Konkrete Angaben fehlen aber derzeit.
Bemerkungen: Die Mi-28N ist der zurzeit kampfstärkste Hubschrauber dieser Klasse. Sie verfügt über Panzerung aus Titan und Verbundwerkstoffen, um die Piloten, die Rumpftanks sowie weitere lebenswichtige Systeme zu schützen. Ähnlich wie die AH-64D (siehe Seiten 96/97), ist die Mi-28N mit einem im Mastvisier eingebauten 360°-Millimeter-Wellenradar ausgerüstet. Dank der hochentwickelten elektronischen Kampfausrüstung, u.a. aus Sensoren am Rumpfbug für verschiedene Aufgaben und auch aus einem FLIR-Gerät bestehend, ist sie allwetter- und nachtkampftauglich. Die Serienausführung soll neue Kunststoff-Rotorblätter mit nach hinten gepfeilten Spitzen erhalten.
Hersteller: Mil/Rostvertol, Werk Rostow, Moskau, Russland.

Abmessungen: Rotordurchmesser 17,20 m, Rumpflänge 16,85 m, Höhe inkl. Rotorkopf 4,86 m.

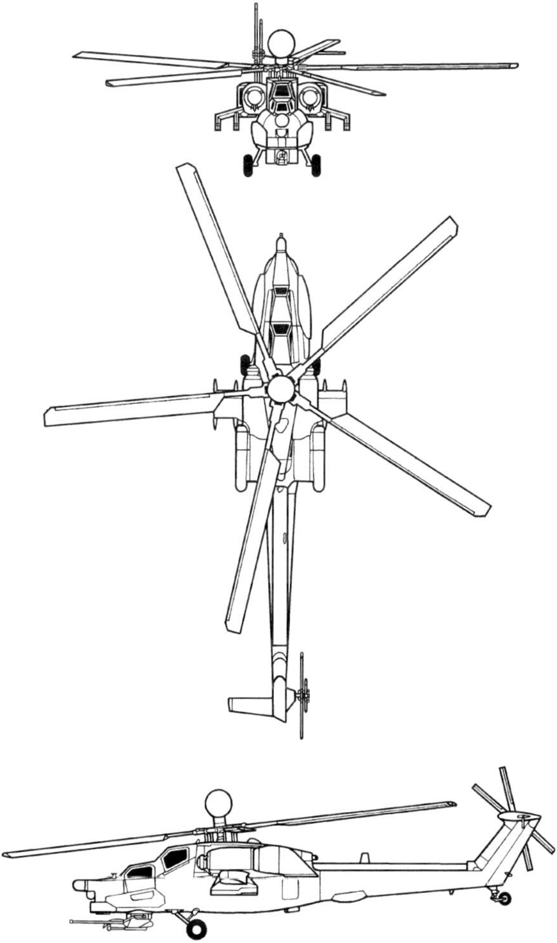

MITSUBISHI F-2

Ursprungsland: Japan (USA).
Kategorie: (F-2A) Einsitziger bzw. (F-2B) doppelsitziger Mehrzweckjäger.
Triebwerke: Ein Mantelstromtriebwerk General Electric F110-GE-129 von 7711 kp (75,5 kN) Standschub ohne und 13880 kp (131,7 kN) mit Nachverbrennung.
Leistungen (Schätzungen): Höchstgeschwindigkeit auf grossen Höhen Mach 2,0, in Bodennähe mehr als Mach 1,0; Einsatzradius mit Antischiffs-Lenkwaffen > 830 km.
Gewichte: Leergewicht 9527 kg; max. Startgewicht rund 22000 kg.
Bewaffnung: Die max. Waffenlast soll 9000 kg betragen und umfasst u.a. die japanischen Eigenentwicklungen Mitsubishi AAM-3-Luft-Luft- sowie die XASM-2-Anti-Schiffs-Lenkwaffen.
Entwicklungsstand: Erstflug des ersten von vier Prototypen FS-X am 7. Oktober 1995, des letzten am 24. Mai 1996. Die japanischen Luftstreitkräfte erhalten ab 1999 130 F-2 (einschliesslich 47 Doppelsitzer). Bisher sind 20 Einheiten bestellt, die erste Staffel wird im Jahr 2000 einsatzbereit sein.
Bemerkungen: Die F-2 ist von der Lockheed F-16 abgeleitet (siehe Seiten 202/203). Im Laufe der Entwicklung hat sie sich technisch vom Ausgangsmuster immer weiter entfernt, so dass heute fast von einem vollständig neu entwickelten Typ gesprochen werden kann. Vorderrumpf und Heck sind leicht länger, und der Flügel aus Kunststoff wurde völlig neu entwickelt. In amerikanisch-japanischer Zusammenarbeit wurde auch ein neuartiges Mehrzweck-Bordradar mit Aktiv-Steuerung und einer Reichweite bis zu 190 km entwickelt, welches gleichzeitig zehn Ziele verfolgen kann. Die übrige Elektronik stammt vollständig aus japanischer Entwicklung, wie das Weitwinkel-Head-up-Display, die fünf Flüssigkristallanzeigen im Cockpit sowie ein umfangreiches integriertes System für die elektronische Kampfführung. Diverse Teile des Rumpfes sind mit radarabsorbierendem Material ausgestattet.
Hersteller: Mitsubishi Heavy Industries Ltd., Werk Nagoya, Tokio, Japan.

Abmessungen: Spannweite 11,13 m, Länge 15,52 m, Höhe 4,96 m, Flügelfläche 34,84 m^2.

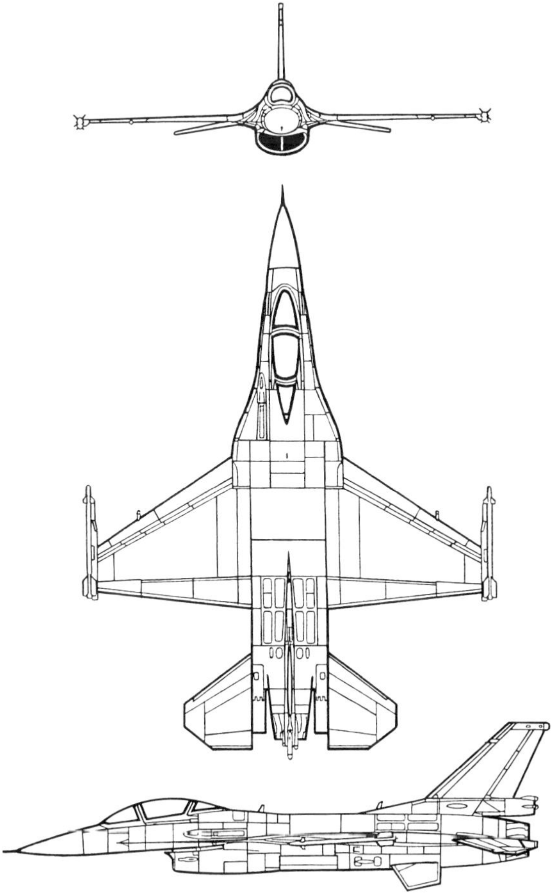

MITSUBISHI MH2000

Ursprungsland: Japan.
Kategorie: Mittelschwerer Mehrzweckhubschrauber.
Triebwerke: Zwei Gasturbinen Mitsubishi MG5-100 von 800 WPS (600 kW) Leistung.
Leistungen (nach Angaben des Herstellers): Max. Reisegeschwindigkeit 280 km/h; ökonomische Reisegeschwindigkeit 250 km/h; Reichweite bis zu 780 km.
Gewichte: Abfluggewicht 4500 kg.
Zuladung: Zwei Piloten und je nach Inneneinrichtung sieben, bei hochdichter Bestuhlung bis zu zwölf Passagiere.
Entwicklungsstand: Der erste von zwei Prototypen fliegt seit Anfang 1996. Ende Juni 1997 wurde bereits die japanische Zulassung erteilt. Die derzeitige Auftragslage ist nicht bekannt.
Bemerkungen: Die Entwicklung dieses Musters kam für die Öffentlichkeit ziemlich überraschend. Seit dem Erstflug sind bisher nur sehr wenige Informationen publiziert worden. Die MH2000 ist der erste vollständig in Japan entwickelte Hubschrauber. Sie wird vorerst nur in Japan verkauft. Hauptabnehmer sollen dabei Behörden und öffentliche Körperschaften sein. Bei der Konstruktion hat sich Mitsubishi bemüht, eine besonders kostengünstige Bauweise zu realisieren. Deshalb ist der geplante Verkaufspreis von US$ 3,5 Mio. rund 20 % billiger als jener der nächsten Konkurrenten. Das Triebwerk wurde aus dem militärischen Muster XTS-10 abgeleitet, welches die Kawasaki OH-1 antreibt (siehe Seiten 196/197). Nebst der Passagierversion ist auch eine Ausführung der MH2000 als Such- und Rettungshubschrauber geplant.
Hersteller: Mitsubishi Heavy Industries Ltd., Tokyo, Japan.

Abmessungen: Keine Angaben erhältlich.

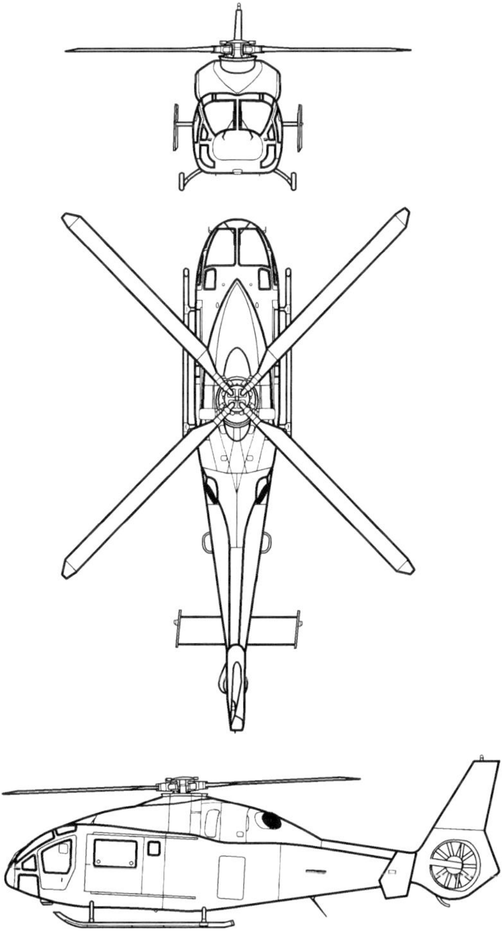

NAMC K-8 KARAKORUM

Ursprungsland: Volksrepublik China und Pakistan.
Kategorie: Zweisitziger Basistrainer und leichter Erdkämpfer.
Triebwerke: Ein Mantelstromtriebwerk AlliedSignal (K8) TFE731-2A-2A von 1632 kp (16,0 kN) bzw. (K-8J) Progress DV-2 von rund 2200 kp (220 kN) Standschub.
Leistungen (K8): Höchstgeschwindigkeit 800 km/h auf Meereshöhe; Anfangssteiggeschwindigkeit 27 m/Sek; Dienstgipfelhöhe 13000 m; max. Flugdauer 3,0 Std; Reichweite mit zwei abwerfbaren 250-l-Zusatztanks 2250 km, mit internem Treibstoff 1487 km.
Gewichte: Rüstgewicht 2687 kg; normal beladen ohne Aussenlasten 3630 kg; max. Startgewicht 4330 kg.
Bewaffnung (als Erdkämpfer): Ein 23-mm-Kanonenbehälter unter dem Rumpf und vier Flügelstationen für Bomben, Raketenbehälter oder Lenkwaffen. Max. Waffenladung 943 kg.
Entwicklungsstand: Der erste von sechs Prototypen (davon zwei nur für statische Tests) begann die Flugerprobung am 21. November 1990. Seit Anfang 1992 fliegen alle Prototypen. Bisher hat Pakistan sechs, die VR China 15 Vorserienmaschinen erhalten. Pakistan will bis zu 100 K-8, China vorerst 200 bis 250 K-8J beschaffen.
Bemerkungen: Die K-8 wurde fast völlig unabhängig von NAMC entwickelt, aufbauend auf Erfahrungen bezüglich Wartung und Einsatzbedürfnisse des Pakistan Aeronautical Complex. Die K-8 ist besonders auf hohe Zuverlässigkeit und einfache Wartung ausgelegt. Ursprünglich hätten alle für Pakistan bestimmte K-8 im Werk Kamra endmontiert werden sollen. Aus finanziellen Gründen bleibt die Produktion vollständig in China. Die pakistanischen K-8 weisen gegenüber der chinesischen Variante einige Modifikationen auf: EFIS-Cockpit, andere Elektronikkomponenten und neue Antischleuderbremsen. Die Avionik stammt von Collins, die Schleudersitze sind vom Typ Martin Baker Mk.10L. Die K-8J für die chinesische Luftwaffe erhalten das ukrainische Triebwerk Ivchenko Progress ZMKB AI-25TL/DV-2. Dazu muss der hintere Teil des Rumpfes verbreitert und etwas verlängert werden.
Hersteller: NAMC (Nachang Aircraft Manufactoring Company), Nachang, VR China.

Abmessungen: Spannweite 9,63 m, Länge inkl. Sonde 11,60 m, Höhe 4,21 m, Flügelfläche 17,02 m^2.

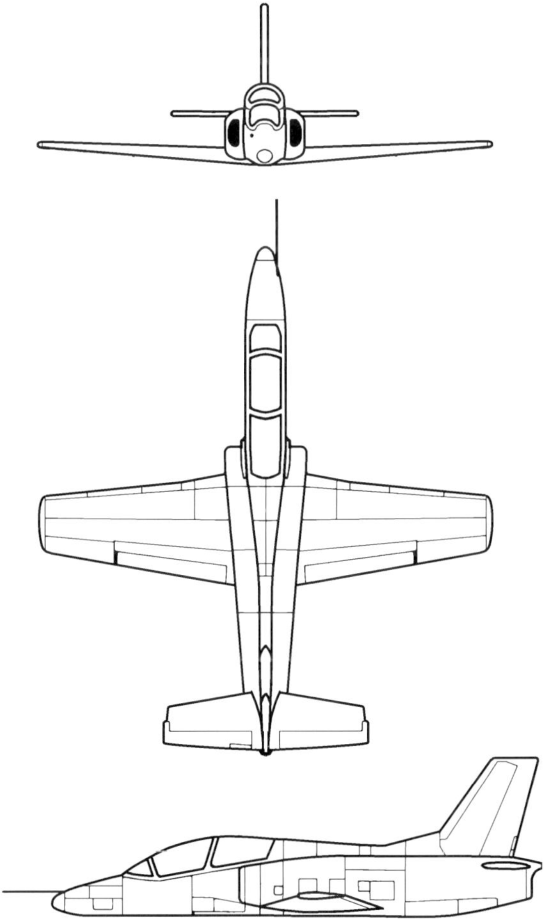

NH INDUSTRIES NH90

Ursprungsland: Bundesrepublik Deutschland, Frankreich, Italien und Niederlande.
Kategorie: Mittelschwerer militärischer Mehrzweck- (TTH) und bordgestützter U-Bootjagdhubschrauber (NFH).
Triebwerke: Zwei Gasturbinen Rolls-Royce-Turboméca RTM322-01/9 bzw. General Electric T700-T6E von je 1680 WPS (1253 kW) Leistung.
Leistungen (geschätzt): Höchstgeschwindigkeit fast 300 km/h; Marschgeschwindigkeit 260 – 290 km/h; Dienstgipfelhöhe 6000 m; Schwebehöhe mit Bodeneffekt 3600 m, ohne Bodeneffekt 3000 m; Einsatzradius mit 2000 kg Nutzlast > 250 km; Überführungsreichweite > 1200 km; Einsatzdauer 4 Std.
Gewichte: Leer zwischen 5400 und 6400 kg; normales Startgewicht 8700 bis 9300 kg, max. 10000 kg.
Zuladung (TTH): Ein bis zwei Piloten und bis zu 20 Soldaten bzw. 12 Verwundete in der Kabine mit den Dimensionen: 4,00 m lang, 2,00 m breit und 1,58 m hoch; max. Nutzlast > 2000 kg; (NFH): Zwei Piloten und zwei bis vier Systemoperateure.
Bewaffnung (NFH): Je zwei Torpedos oder Anti-Schiffslenkwaffen an Trägern seitlich am Rumpf.
Entwicklungsstand: Der erste von fünf Erprobungsmustern (vier TTH, ein NFH) fliegt seit dem 18. Dezember 1995, gefolgt vom zweiten (Version NFH) im März 1997. Die Partnerländer sollen von beiden Versionen nach neuesten Angaben insgesamt nur noch 647 Einheiten abnehmen, BRD 243, Frankreich 160, Italien 224, Niederlande 20 NFH. Erste Auslieferungen sind auf das Jahr 2003 hinausgeschoben worden.
Bemerkungen: Zwei in ihrer Grundkonzeption weitgehend gleiche Ausführungen werden angeboten: Die für taktische Aufgaben konzipierte TTH mit einer Heckladerampe sowie die Marineausführung NFH. Letztere verzichtet auf die Rampe, besitzt dafür faltbare Rotoren, beiklappbares Rumpfheck und zwei Schwimmer. Die Bordavionik umfasst u.a. taktisches Radar, Sonar sowie zahlreiche weitere Sensorsysteme. Im Hinterrumpf befindet sich ein Ausstoss-System für Düppel, Infrarotfackeln und Sonarbojen. Der nach modernsten Gesichtspunkten konstruierte Hubschrauber verfügt über eine weitgehend aus Verbundstoff bestehende Zelle und eine Fly-by-Wire-Steuerung.
Hersteller: NH Industries (Agusta, Eurocopter, Fokker), Aix-en-Provence, Frankreich.

Abmessungen: Rotordurchmesser 16,30 m, Rumpflänge 15,88 m, Höhe über Heckrotor 5,44 m.

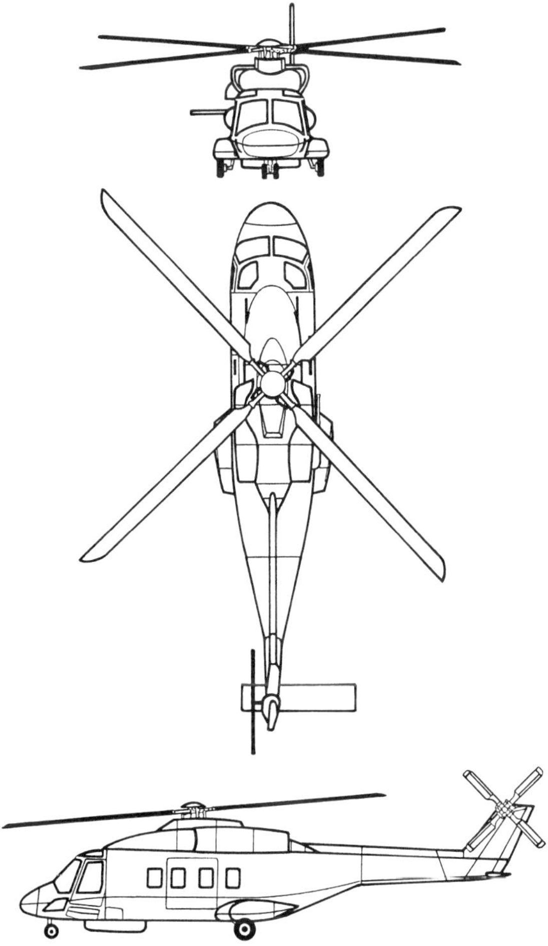

PILATUS PC-7 Mk.II Astra/PC-9

Ursprungsland: Schweiz.
Kategorie: Zweisitziger Basis- und Fortgeschrittenentrainer sowie Zielschlepper.
Triebwerke: Eine Propellerturbine Pratt & Whitney Canada (PC-7 Mk. II) PT6A-25C von 700 WPS (522 kW) bzw. (PC-9) PT6A-62 von 1150 WPS (857 kW) Leistung.
Leistungen (PC-7 Mk.II/PC-9): Höchstgeschwindigkeit 556/593 km/h auf 6100 m; Reisegeschwindigkeit 463 km auf 3050 m/500 km/h auf Meereshöhe oder 556 km/h auf 6100 m; max. Anfangssteiggeschwindigkeit 13,75/20,83 m/Sek; max. Reichweite 1300 km, mit 20 Min. plus fünf Prozent Treibstoffreserven 1642 km auf 7620 m.
Gewichte (PC-7 Mk.II/PC-9): Leer 1670/1685 kg; Startgewicht (Akrobatik) 2250/2250 kg bzw. max. 2700/3200 kg.
Entwicklungsstand: Die ersten beiden Prototypen der PC-9 fliegen seit dem 7. Mai und dem 20. Juli 1984. Beginn der Ablieferung der ersten Serienflugzeuge Ende 1985. Bis 1996 waren über 200 Einheiten von elf Luftwaffen bestellt; neueste Auftraggeber Brunei (4 PC-7 Mk. II), Kroatien (20 PC-9). Von der Zielschlepperversion haben die BRD 10 und die Schweiz 12 Exemplare gekauft. Die PC-7 Mk.II fliegt seit 1993 und wurde in 60 Exemplaren von der südafrikanischen Luftwaffe bestellt.
Bemerkungen: Wenn auch äusserlich die PC-7 Mk.II und die PC-9 grosse Ähnlichkeiten aufweisen, so sind sie in der Konstruktion und in der Leistungsausbeute recht unterschiedlich. Als eigentliche Zwischenstufe zwischen PC-7 und PC-9 verfügt die Mk.II gegenüber der erstgenannten über ein erhöhtes hinteres Cockpit, vergrösserte Leitwerksflächen, PC-9-Flügelspitzen, Sturzflugbremse, Schleudersitze und robusteres Fahrwerk. Bei den derzeit hergestellten PC-7 Mk.II und PC-9 werden Basiszelle und Seitenleitwerk weitgehend aneinander angepasst und als Version «M» bezeichnet. Die neue PC-9 Mk. II ist unter Raytheon/Beech auf den Seiten 256/257 dargestellt.
Hersteller: Pilatus Flugzeugwerke AG, Stans, Schweiz.

Abmessungen (PC-7 Mk.II/PC-9): Spannweite 10,12/10,21 m, Länge 10,13/10,17 m, Höhe 3,26 m, Flügelfläche 16,29 m^2.

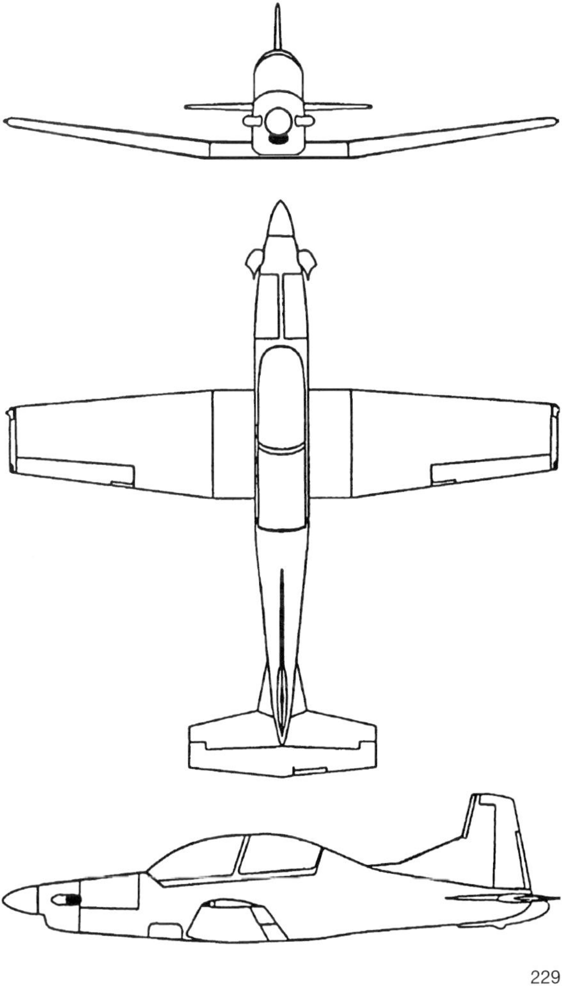

PILATUS PC-12

Ursprungsland: Schweiz.
Kategorie: Leichtes Mehrzweck- und Firmenflugzeug.
Triebwerke: Eine Propellerturbine Pratt & Whitney Canada PT6A-67B mit einer auf 1200 WPS (895 kW) reduzierten Leistung.
Leistungen: Max. Reisegeschwindigkeit 498 km/h auf 7620 m; Anfangssteiggeschwindigkeit 10,40 m/Sek; Dienstgipfelhöhe 9150 m; Reichweite mit 45 Min. Reserven 3320 km.
Gewichte: Leergewicht Frachter 2183 kg, mit Passagiereinrichtung 2386 kg; max. Startgewicht 4020 kg.
Zuladung: Pilot und Copilot/Passagier im Cockpit und bis zu neun Passagiere in Einzelsitzen; als Firmenflugzeug sechs Passagiere. Max. Zuladung als Frachter 1400 kg.
Entwicklungsstand: Der erste von zwei Prototypen startete am 31. Mai 1991 zum Erstflug. Im Mai 1994 begannen die Kundenauslieferungen. Bisher sind rund 100 Maschinen ausgeliefert worden. Die monatliche Produktion wird 1998 auf fünf Einheiten erhöht.
Bemerkungen: Das Mehrzweckflugzeug ist für den Einsatz in der Geschäftsfliegerei (PC-12P) bis hin zum Transporter für Fracht (PC-12F) geeignet. Eine kombinierte Variante für vier Passagiere und 5,95 m^3 Fracht wird ebenfalls angeboten. Passagiertür vorn und grosse Frachttüre hinten erleichtern den Ladevorgang. Die PC-12 ist mit einer umfangreichen Avionik von AlliedSignal Bendix/King ausgerüstet. Seit kurzem ist eine als PC-12/45 bezeichnete Ausführung mit max. Startgewicht von 4500 kg, erhöhter Nutzlast von 1500 kg sowie verstärktem Fahrwerk mit grösseren Rädern erhältlich. Die Reichweite mit neun Passagieren steigt auf 3515 km. Neu bietet Pilatus die Überwachungsvariante „Eagle" mit Elint-, Comint- und Bodenüberwachungsausrüstung von Westinghouse an. Die Sensoren sind in einem unter dem Rumpf angebrachten Behälter eingebaut (siehe Silhouette).
Hersteller: Pilatus Flugzeugwerke AG, Stans, Schweiz.

Abmessungen: Spannweite 16,08 m, Länge 14,38 m, Höhe 4,26 m, Flügelfläche 22,6 m^2.

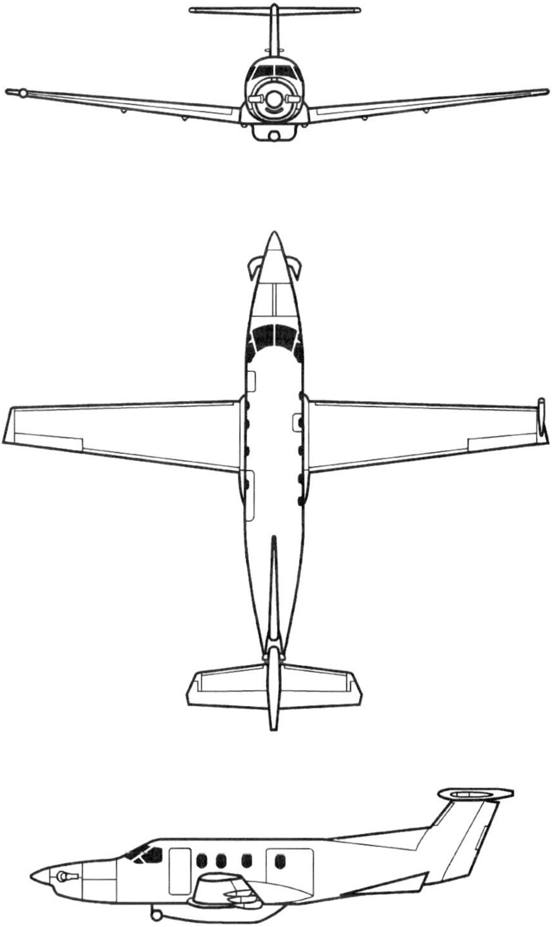

PIPER PA-34-220T SENECA V

Ursprungsland: USA.
Kategorie: Leichtes Reiseflugzeug.
Triebwerke: Zwei luftgekühlte Sechszylinder-Boxermotoren Teledyne Continental L/TSIO-360RB mit Turbolader von je 220 PS (162 kW) Leistung.
Leistungen: Max. Reisegeschwindigkeit 365 km/h auf 5640 m; Dauerreisegeschwindigkeit 270 km/h; Dienstgipfelhöhe 7620 m; Reichweite 1300 km.
Gewichte: Leergewicht 1295 kg; max. Startgewicht 2155 kg.
Zuladung: Je nach Innenausstattung fünf bis sechs Personen einschliesslich des Piloten; max. Nutzlast 632 kg.
Entwicklungsstand: Die Entwicklung dieses Modells wurde von Piper bis zum 16. Januar 1997 geheimgehalten, bis die amerikanische Luftfahrtbehörde der Seneca V die Zulassung erteilt hatte. 1997 sind rund 35 Einheiten gebaut worden. Die Lufthansa-Trainingsschule hat sieben Exemplare (+ vier Optionen) bestellt.
Bemerkungen: Die Seneca V ist die erste aus der Konkursmasse der früheren Piper Aircraft entstandene Neuentwicklung. Gegenüber den früheren Versionen der Seneca ist die Ausführung «V», obwohl äusserlich wenig verändert, in vielen Bereichen eine neue Konstruktion. Dadurch und dank der stärkeren Triebwerke konnte das gesamte Leistungsspektrum deutlich verbessert werden. Die Avionik von AlliedSignal/Bendix King umfasst u.a. einen Autopiloten und ein GPS. Auf Wunsch ist auch ein Enteisungssystem erhältlich. Die Seneca V ist das einzige Flugzeug seiner Klasse, das bei der fünfsitzigen Ausführung mit einer umfassenden digitalen Kommunikations- und Unterhaltungskonsole ausgestattet werden kann. Der Preis der Basisausführung wird mit US$ 472 900.– angegeben.
Hersteller: New Piper Aircraft, Vero Beach, Florida, USA.

Abmessungen: Spannweite 11,90 m, Länge 8,70 m, Höhe 3,00 m.

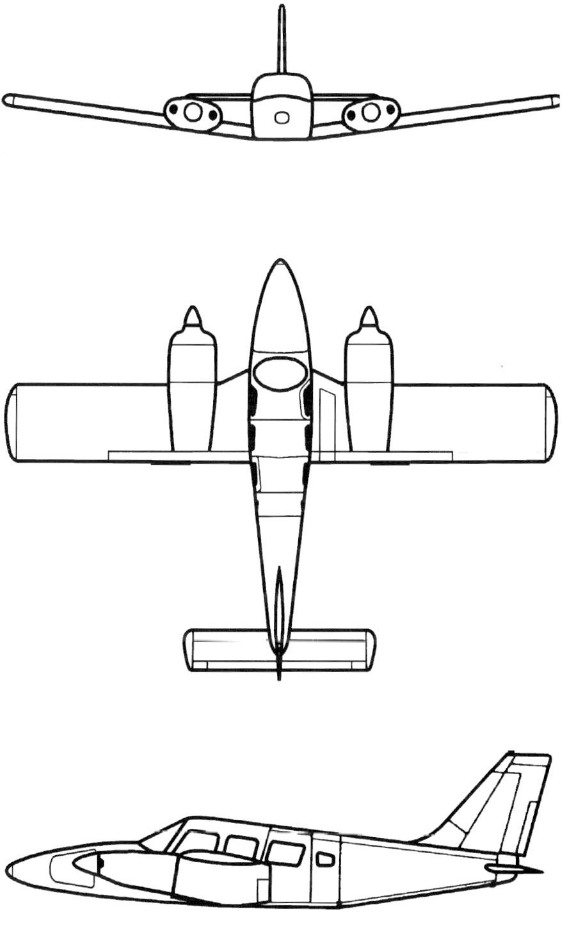

PIPER PA-46-350P MALIBU MIRAGE

Ursprungsland: USA.
Kategorie: Leichtes Geschäftsreiseflugzeug.
Triebwerke: Ein luftgekühlter Sechszylinder-Boxermotor Textron Lycoming TIO-540-AE2A von 350 PS (261 kW) Leistung.
Leistungen: Höchstgeschwindigkeit 430 km/h; Reisegeschwindigkeit maximal 417 km/h, normal 395 km/h; Anfangssteiggeschwindigkeit 6,2 m/Sek; Dienstgipfelhöhe 7620 m; Reichweite mit max. Treibstoffzuladung 2685 km.
Gewichte: Leergewicht 1266 kg; max. Startgewicht 1950 kg.
Zuladung: Pilot und fünf Passagiere in Zweierreihen hintereinander, max. Nutzlast 693 kg.
Entwicklungsstand: Erstflug des Ausgangsmuster Malibu Ende 1980. Die Malibu Mirage wurde 1989 eingeführt. Seither sind rund 600 Einheiten hergestellt worden, davon 1996 deren 56.
Bemerkungen: Die Malibu Mirage ist insofern einmalig, als sie das erste sechssitzige Reiseflugzeug mit nur einem Kolbenmotor ist, welches über eine Druckkabine verfügt. Unter dem Namen Malibu Meridian präsentierte Piper im September 1997 die Attrappe einer Weiterentwicklung der Mailbu Mirage mit Propellerturbine. Eingebaut wird ein Triebwerk Pratt & Whitney PT6A-42A, welches eine Maximalgeschwindigkeit von 480 km/h und eine Dienstgipfelhöhe von 9000 m zulässt. Bisher sollen mehr als 80 Einheiten bestellt worden sein. Die Einsatzbereitschaft wird für das Jahr 2000 erwartet.
Hersteller: New Piper Aircraft, Vero Beach, Florida, USA.

Abmessungen: Spannweite 13,10 m, Länge 8,80 m, Höhe 3,50 m, Flügelfläche 16,26 m^2.

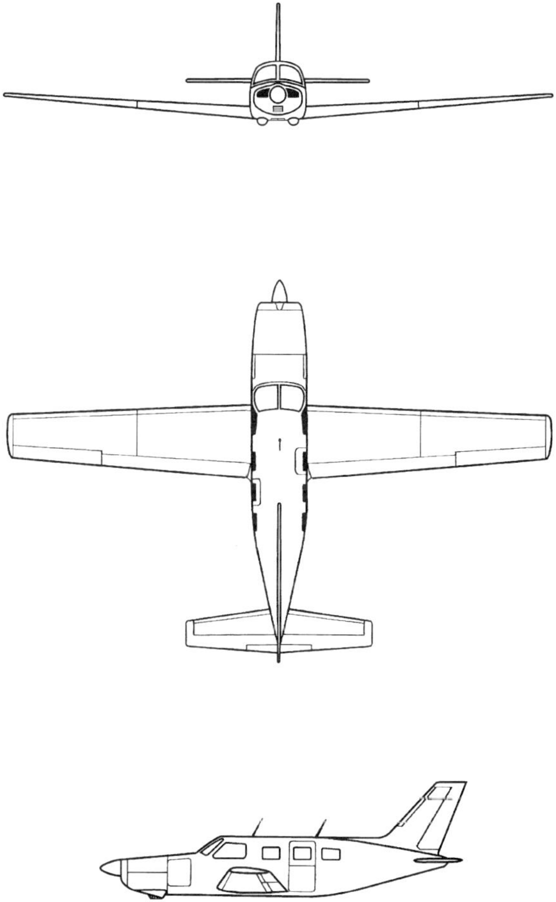

PIPER PA-32R-301 SARATOGA IIHP

Ursprungsland: USA.
Kategorie: Leichtes Reiseflugzeug.
Triebwerke: Ein luftgekühlter Sechszylinder-Boxermotor Textron Lycoming IO-540-KIG5 von 300 PS (221 kW) Leistung.
Leistungen: Max. Reisegeschwindigkeit 307 km/h; Dauerreisegeschwindigkeit 280 km/h; Dienstgipfelhöhe 4770 m; Reichweite 1370 km.
Gewichte: Leergewicht 1088 kg; max. Startgewicht 1633 kg.
Zuladung: Sechs Passagiere einschliesslich des Piloten; max. Nutzlast 550 kg.
Entwicklungsstand: Die Ausführung Saratoga IIHP wird seit 1993 ausgeliefert, die neueste Saratoga IITC seit August 1997. Einschliesslich der früheren Versionen stellte Piper insgesamt rund 900 Einheiten her.
Bemerkungen: Die Ausführungen IIHP (= High Performance) und IITC haben gegenüber den früheren Versionen eine in weiten Teilen aerodynamisch überarbeitete Silhouette, welche jener der Seneca (siehe Seiten 232/233) sehr ähnlich ist. Zudem sind sie in den Innendimensionen einiges grösser und bereits in der Standardausführung luxuriös eingerichtet. Vor dem Cockpit ist ein zusätzlicher grosser Stauraum vorhanden. Die Avionik von AlliedSignal/Bendix King verfügt über einen Autopiloten und ein GPS. Der Verkaufspreis der Basisausführung IIHP beträgt US$ 359 800.–. Die IITC wurde mit einem stärkeren Triebwerk Textron Lycoming TIO-540-AH1A mit Turbolader ausgestattet. Entsprechend grösser ist ihr Leistungsspektrum.
Hersteller: New Piper Aircraft, Vero Beach, Florida, USA.

Abmessungen: Spannweite 10,97 m, Länge 8,53 m, Höhe 2,43 m.

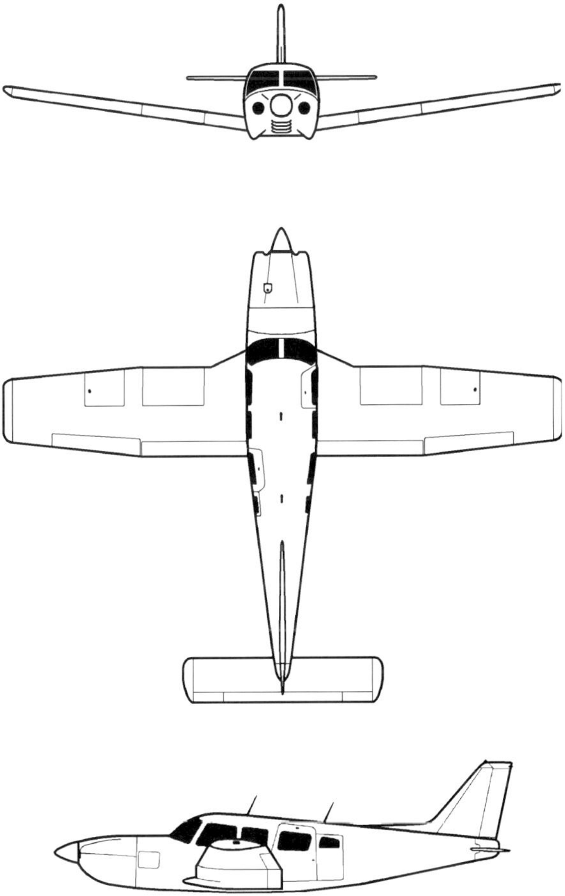

PZL-OKECIE PZL-104M WILGA 2000

Ursprungsland: Polen.
Kategorie: STOL-Arbeits- und Mehrzweckflugzeug.
Triebwerke: Ein luftgekühlter Sechszylinder-Boxermotor Textron Lycoming IO-540 von 300 PS (223 kW) Leistung.
Leistungen: Reisegeschwindigkeit bei 75 % Leistung 190 km/h; max. Reichweite 1500 km.
Gewichte: Leergewicht 900 kg; max. Startgewicht 1400 kg.
Zuladung: Vier Personen einschliesslich des Piloten.
Entwicklungsstand: Der Prototyp dieser neuen Ausführung PZL-104M Wilga 2000 fliegt seit Anfang 1997. Die polnische Grenzwacht hat vier Exemplare bestellt. Von allen Wilga-Versionen sind in den vergangenen 20 Jahren rund 1000 hergestellt und in 32 Länder geliefert worden.
Bemerkungen: Die Wilga 2000 vereinigt die seit vielen Jahren bewährten Eigenschaften des Ursprungsmodells Wilga mit den besseren Leistungen des amerikanischen Triebwerks. Zudem ist die gesamte Avionik von Bendix King. Flügel und Nase sind neu konstruiert. Mit der Wilga 2000 können die verschiedensten Aufgaben bewältigt werden: Patrouillen- und Umweltschutzflüge, Schlepper für Segelflugzeuge, Arbeitsflüge, Ambulanz- und Landwirtschaftseinsätze, beispielsweise als Sprühflugzeug. Die Maschine kann dafür mit einer Vielzahl von Spezialgeräten ausgerüstet werden. In der ganzen Auslegung sind die Wilga wie auch die Wilga 2000 sehr einfach und robust für Einsätze in Regionen mit primitiver Infrastruktur in allen Klimazonen konzipiert. Für militärische Einsätze wird eine bewaffnete Wilga angeboten, welche an zwei Stationen unter den Flügeln beispielsweise Maschinengewehrbehälter oder ungelenkte Raketen mitführen kann.
Hersteller: PZL Warszawa-Okecie, Warschau-Okecie, Polen.

Abmessungen: Spannweite 11,12 m, Länge 8,10 m, Flügelfläche 15,00 m².

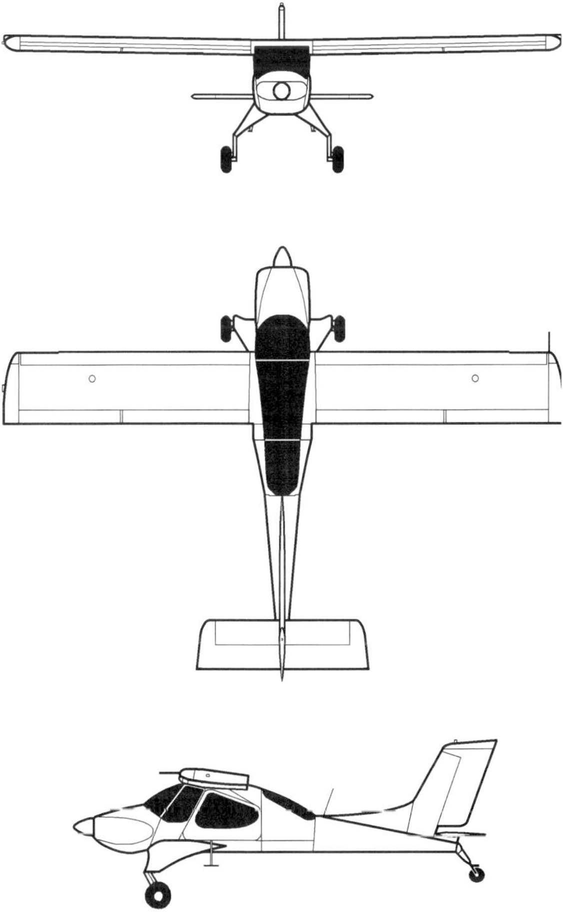

PZL MIELEC M-28 SKYTRUCK PLUS

Ursprungsland: Polen.
Kategorie: Ziviler und militärischer STOL-Mehrzwecktransporter.
Triebwerke: Zwei Propellerturbinen Pratt & Whitney Canada PT6A-65B von je 1200 WPS (880 kW) Leistung.
Leistungen (geschätzt): Höchstgeschwindigkeit 390 km/h; max. Reisegeschwindigkeit 342 km/h; Reichweite mit max. Nutzlast 700 km, maximale Reichweite 870 km +.
Gewichte (geschätzt): Leergewicht 4980 kg; max. Startgewicht 6500 kg.
Zuladung: Zwei Piloten und bis zu 30 Passagiere bzw. als Frachter drei Standard LD-3-Container.
Entwicklungsstand: Ein Prototyp für statische Zwecke wurde im September 1997 fertiggestellt (siehe Foto). Zwei fliegende Erprobungsmuster sollen Mitte 1998 zum Erstflug starten. PZL rechnet, die ersten Exemplare bereits 1999 an Kunden abliefern zu können. Der derzeitige Auftragsbestand ist nicht bekannt. Vom Vorgänger An-28 hat die polnische Marine kürzlich acht der Seeüberwachungsversion RM bestellt.
Bemerkungen: Im Oktober 1997 präsentierte PZL zwei überarbeitete Versionen M-28-03 und -04 der Ursprungsausführung An-28, welche beide um 1,84 m länger sind. Die M-28-03 für vorwiegend militärische Einsätze verfügt über eine Heckladerampe, und die Kabinendecke wurde um 25 cm angehoben, um durchgehend eine Stehhöhe zu erreichen. PZL hat die -04 hingegen hauptsächlich als zivilen Frachter ausgelegt, welcher mittels einer seitlichen Frachttüre ein- und ausgeladen werden kann. Bei beiden ist westliche Avionik vorgesehen, u.a. umfassend EFIS-Anzeigen, GPS und Wetterradar. Hingegen bleibt die robuste und einfache Konstruktion mit Festfahrwerk der An-28 weitgehend unverändert. Die Marine- und ELINT-Version An-28RM ist u.a. mit einem PIT ASR-400-Überwachungsradar ausgerüstet.
Hersteller: PZL-Mielec Aircraft, Mielec, Polen.

Abmessungen: Spannweite 22,06 m, Länge 14,94 m, Höhe 4,90 m, Flügelfläche 39,72 m².

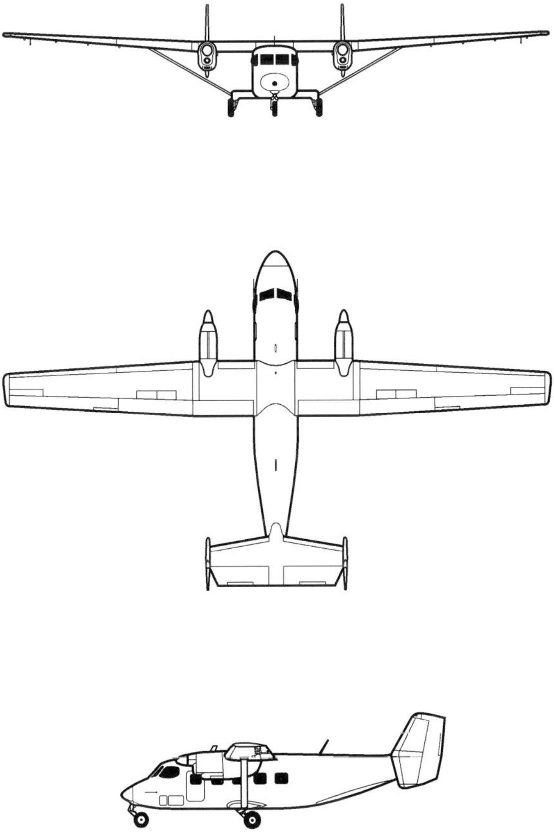

PZL SWIDNIK W-3 SOKOL

Ursprungsland: Polen.
Kategorie: Mittelschwerer Transport- und Mehrzweckhubschrauber.
Triebwerke: Zwei Gasturbinen WSK-PZL Rzeszow TWD-10W von je 888 WPS (662 kW) Leistung.
Leistungen: Höchstgeschwindigkeit 270 km/h; max. Reisegeschwindigkeit 235 km/h; ökonom. Reisegeschwindigkeit 220 km/h; max. Schrägsteiggeschwindigkeit 8,5 m/Sek; Schwebehöhe mit Bodeneffekt 3000 m, ohne Bodeneffekt 2100 m; Reichweite mit Standard-Treibstoffzuladung und 5 % Reserven 680 km, mit Zusatztanks 1160 km.
Gewichte: Leer 3630 kg; max. Startgewicht 6400 kg.
Zuladung: Zwei Piloten und bis zu 12 Passagiere, vier liegende Patienten plus Pfleger oder 2100 kg Fracht intern oder extern.
Bewaffnung (W-3W Huzar): Eine doppelläufige GSh-23-mm-Kanone seitlich am Rumpf sowie an vier Pylonen beispielsweise Luft-Luft-Lenkwaffen, Behälter für 16 57-mm-Raketen oder Panzerabwehrlenkwaffen.
Entwicklungsstand: Der Erstflug erfolgte bereits am 16. November 1979. Die Zulassung liess mehr als 10 Jahre auf sich warten und wurde am 10. April 1990 erteilt. PZL hat bisher über 100 W-3 hergestellt. Russland und die Luftwaffe von Burma (Myanmar) betreiben 20 bzw. 12. Korea erhält 35, Tschechien deren elf, vier davon in SAR-Konfiguration Der Rest ist in mehreren Ausführungen bei diversen polnischen zivilen und militärischen Stellen im Einsatz, z.B. als Standardtransporter W-3 und W-3RM bzw. W-3SP «Anakonda»-SAR-Hubschrauber. Zehn als W-3W bezeichnete «Huzar» sind von der polnischen Armee bei einem Bedarf von 100 Einheiten für Kampfzoneneinsätze beschafft worden.
Bemerkungen: Die W-3W der polnischen Armee ist eine vereinfachte Version der -K. Zurzeit wird mit Brasilien und Korea über den möglichen Lizenzbau verhandelt. Eine neue Version soll mit PT6C-65-Triebwerken mit einer Leistung von mindestens 1200 WPS (895 kW) ausgerüstet werden.
Hersteller: PZL-Swidnik, Swidnik, Polen.

Abmessungen: Rotordurchmesser 15,7 m, Rumpflänge 14,22 m, Höhe inkl. Rotorkopf 4,20 m.

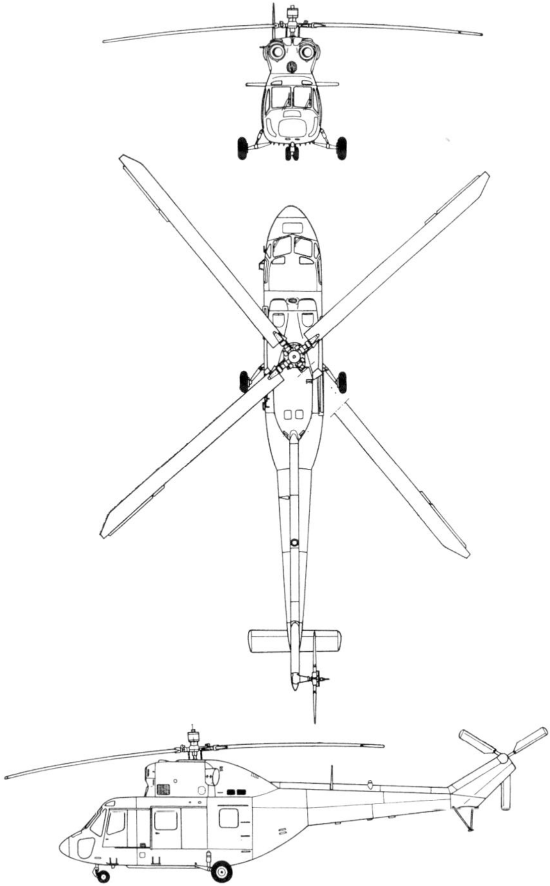

PZL SWIDNIK SW-4

Ursprungsland: Polen.
Kategorie: Leichter Mehrzweckhubschrauber.
Triebwerke: Eine Gasturbine Allison 250-C2OR von 475 WPS (354 kW) Leistung.
Leistungen (nach Angaben des Herstellers): Höchstgeschwindigkeit 288 km/h; normale Reisegeschwindigkeit 230 km/h; max. Schrägsteiggeschwindigkeit 11 m/Sek; Dienstgipfelhöhe 7000 m; Schwebehöhe mit Bodeneffekt 3500 m; Reichweite rund 900 km; max. Flugdauer 5,5 Std.
Gewichte: Leer 850 kg; normales Startgewicht 1700 kg.
Zuladung: Ein Pilot und vier Passagiere; Nutzlast intern 400 kg, extern 600 kg.
Entwicklungsstand: Ein Prototyp hat nach längerer technisch bedingter Verzögerung am 26. Oktober 1996 die Flugerprobung aufgenommen. Der Serienbau ist ab 1998 vorgesehen. Das polnische Innenministerium will mehrere SW-4 als Polizeihubschrauber bestellen.
Bemerkungen: Mit der SW-4 will PZL eine kostengünstige Alternative zu den bereits gut eingeführten Konkurrenzmodellen anbieten. Das Rotorsystem ist von klassischer Bauart mit einem konventionellen Dreiblattrotor aus Glasfiber/Epoxyharz. Der Rumpf der SW-4 besteht zu 20 % aus Verbundwerkstoffen (Glasfiber und Karbon). Der Hubschrauber ist mit einer AlliedSignal Bendix/King-Avionik ausgerüstet und kann dadurch unter IFR-Regeln geflogen werden. Nebst eigentlichen Transportaufgaben soll die SW-4 auch für EMS- und Patrouillenaufgaben sowie als militärischer Trainer einsetzbar sein. Als Option ist sie auch mit der Gasturbine Pratt & Whitney Canada PW206 von 615 WPS (459 kW) erhältlich. PZL wird voraussichtlich auch eine Ausführung mit zwei Triebwerken und überarbeitetem Rotorkopf entwickeln.
Hersteller: PZL-Swidnik, Swidnik, Polen.

Abmessungen: Rotordurchmesser 9,00 m, Länge inkl. Rotor 10,54 m, Höhe 2,95 m.

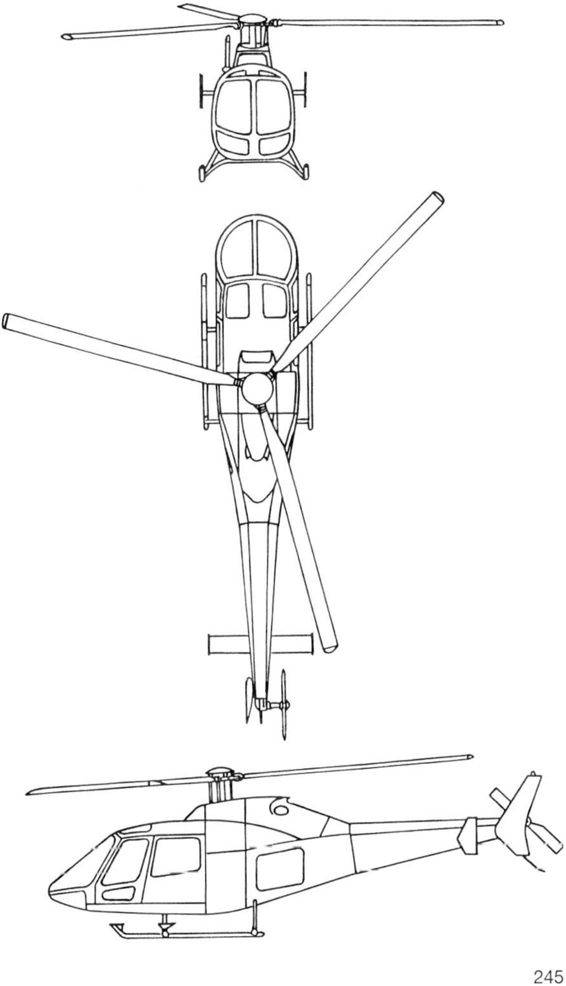

RAYTHEON/BEECHCRAFT KING AIR 350

Ursprungsland: USA.
Kategorie: Firmenflugzeug.
Triebwerke: Zwei Propellerturbinen Pratt & Whitney Canada PT6A-60A von je 1050 WPS (783 kW) Leistung.
Leistungen: Höchstgeschwindigkeit 583 km/h; max. Reisegeschwindigkeit auf 5486 m 570 km/h; Anfangssteiggeschwindigkeit 15,1 m/Sek; Dienstgipfelhöhe 10700 m; max. Reichweite mit 45 Min Reserven 3510 km.
Gewichte: Leergewicht 4096 kg; max. Startgewicht 6804 kg.
Zuladung: Ein bis zwei Mann Cockpitbesatzung und in der Kabine normalerweise neun Einzelsitze in vis-à-vis-Anordnung, max. jedoch bis zu 15 Passagiere.
Entwicklungsstand: Die King Air 350 fliegt seit September 1988 und wurde erstmals im März 1990 an Kunden ausgeliefert. Bisher sind rund 190 Einheiten hergestellt worden. Mit über 5000 in 30 Jahren ununterbrochen produzierten Exemplaren ist die King Air-Familie das am meisten verkaufte zweimotorige Propellerturbinenflugzeug seiner Klasse.
Bemerkungen: Diese Version schliesst die lange Reihe von Versionen nach oben ab. Sie ist die grösste und am besten ausgerüstete Ausführung. Alle seit 1993 hergestellten Modelle sind weiter verbessert worden, besonders was die Startleistungen angeht. Am anderen Ende der Reihe wird derzeit mit der C90SE (**S**pecial **E**dition) eine sogenannte «Sparausgabe» der Beech C90B (siehe Ausgabe 1997) angeboten. Sie ist vorwiegend für jene Kunden gedacht, die zwar die Leistungen der King Air verlangen, aber auf allen Luxus und auf ein EFIS-Flight-Deck verzichten können. Anstelle des Vierblatt-Propellers wird eine günstigere Dreiblatt-Variante eingebaut. Dank des Preises von nur US$ 1,7 Mio. konkurrenziert sie direkt Modelle mit nur einer Propellerturbine.
Hersteller: Raytheon Aircraft, Beech Aircraft Division, Wichita, Kansas, USA.

Abmessungen: Spannweite 17,65 m, Länge 14,22 m, Höhe 4,37 m, Flügelfläche 26,09 m².

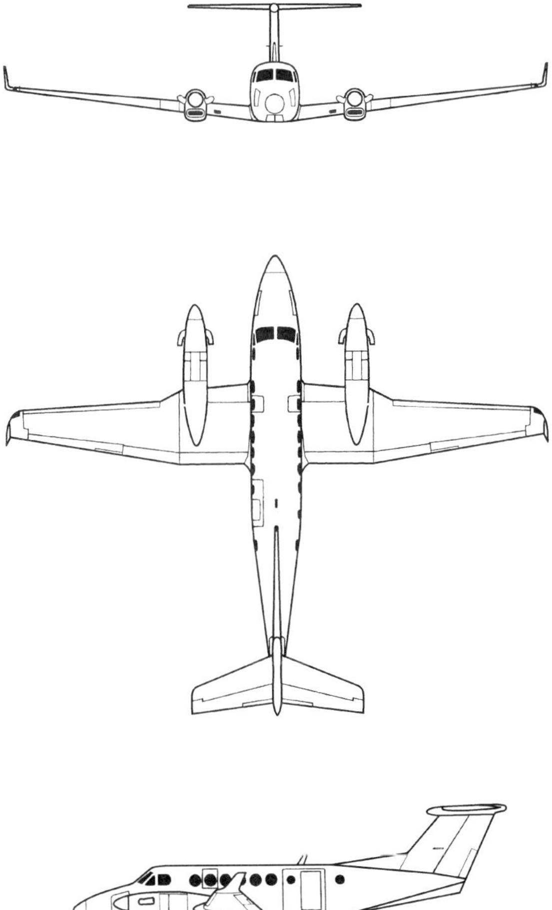

RAYTHEON/BEECHCRAFT 1900D

Ursprungsland: USA.
Kategorie: Regionalverkehrsflugzeug.
Triebwerke: Zwei Propellerturbinen Pratt & Whitney Canada PT6A-67D von je 1280 WPS (955 kW) Leistung.
Leistungen: Max. Reisegeschwindigkeit bei einem Fluggewicht von 6804 kg 502 km/h auf 3050 m, 532 km/h auf 7620 m; Anfangssteiggeschwindigkeit bei 7688 kg 13,3 m/Sek; Dienstgipfelhöhe 7620 m; Reichweite mit 19 Passagieren und IFR-Bedingungen 926 km auf 2440 m, 1056 km auf 4875 m oder 1278 km auf 7620 m.
Gewichte: Rüstgewicht 4699 kg; max. Startgewicht 7588 kg.
Zuladung: Ein bis zwei Mann Cockpitbesatzung und in der Kabine normalerweise 19 Passagiere in Einzelsitzen auf jeder Seite und einer Dreier-Sitzgruppe am Ende der Kabine. Gepäckraum im Rumpfheck.
Entwicklungsstand: Der Prototyp der Weiterentwicklung 1900D flog erstmals am 1. März 1990 und erhielt die Zulassung im März 1991. Kundenauslieferungen im November 1991 an Mesa Airlines, welche als Hauptbestellerin 118 Einheiten erhält. Bis Ende 1997 sind Aufträge für rund 550 Beech 1900D eingegangen, wovon etwa 530 geliefert wurden.
Bemerkungen: Die 1900D hat die früheren Versionen der 1900, welche in 257 Exemplaren hergestellt wurden, in der Produktion abgelöst. Das wesentlichste neue Merkmal ist die um volle 36 cm auf eine Innenhöhe von 180 cm erhöhte Kabine, die es nun erlaubt, sich darin aufrecht zu bewegen. Dazu ist auch der Boden durchgehend flach gestaltet worden. Das Kabinenvolumen erhöhte sich dadurch um 28,5 %. Der druckbelüftete Frachtraum im Heck verfügt über 4,95 m^3 Stauraum und ist durch eine verbreiterte Frachttüre zugänglich. Eine VIP-Ausführung für 12 Passagiere sowie eine Frachtversion mit einer Nutzlast von 2500 kg werden ebenfalls angeboten.
Hersteller: Raytheon Aircraft, Beech Aircraft Division, Wichita, Kansas, USA.

Abmessungen: Spannweite 17,65 m, Länge 17,63 m, Höhe 4,55 m, Flügelfläche 28,15 m^2.

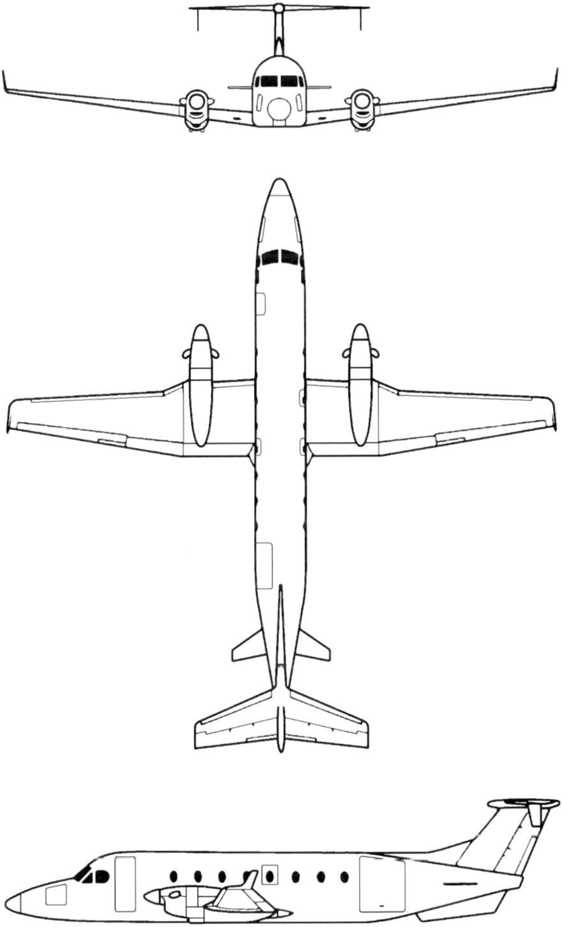

RAYTHEON/BEECHCRAFT BEECHJET 400A/ T-1A JAYHAWK

Ursprungsland: USA.
Kategorie: Leichtes Firmenflugzeug (400A) bzw. Trainer für Bomber- und Tankerpiloten (T-1A).
Triebwerke: Zwei Mantelstromtriebwerke Pratt & Whitney Canada JT15D-5B von je 1345 kp (13,19 kN) Standschub.
Leistungen: Höchstgeschwindigkeit 865 km/h auf 12495 m; ökonom. Reisegeschwindigkeit 834 km/h auf 12495 m; Langstrecken-Reisegeschwindigkeit 732 km/h; Anfangssteiggeschwindigkeit 20,12 m/Sek; Steigzeit auf 12500 m 22 Min; Dienstgipfelhöhe 13715 m; Reichweite mit vier Passagieren, max. Treibstoffzuladung und VFR-Reserven 3537 km.
Gewichte: Rüstgewicht 4817 kg; max. Startgewicht 7303 kg.
Zuladung (400A): Zwei Piloten und normal vier, max. neun Passagiere; max. Nutzlast 975 kg; (T-1A): Zwei Pilotenschüler und Instruktor/Beobachter.
Entwicklungsstand: Erstflug der 400A am 22. September 1989, der T-1A am 5. Juli 1991. Erste Auslieferungen der 400A im November 1990, der T-1A an die USAF am 17. Januar 1992 (siehe Ausgabe 1994). Sie hat 180 Einheiten erhalten. Von allen Beechjets sind bisher nebst der militärischen Trainingsausführung rund 170 Einheiten gebaut worden. Die japanische Luftwaffe beschafft ebenfalls eine als T-400 bezeichnete Transport- und Trainingsausführung. Drei davon sind bestellt, weitere sechs werden folgen.
Bemerkungen: Im Zuge der Produktverfeinerung wurde das Interieur der Beechjet 400A wesentlich überarbeitet. So hat man das nutzbare Innenvolumen vergrössert und sowohl den Lärmpegel als auch die Vibrationen reduzieren können. Nutzlast und Treibstoffkapazität wurden vergrössert und ein EFIS-Avionik-Kit Collins Pro Line 4 eingebaut. Die erste derart überarbeitete Maschine wurde im Mai 1996 ausgeliefert. Raytheon plant eine vergrösserte Version der zivilen Beechjet 400A zu bauen, ausgerüstet mit einem neuen Flügel.
Hersteller: Raytheon Aircraft, Beech Aircraft Division, Wichita, Kansas, USA.

Abmessungen: Spannweite 13,25 m, Länge 14,75 m, Höhe 4,24 m, Flügelfläche 22,43 m².

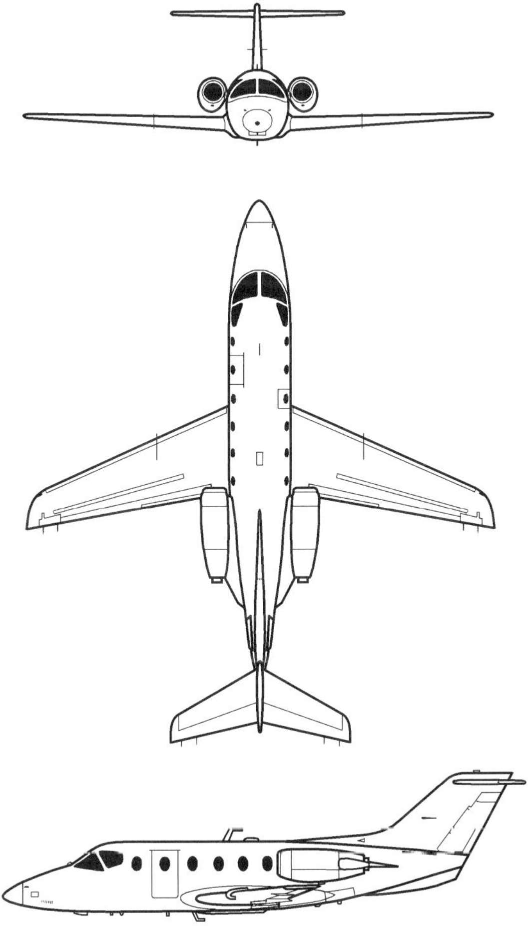

RAYTHEON 300 PREMIER I

Ursprungsland: USA.
Kategorie: Firmenflugzeug.
Triebwerke: Zwei Mantelstromtriebwerke Williams Rolls-Royce FJ44-2A von je 1050 kp (10,23 kN) Standschub.
Leistungen (nach Angaben des Herstellers): Reisegeschwindigkeit 850 km/h; Dienstgipfelhöhe 12500 m; Reichweite mit IFR-Reserven 2775 km.
Gewichte: Max. Startgewicht 5140 kg.
Zuladung: Ein bis zwei Piloten und bis zu sechs Passagiere in der Standard-Clubausführung mit Toilette; Nutzlast bei max. Treibstoffzuladung 365 kg.
Entwicklungsstand: Die für das vierte Quartal 1997 vorgesehene Aufnahme der Flugerprobung musste aufgrund technischer Schwierigkeiten um rund ein Jahr hinausgeschoben werden. Bereits sollen Bestellungen für drei Jahresproduktionen eingegangen sein. Nach einer Anfangsphase plant Raytheon eine Jahresproduktion von 40 Einheiten.
Bemerkungen: Die Premier I soll das Grundmuster einer ganzen Familie von Firmenjets werden. Der gesamte Rumpf besteht aus Verbundwerkstoffen (Kombination von Nomex-Wabenstruktur und Karbonfiber), der Flügel mit starker Pfeilung hingegen weiterhin aus Aluminium. Aufgrund neuer Berechnungen muss dieser umgezeichnet werden, um die garantierten Flugleistungen zu erreichen. Die Konstruktion des ganzen Flugzeugs ist bewusst sehr einfach gehalten, so dass eine sehr weitgehende Automatisierung in der Herstellung erreicht wird. Dadurch und dank weiterer neuer Produktionstechnologien kann die Premier I zum günstigen Preis ab rund 3,9 Mio. angeboten werden. Im Verhältnis zu den Konkurrenzmustern ist das Innenvolumen der Kabine deutlich grösser (Länge 4,10 m, Breite 1,70 m, Höhe 1,60 m). Bereits wird an einer Weiterentwicklung unter dem Namen Premier II gearbeitet.
Hersteller: Raytheon Aircraft, Wichita, Kansas, USA.

Abmessungen: Spannweite 13,56 m, Länge 13,81 m, Höhe 4,66 m.

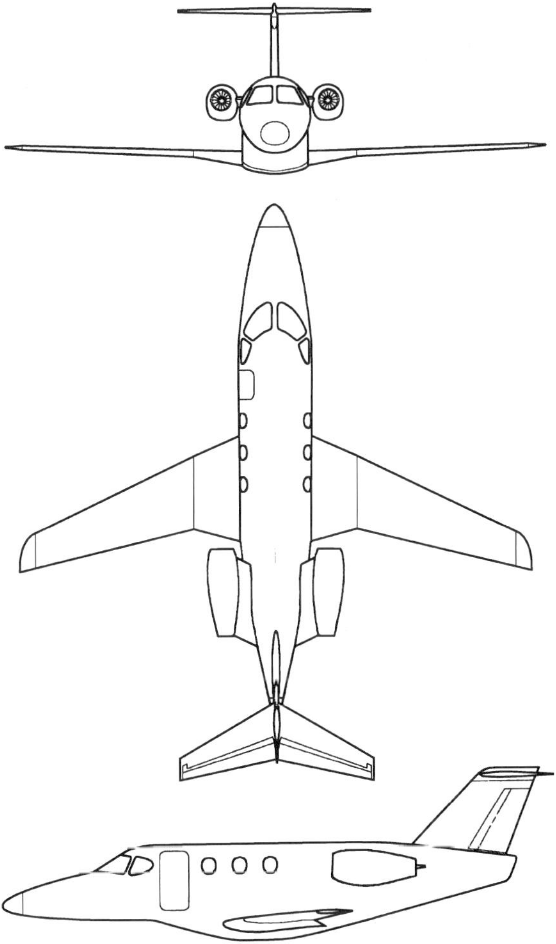

RAYTHEON HAWKER 800XP

Ursprungsland: Grossbritannien/USA.
Kategorie: Firmenflugzeug.
Triebwerke: Zwei Mantelstromtriebwerke AlliedSignal TFE731-5BR von je 2023 kp (20,00 kN) Standschub.
Leistungen: Max. Reisegeschwindigkeit 867 km/h auf 8840 m; ökonom. Reisegeschwindigkeit 741 km/h auf 11890 bis 13100 m; Dienstgipfelhöhe 13100 m; Reichweite mit max. Nutzlast 5318+ km, mit max. Treibstoffzuladung und VFR-Reserven 5560+ km.
Gewichte: Leergewicht 6676 kg; max. Startgewicht 12430 kg.
Zuladung: Zwei Piloten und normalerweise acht Passagiere in Einzelsitzen, bzw. bis zu 14 Passagiere in enger Bestuhlung. Max. Nutzlast 1306 kg.
Entwicklungsstand: Erstflug des Prototyps der neuesten Ausführung 800XP im Juni 1995. Diese wird neben der Variante 1000 (siehe Ausgabe 1997) hergestellt, wobei die Produktion der letzteren 1997 ausgelaufen ist. Die aus der Serie 800 abgeleitete SAR-Version U-125A (siehe Foto) ist für die japanische Luftwaffe bestimmt, welche einen Gesamtbedarf von 27 Maschinen hat (bisher deren 14 bestellt). Von allen Varianten sind bis heute deutlich über 900 Einheiten hergestellt worden.
Bemerkungen: Als neuestes Modell einer langen Serie ist die 800XP lanciert worden. Dank stärkerer Triebwerke erzielt sie deutlich höhere Leistungen, insbesondere bezüglich Geschwindigkeit, Steigleistung bei hohen Temperaturen und grösserer Reichweite. Dadurch schliesst sie an das Leistungsspektrum der 1000 an. Eine Ableitung der 800XP erhält Korea für Spionage- und Überwachungsaufgaben. Vier sind mit von E-Systems gebauten Funküberwachungssystemen und weitere vier mit einem Radar von Loral ausgerüstet.
Hersteller: Raytheon Corporate Jets, Wichita, Kansas, USA.

Abmessungen: Spannweite 15,66 m, Länge 16,42 m, Höhe 5,21 m, Flügelfläche 34,75 m^2.

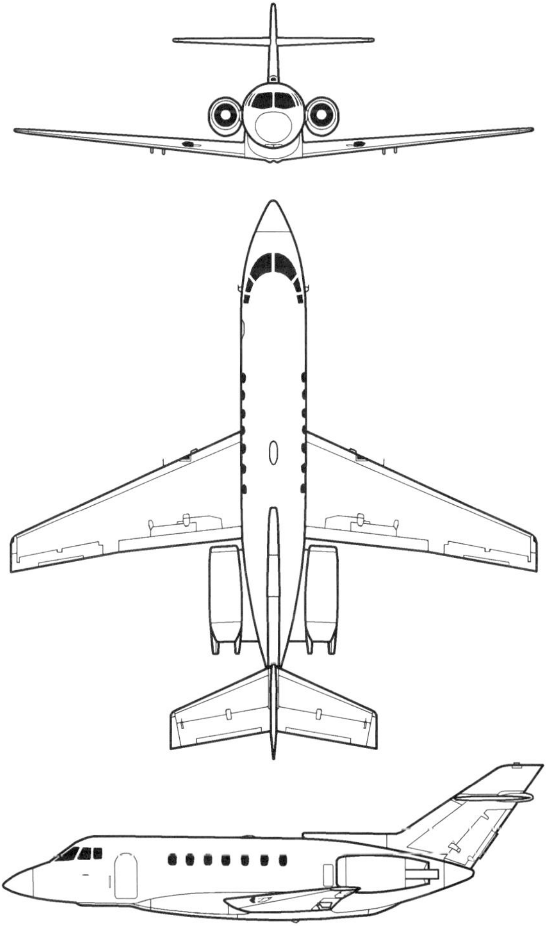

RAYTHEON/BEECH T-6A TEXAN II

Ursprungsland: USA/Schweiz.
Kategorie: Zweisitziger Basis- und Fortgeschrittenentrainer.
Triebwerke: Eine Propellerturbine Pratt & Whitney PT6A-68 von 1708 WPS (1275 kW) Leistung, reduziert auf 1100 WPS (820 kW).
Leistungen (PC-9): Höchstgeschwindigkeit bei einem Fluggewicht von 2250 kg 593 km/h auf 6100 m; Reisegeschwindigkeit 500 km/h auf Meereshöhe oder 556 km/h auf 6100 m; max. Anfangssteiggeschwindigkeit 20,83 m/Sek; Reichweite mit 20 Min. plus fünf Prozent Treibstoffreserven 1642 km auf 7620 m.
Gewichte (PC-9): Leer 1685 kg; Startgewicht (Akrobatik) 2250 kg bzw. (Schulung) 3200 kg.
Entwicklungsstand: Der erste Erprobungsträger (eine umgebaute PC-9) fliegt seit September 1992. Darauf stellte Beech zwei weitere Produktionsprototypen her (Erstflug 23. Dezember 1993). Vorgesehen ist, für die amerikanischen Streitkräfte insgesamt 711 Maschinen zu beschaffen: USAF 372, USN 339. Bisher sind 24 Einheiten bestellt. Die Ablieferungen beginnen 1998 an die USAF und 2001 an die USN. Chile will zwischen 16 und 25 Einheiten beschaffen, das NATO Flying Training (NFTC) deren 24.
Bemerkungen: Obwohl der PC-9 sehr ähnlich, wurde rund 70 % der Konstruktion neu definiert. Die wesentlichen Unterschiede sind: Verstärkte Rumpfstruktur und Cockpithaube, Druckkabine, Null-Null-Schleudersitze, neue digitale Elektronik (GPS, MLS, Antikollisionsanzeige, HUD), Einpunktbetankung. Die T-6A ist Bestandteil eines integrierten Trainingssystems, welches auch Simulatoren und übrige Logistik umfasst. Generalunternehmer ist die Tochtergesellschaft von Raytheon, Beech Aircraft.
Hersteller: Raytheon/Beech/Pilatus, Werk Wichita, Kansas, USA.

Abmessungen: Spannweite 10,21 m, Länge 10,17 m, Höhe 3,26 m, Flügelfläche 16,29 m^2.

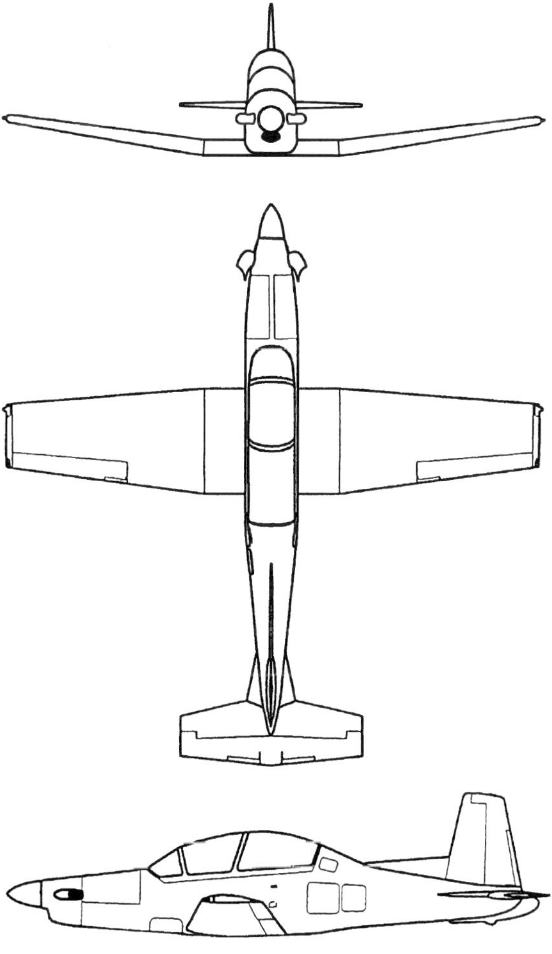

SAAB JAS 39 GRIPEN

Ursprungsland: Schweden.
Kategorie: Ein- oder zweisitziger Mehrzweckjäger.
Triebwerke: Ein Mantelstromtriebwerk General Electric/Volvo Flygmotor RM12 von 5510 kp (54 kN) Standschub ohne und 8210 kp (80,5 kN) mit Nachbrenner.
Leistungen (geschätzt): Höchstgeschwindigkeit in Meereshöhe 1470 km/h (Mach 1,2) bzw. auf 11000 m 2555 km/h (Mach 2,2); Dienstgipfelhöhe 20000 m; Einsatzradius als Abfangjäger mit zwei Rb24 Sidewinder und Rb72 Sky Flash 400+ km; Überführungsreichweite 3000 km.
Gewichte: Rüstgewicht 6622 kg; norm. Startgewicht ohne Aussenlasten 8000 kg, max. Startgewicht 12473 kg.
Bewaffnung: Eine 27-mm-Kanone Mauser BK27. Sechs Flügelstationen (inkl. zwei an den Flügelspitzen) für bis zu vier Luft-Luft-Lenkwaffen Rb72 Sky Flash und zwei Rb24 Sidewinder bzw. AIM-120 AMRAAM. Unter den Flügeln lassen sich auch Saab-Bofors RBS 15F-Lenkwaffen oder andere Schiffsbekämpfungswaffen mitführen; max. Waffenlast 4200 kg.
Entwicklungsstand: Der erste von fünf Prototypen nahm am 9. Dezember 1988 die Flugerprobung auf. Das erste Serienflugzeug wurde der schwedischen Luftwaffe am 8. Juni 1993 übergeben. Bisher sind über 40 Einheiten der Lose 1 und 2 abgeliefert worden. Bestellt sind vorderhand in drei Serien 204 Maschinen, 176 Einsitzer und 28 Doppelsitzer JAS 39B. Jährlich werden 20 Gripen hergestellt. Der Gesamtbedarf beträgt nach neuester Planung rund 280 Flugzeuge.
Bemerkungen: Für die Gripen oder JAS (**J**akt/**A**ttack/**S**paning) 39 sind zum Erfüllen der einzelnen Aufgaben keine Spezialversionen mehr nötig. Jede Gripen führt die entsprechende Software im Bordcomputer ständig mit und die zugehörigen Ausrüstungen sind modular und leicht austauschbar gestaltet. Für die Pilotenausbildung entstand die zweisitzige Trainingsvariante JAS 39B (Erstflug 29. April 1996, Einsatz ab 1998). Das dritte Los von 64 Maschinen wird einige Verbesserungen aufweisen, u.a. FADEC-Triebwerksteuerung, farbige Mulitfunktionsanzeigen und optionale Luftbetankungseinrichtung. Ein Erprobungsträger, ausgerüstet mit dem Eurojet EJ2000- oder GE414-Triebwerk, neuer Waffenelektronik wie auch Vektorsteuerung, soll in einigen Jahren fliegen.
Hersteller: Saab-Scania Aktiebolag, Linköping, Schweden.

Abmessungen: Spannweite 8,00 m, Länge 14,10 m, Höhe 4,70 m.

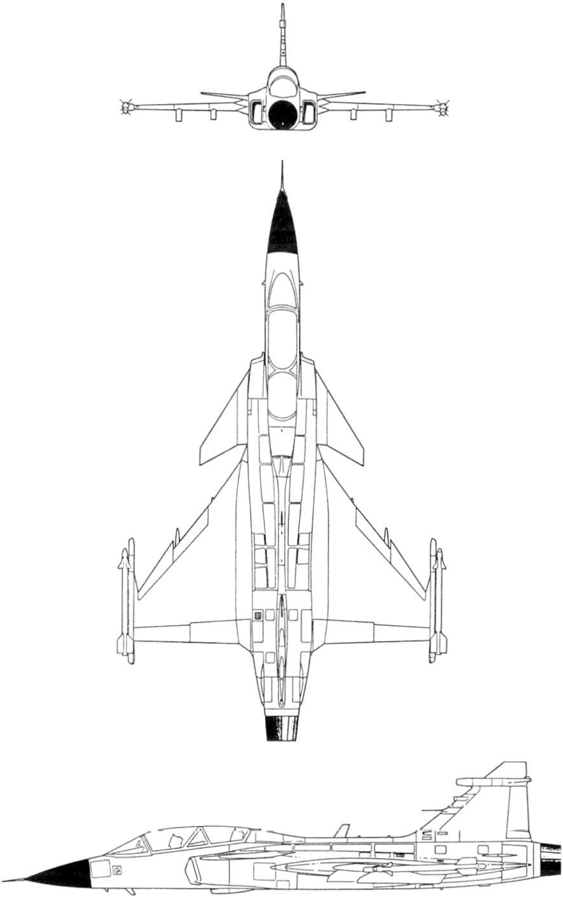

SAAB 2000

Ursprungsland: Schweden.
Kategorie: Regionalverkehrs- und Firmenflugzeug.
Triebwerke: Zwei Propellerturbinen Allison GMA 2100A von je 4152 WPS (3093 kW) Leistung inkl. automatischer Leistungsreserve.
Leistungen: Max. Reisegeschwindigkeit auf 7620 m 678 km/h; ökonom. Reisegeschwindigkeit auf 9450 m 556 km/h; Anfangssteiggeschwindigkeit 11,8 m/Sek; Dienstgipfelhöhe 9450 m; Reichweite mit 50 Passagieren und üblichen Reserven 2492 km, mit max. Nutzlast 1850 km.
Gewichte: Rüstgewicht 13900 kg; max. Startgewicht 22800 kg.
Zuladung: Zwei Mann Cockpitbesatzung. Typische Einrichtung für 50 Passagiere in Dreierreihen, maximal 58 Passagiere. Als Firmenflugzeug normalerweise 36 Passagiere.
Entwicklungsstand: Die Flugerprobung begann am 26. März 1992 mit dem Erstflug des Prototypen Nr. 1. Erstauslieferung an Kunden (Crossair) am 30. August 1994. Bis Ende 1997 lagen die Festbestellungen bei 58 Einheiten. Voraussichtlich wird die Produktion 1998 eingestellt, sofern keine neuen Aufträge eingehen. Von der Businessvariante hat General Motors drei Einheiten erhalten.
Bemerkungen: Die Saab 2000 ist eine erhebliche Weiterentwicklung der Saab 340B (siehe Ausgabe 1997). Bei gleichem Rumpfdurchmesser und in der Grundauslegung gleicher Flügelstruktur wurden Länge wie Spannweite wesentlich vergrössert. Besonderen Wert legte man bei der Festlegung dieses Musters auf Schnelligkeit und hohe Anfangssteigleistung. Gegenüber Regionalflugzeugen mit Strahlantrieb ist sie nur unwesentlich langsamer, aber dafür wirtschaftlicher im Betrieb. Auch die Saab 2000 ist mit dem **A**ctive **N**oise **C**ontrol-System (ANC) zur Reduktion des Kabinenlärms ausgerüstet. Eine Kombivariante für 39 Passagiere und 16,4 m3 Fracht bzw. 16 Passagiere und 29,6 m^3 Fracht wird neu angeboten. Analog zur Saab 340AEW&C entwickelt der Hersteller auch auf der Basis der Saab 2000 eine Radarfrühwarnvariante.
Hersteller: Saab-Scania Aktiebolag, Aerospace Division, Linköping, Schweden.

Abmessungen: Spannweite 24,76 m, Länge 27,03 m, Höhe 7,73 m, Flügelfläche 55,74 m².

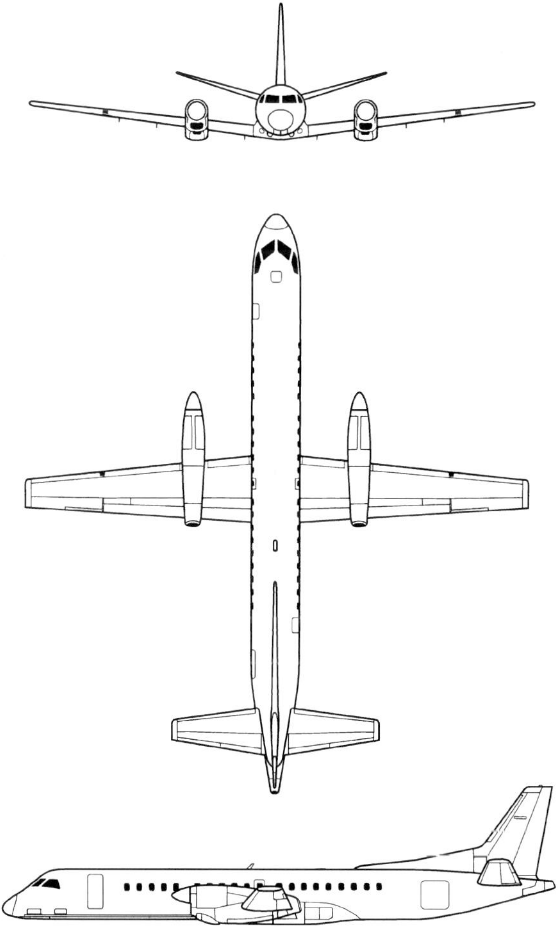

SHAANXI AIRCRAFT Y8C

Ursprungsland: Volksrepublik China.
Kategorie: Mittelschwerer militärischer und ziviler Transporter.
Triebwerke: Vier Propellerturbinen Zhuzhou J117-G13 von je 4277 WPS (3188 kW) Leistung.
Leistungen: Höchstgeschwindigkeit 640 km/h; Reisegeschwindigkeit 550 km/h; Anfangssteiggeschwindigkeit 7,8 m/Sek; Dienstgipfelhöhe 10050 m; Reichweite 5615 km.
Gewichte: Leergewicht 34760 kg; max. Startgewicht 61000 kg.
Zuladung: Fünf Mann Besatzung und bis zu 96 Soldaten bzw. 72 liegende und 20 sitzende Verletzte plus drei Pfleger; max. Nutzlast 20000 kg.
Entwicklungsstand: Die Version Y8C fliegt seit 17. Dezember 1990 und nahm den Dienst 1992 auf Die Ursprungsausführung S-8 nahm die Flugerprobung bereits am 25. Dezember 1974 auf. Vermutlich sind bisher in mehreren Varianten rund 50 Einheiten gebaut worden. Neben der chinesischen Luftwaffe haben Myanmar 2, Sri Lanka 2 und Sudan 2 Einheiten erhalten. Die Produktion läuft weiter.
Bemerkungen: Die Y-8 war vorerst ein Nachbau der sowjetischen Antonow An-12. Im Laufe der Jahre wurde der Entwurf aber weiter verfeinert und verbessert. Die neueste Ausführung Y8C entstand in Zusammenarbeit mit Lockheed. Neu wurde eine Druckkabine eingebaut. Den Frachtraum hat man so überarbeitet, dass an innerer Länge rund zwei Meter gewonnen wurden. Heckladetore und Fahrwerk sind ebenfalls neu. Die Y8C ist für zivile wie militärische Aufgaben geeignet. Eine vor einiger Zeit angekündigte Marinepatrouillenversion Y-8X soll zwar fliegen, von einem Serienauftrag ist bisher aber nichts bekannt. Die entsprechende Ausrüstung stammt weitgehend von westlichen Firmen, u.a. auch das Suchradar LTN-72 unter der Rumpfspitze von Litton.
Hersteller: Shaanxi Aircraft Company, Shaanxi, VR China.

Abmessungen: Spannweite 38,00 m, Länge 34,02 m, Höhe 11,16 m, Flügelfläche 121,86 m^2.

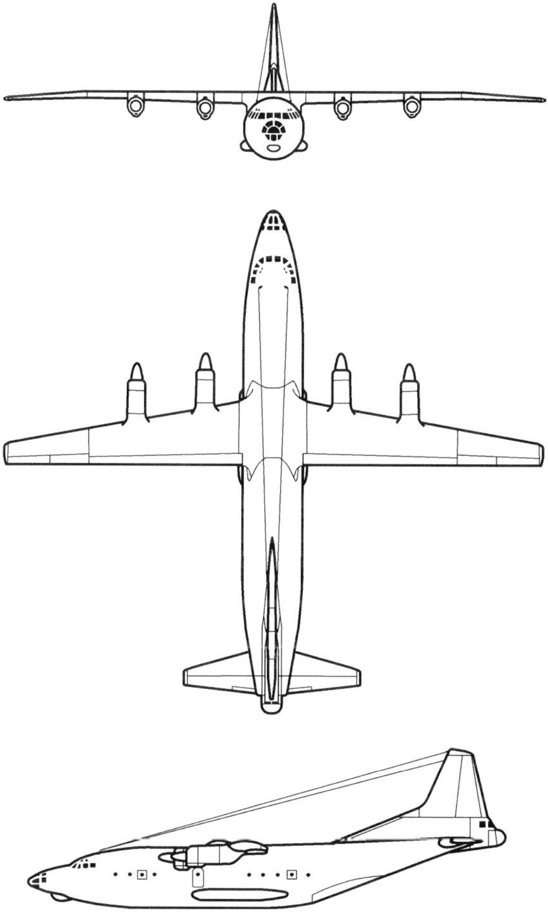

SHENYANG F-8 IIM FINBACK

Ursprungsland: Volksrepublik China.
Kategorie: Einsitziger Mehrzweckjäger.
Triebwerke: Zwei Mantelstromtriebwerke Guizou WP13A III von je 4350 kp (42,7 kN) Standschub ohne und 7000 kp (68,67 kN) mit Nachbrenner.
Leistungen: Kurzfristig erreichbare Höchstgeschwindigkeit 2340 km/h auf 11000 m (Mach 2,20); max. Anfangssteiggeschwindigkeit 224 m/Sek; Dienstgipfelhöhe 18500 m; Aktionsradius 500 km; Reichweite 1900 km.
Gewichte: Leergewicht 10371 kg; max. Startgewicht 18879 kg.
Bewaffnung: Eine doppelläufige 23-mm-Kanone sowie bis zu zwölf Luft-Luft-Lenkwaffen, beispielsweise aktivgesteuerte Vympel R-77 und halbaktive R-27R1. Aber auch Luft-Boden-Lenkwaffen Zvezda Kh-31 (AS-17 Krypton) sind vorgesehen.
Entwicklungsstand: Diese vorläufig letzte Ausführung der Finback (siehe auch Ausgabe 1989/90) flog als Prototyp erstmals am 31. März 1996. Die chinesische Luftwaffe soll die ersten Serienexemplare 1998 erhalten. Iran plant ebenfalls, die F-8 IIM zu beschaffen. Von den früheren Finback-Modellen sind bisher rund 150 Einheiten hergestellt worden.
Bemerkungen: Obwohl äusserlich von den vorangegangenen Mustern kaum zu unterscheiden, verfügt diese Variante über eine völlig überarbeitete Avionik. Die Kernneuheit ist das russische Multifunktions-Dopplerradar Phazotron Zhuk-8 II der jüngsten Generation. Dieses ist von jenem der MiG-29 abgeleitet. Das Multifunktions-Cockpit, ein integrales ECM-System sowie ein HUD einschliesslich INS/GPS ergeben ein sehr kampfstarkes Modell. Geprüft wird auch, die einheimischen WP-13A-Triebwerke durch russische des Typs RD-33 zu ersetzen.
Hersteller: Shenyang Aircraft Corp., Shenyang, Liaoing, Volksrepublik China.

Abmessungen: Spannweite 9,34 m, Länge 21,39 m, Höhe 5,41 m, Flügelfläche 42,20 m².

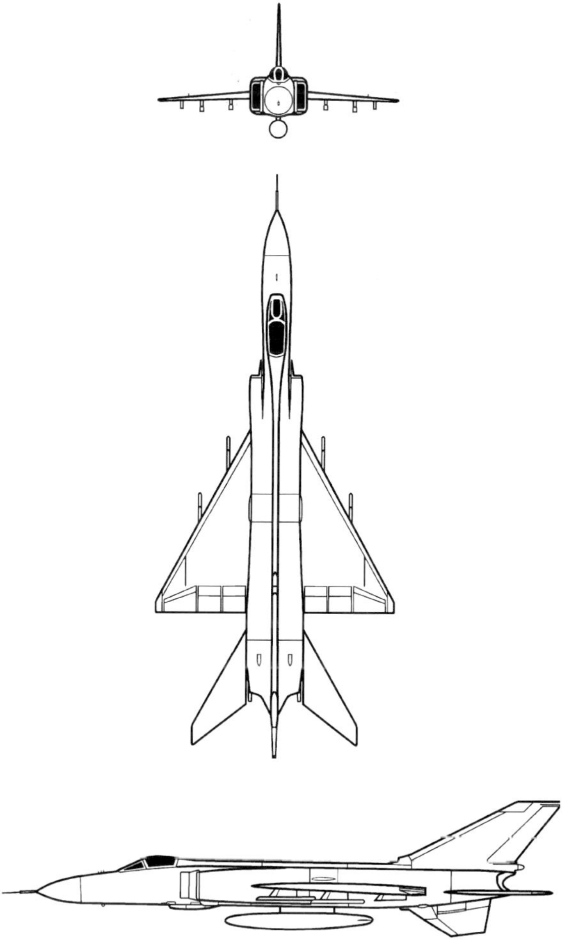

SIKORSKY (S-70A) UH-60L/CH-60 BLACKHAWK

Ursprungsland: USA.
Kategorie: Taktischer Transport- (UH-60L)/Versorgungshubschrauber (CH-60)/Kampfhubschrauber (MH-60L).
Triebwerke: Zwei Gasturbinen General Electric T700-GE-701C von je 1947 WPS (1448 kW) Leistung.
Leistungen: Höchstgeschwindigkeit 295 km/h auf 610 m; max. Reisegeschwindigkeit 268 km/h auf 1225 m; Dienstgipfelhöhe 5837 m; Schwebehöhe ohne Bodeneffekt 3390 m; Reichweite mit 30 Min. Reserven 600 km, mit zwei 870-l-Zusatztanks 1630 km.
Gewichte: Leer 5225 kg; max. Startgewicht 9975 kg, mit Aussenlasten 10433 kg, (MH-60L) 10700 kg.
Zuladung: Drei Mann Besatzung und elf vollausgerüstete Soldaten. Als Transporter bis zu 4100 kg Aussenlasten am Frachthaken.
Bewaffnung (MH-60L): Kombination von lasergesteuerten Anti-Tank-Lenkwaffen Hellfire, Flab-Lenkwaffen Stinger, 40-mm-Granatenwerfer, zwei 30-mm-Kanonen und 7,62-mm-Mini-Guns.
Entwicklungsstand: Die leistungsfähigere Version UH-60L des Grundmusters S-70A/UH-60A fliegt seit dem 22. März 1988, während die erste CH-60 seit 7. Oktober 1997 erprobt wird. Bisher sind über 2000 Blackhawks an viele militärische Organisationen geliefert worden. Neueste (Nach-)Bestellungen: Brasilien 4 (S-70A), Griechenland 2 (S-70B), Israel 15 (UH-60L), Japan 10 (UH-60JA), 8 (SH-60J), Kolumbien 7 (UH-60L), Taiwan 11 (S-70CM-2), Türkei 4+ (S-70B-28 Seahawk), US Army 58 (UH-60L), US Navy 42 (CH-60), 8 (HH-60G Pave Hawk).
Bemerkungen: Beim Flottenversorger CH-60 für die US Navy handelt es sich um eine Kombination zwischen der Armeeversion UH-60 und der Marineausführung SH-60. Der Rumpf stammt von der Erstgenannten, während das dynamische System einschliesslich des Faltmechanismus von der SH-60 übernommen werden. Nebst dem Frachttransport zwischen den Schiffen der US Navy ist die CH-60 auch für SAR-Einsätze und Versorgungseinsätze in die Kampfzone vorgesehen. Insgesamt sollen 250 Einheiten beschafft werden.
Hersteller: Sikorsky Aircraft, Stratford, Connecticut, USA.

Abmessungen: Rotordurchmesser 16,36 m, Rumpflänge 15,26 m, Höhe inkl. Rotormast 3,76 m.

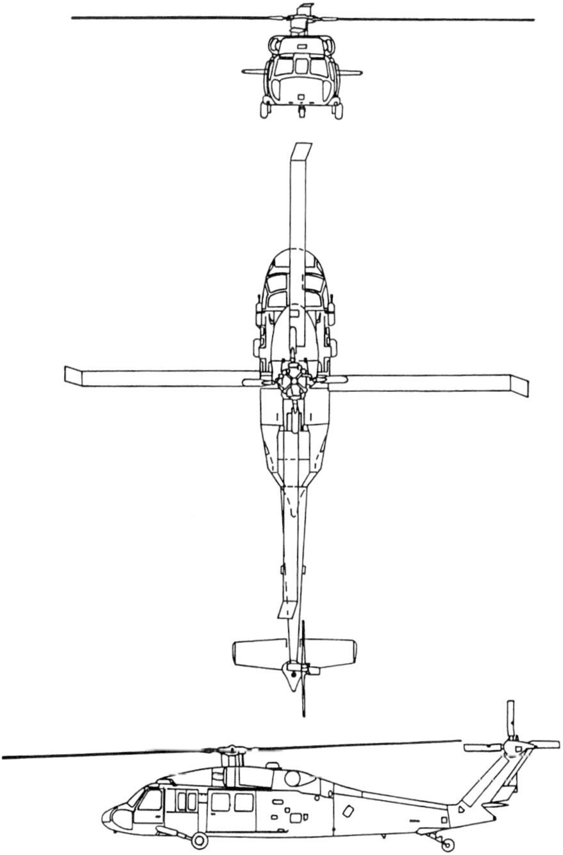

SIKORSKY S-76C

Ursprungsland: USA.
Kategorie: Ziviler Mehrzweck- und Transporthubschrauber.
Triebwerke: Zwei Gasturbinen Pratt & Whitney PT6B-36A von je 981 WPS (723 kW) oder Turboméca Arriel 1S1 von je 723 WPS (540 kW) Leistung.
Leistungen: Höchstgeschwindigkeit 287 km/h auf Meereshöhe; max. Reisegeschwindigkeit 269 km/h; max. Schrägsteiggeschwindigkeit 7,4 m/Sek; Dienstgipfelhöhe 3505 m; Reichweite mit normaler Treibstoffzuladung und 30 Min. Reserven 678 km auf 915 m.
Gewichte: Leer 2849 kg; max. Startgewicht 5307 kg.
Zuladung: Zwei Piloten und maximal 12 Passagiere; max. Nutzlast 2490 kg.
Entwicklungsstand: Der Prototyp der S-76C flog erstmals am 18. Mai 1990, jener der S-76C+ im November 1995. Von allen Versionen sind bisher über 500 Einheiten gebaut worden. Die spanische Luftwaffe hat acht S-76 als Trainer, die Japan Maritime Safety Agency wird bis zu 20 S-76C für SAR-Aufgaben erhalten, die Royal Thai Navy deren 6. Besteller der S-76: Philippinen 17, der H-76 Süd Korea 7+. Jährlich werden rund 24 S-76 hergestellt.
Bemerkungen: Die derzeit neueste in Produktion stehende Variante ist die S-76C+ mit Arriel-Triebwerken 2S1 von je 850 WPS (634 kW). Sie verfügt über ein integrales Instrumentensystem der zweiten Generation, welches bei geringem Gewicht eine grössere Zuverlässigkeit erlaubt. Gegenüber der nach wie vor hergestellten S-76C ist die Triebwerkleistung um 22 % höher. Entsprechend verbessern sich die Flugparameter. Sikorsky bietet nun ein überarbeitetes Cockpit der zweiten Generation an, welches die Arbeitsbelastung des Piloten reduzieren soll.
Hersteller: Sikorsky Aircraft, Stratford, Connecticut, USA.

Abmessungen: Rotordurchmesser 13,41 m, Rumpflänge 12,22 m, Höhe bei drehendem Heckrotor 4,41 m.

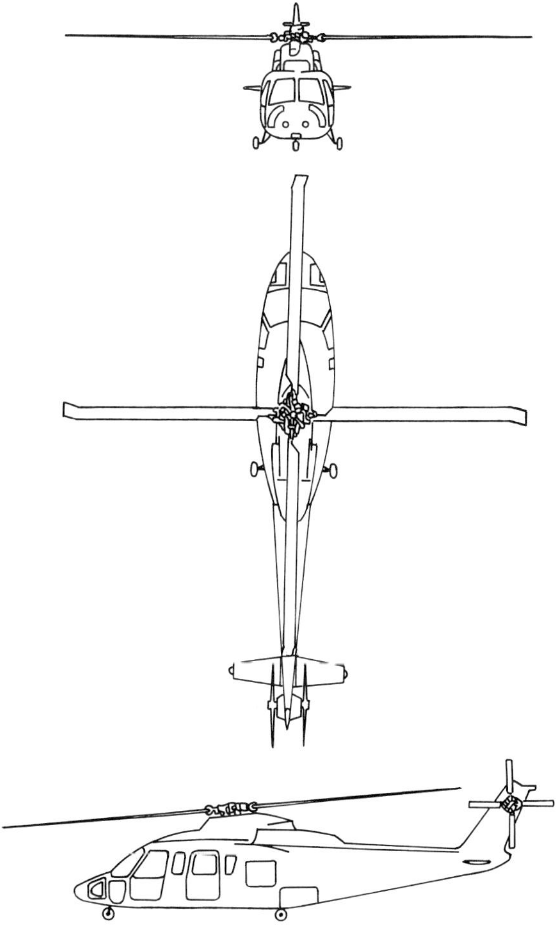

SIKORSKY S-92 HELIBUS

Ursprungsland: USA.
Kategorie: Passagier- und Mehrzweckhubschrauber für zivile wie auch militärische Aufgaben.
Triebwerke: Zwei Gasturbinen General Electric (S-92C) GE CT7-6D von je 1750 WPS (1305 kW) bzw. (S-92IU) CT7-8 von je 1800 WPS (1342 kW) Leistung.
Leistungen (geschätzt): Max. Reisegeschwindigkeit 287 km/h; Schwebehöhe mit Bodeneffekt 2897 m, ohne Bodeneffekt 1524 m; Reichweite (S-92C) 945 km (S-92IU) 890 km.
Gewichte: Max. Startgewicht 12020 kg.
Zuladung: Zwei Piloten und (S-92C) 19 bzw. (S-92IU) 22 Passagiere.
Entwicklungsstand: Das erste von fünf Erprobungsexemplaren ist im Januar 1998 fertiggestellt worden. Mit dem Erstflug wird Ende September 1998 gerechnet. Nach heutigen Plänen soll die Serienfertigung im Jahr 2000 beginnen. Bisher hat Sikorsky noch keine Bestellungen bekannt gegeben.
Bemerkungen: Zwei Ausführungen sind geplant: Die hauptsächlich für zivile Einsätze konzipierte S-92C sowie die Mehrzweckversion S-92IU. Während der Rumpf eine völlige Neukonstruktion darstellt, sind die meisten dynamischen Komponenten (Haupt- und Heckrotor, Rotorkopf) von der S-70 übernommen. Die geräumige Kabine soll einen Komfort wie ein Linienflugzeug offerieren, so z.B. bezüglich Lärm und Vibration. Das Fahrwerk ist einziehbar. Gegenüber der S-92C unterscheidet sich die S-92IU hauptsächlich durch weniger Fenster an den Seiten, dafür ist sie mit einer Heckladerampe versehen. An der Entwicklung sind nebst Sikorsky auch AID (Taiwan), Embraer (Brasilien), Gamesa (Spanien), Jingdezhen Helicopter Group (VR China) und Mitsubishi (Japan) beteiligt.
Hersteller: Sikorsky Aircraft, Stratford, Connecticut, USA.

Abmessungen: Rotordurchmesser 17,71 m, Rumpflänge 16,51 m, Höhe inkl. Rotorkopf 4,62 m.

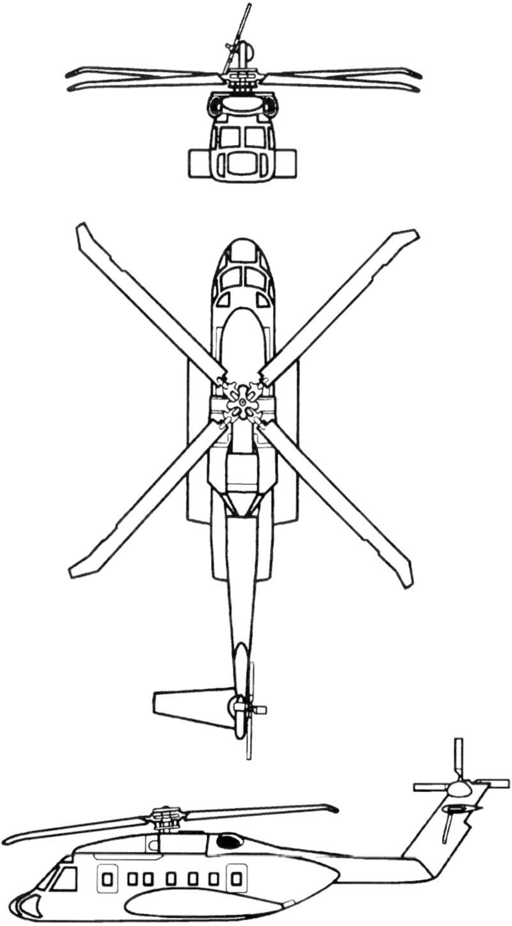

SINO-SWEARINGEN SJ30-2

Ursprungsland: USA (Taiwan).
Kategorie: Firmenflugzeug.
Triebwerke: Zwei Mantelstromtriebwerke Williams International FJ44-2A von je 1043 kp (10,23 kN) Standschub.
Leistungen: Höchstgeschwindigkeit Mach 0,83; max. Reisegeschwindigkeit auf 11582 m 882 km/h; Dienstgipfelhöhe 14935; Reichweite mit IFR-Reserven 4630 km.
Gewichte: Leergewicht 3175 kg; max. Startgewicht 5579 kg.
Zuladung: Ein oder zwei Piloten und bis zu sieben Passagiere; max. Nutzlast 635 kg.
Entwicklungsstand: Der Vorläufer SJ30 flog erstmals am 13. Februar 1991. Nach kurzer Flugerprobung wurde das Programm während mehrerer Jahre unterbrochen. Die Weiterentwicklung JS30-2 fliegt seit 8. November 1996 und soll Mitte 1999 zugelassen werden. Zwei weitere Maschinen nehmen an der Flugerprobung teil. Rund 75 SJ30-2 sollen bisher bestellt sein.
Bemerkungen: Das Projekt SJ30-2 hat eine lange Entwicklungszeit hinter sich, welche immer wieder meist wegen Finanzmangel vorübergehend eingestellt wurde. Absicht war es, ein kostengünstiges Firmenflugzeug mit fortschrittlicher Technologie anzubieten, welches insbesondere mit Propellerturbinenflugzeugen der gleichen Klasse konkurrenzieren könne. In der Zwischenzeit wurde der Prototyp überarbeitet, erhielt u.a. einen um 13 cm verlängerten Rumpf und neue Triebwerke. Flügel und Fahrwerk wurden ebenfalls überarbeitet. Diese Ausführung weist generell bessere Flugleistungen auf.
Hersteller: Sino-Swearingen (Werk Martinsburg, West Virginia), San Antonio, Texas, USA und Taipeh, Taiwan.

Abmessungen: Spannweite 12,90 m, Länge 14,32 m, Höhe 4,34 m.

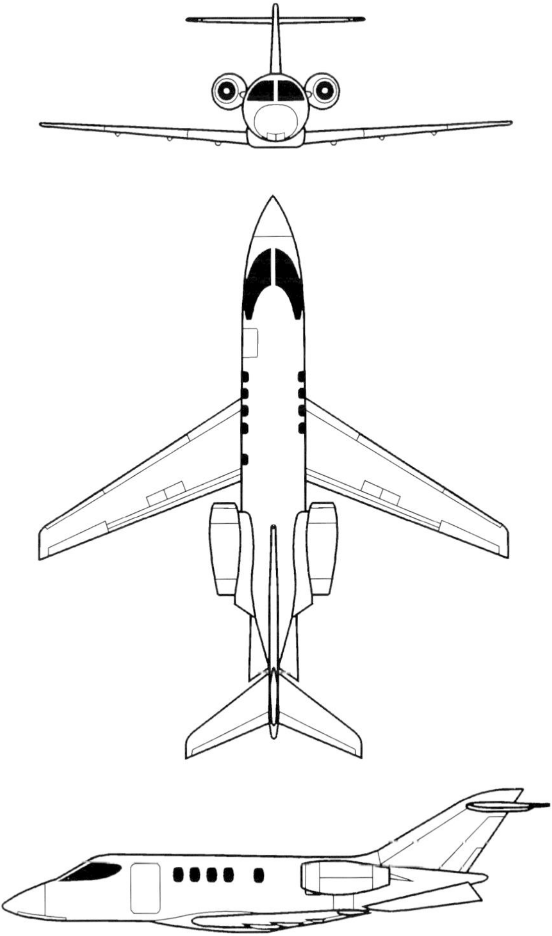

SOCATA TB 360 TANGARA

Ursprungsland: Frankreich.
Kategorie: Schul- und Reiseflugzeug.
Triebwerke: Zwei luftgekühlte Vierzylinder-Boxermotoren Textron Lycoming O-320-D1D von je 180 PS (135 kW) Leistung.
Leistungen: Höchstgeschwindigkeit auf Meereshöhe 311 km/h; Reisegeschwindigkeit 296 km/h; Anfangssteiggeschwindigkeit 5,9 m/Sek; Dienstgipfelhöhe 5305 m; Reichweite 1555 km.
Gewichte: Leergewicht 1174 kg; max. Startgewicht 1724 kg.
Zuladung: Ein bis zwei Piloten und zwei bis drei Passagiere.
Entwicklungsstand: Die Tangara wurde erstmals im Juni 1995 der Öffentlichkeit vorgestellt. Anfänglich sollte das Muster im russischen Flugzeugwerk Dimitriow hergestellt werden. Neu wird die Produktion aber bei Socata angesiedelt. Der erste Prototyp fliegt seit März 1997. Die derzeitige Auftragslage ist nicht bekannt.
Bemerkungen: Um einen rasch realisierbaren und kostengünstigen kleinen Zweimotorigen anbieten zu können, hat Socata auf die vor Jahren entwickelte und nur in kleinen Stückzahlen gebaute Grumman American GA-7 Cougar zurückgegriffen. Dieses Muster soll in erster Linie die Palette von Schulflugzeugen von Socata nach oben ergänzen und besonders für die Linienpiloten-Schulung geeignet sein.
Hersteller: Socata (Tochtergesellschaft von Aérospatiale), Suresnes, Frankreich.

Abmessungen: Spannweite 11,23 m, Länge 9,04 m, Höhe 3,16 m, Flügelfläche 17,09 m^2.

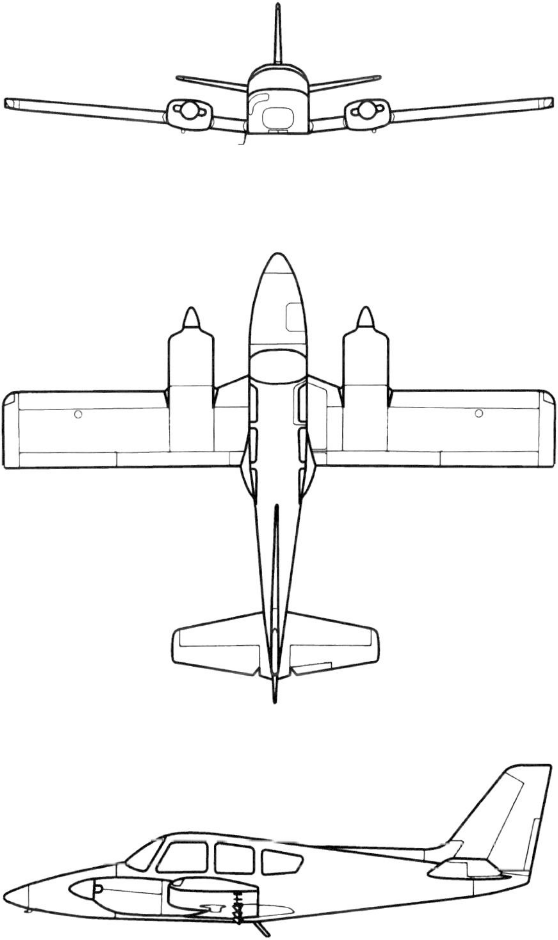

SOCATA TBM 700

Ursprungsland: Frankreich.
Kategorie: Leichtes Firmenflugzeug.
Triebwerke: Eine Propellerturbine Pratt & Whitney Canada PT6A-64 von 700 WPS (522 kW) Leistung.
Leistungen: Höchstgeschwindigkeit 556 km/h auf 7925 m; normale Reisegeschwindigkeit 523 km/h auf 9145 m; Langstrecken-Reisegeschwindigkeit 452 km/h auf 9145 m; Anfangssteiggeschwindigkeit 11,7 m/Sek; Dienstgipfelhöhe 9144 m; Reichweite mit sechs Passagieren 1900 km, mit max. Treibstoffzuladung 2871 km.
Gewichte: Leer 1860 kg; max. Startgewicht 2985 kg.
Zuladung: Ein bis zwei Piloten und bis zu sechs Passagiere. «Club»-Version mit vier Passagiersitzen und Mittelgang. Max. Nutzlast 1140 kg.
Entwicklungsstand: Der Prototyp der TBM 700 flog erstmals am 14. Juli 1988, gefolgt vom zweiten im August und vom dritten im Oktober 1989. Das erste Serienflugzeug startete am 24. August 1990 zum Erstflug. Die Produktion wurde angesichts der geringen Nachfrage mittlerweile auf 1,5 Einheiten im Monat reduziert. Bis Ende 1997 waren rund 120 TBM 700 fertiggestellt. Die französische Luftwaffe beschaffte bisher 19 TBM 700 und hofft, insgesamt 35 Maschinen kaufen zu können.
Bemerkungen: Die TBM 700 ist eine Gemeinschaftsentwicklung von Socata (Tochtergesellschaft von Aérospatiale) und Mooney Aircraft. Als druckbelüftetes Reiseflugzeug profitiert die TBM 700 von der Mooney M301, von welcher der Rumpf weitgehend übernommen wurde. Neu entwickelte Socata hingegen den Flügel und das Leitwerk. Socata bietet nun auch diverse militärische Varianten an, beispielsweise als Verbindungsflugzeug, Frachter, für ECM-Aufgaben oder als Zielschlepper.
Hersteller: Socata (Tochtergesellschaft von Aérospatiale), Suresnes, Frankreich.

Abmessungen: Spannweite 12,68 m, Länge 10,64 m, Höhe 4,35 m, Flügelfläche 18,00 m².

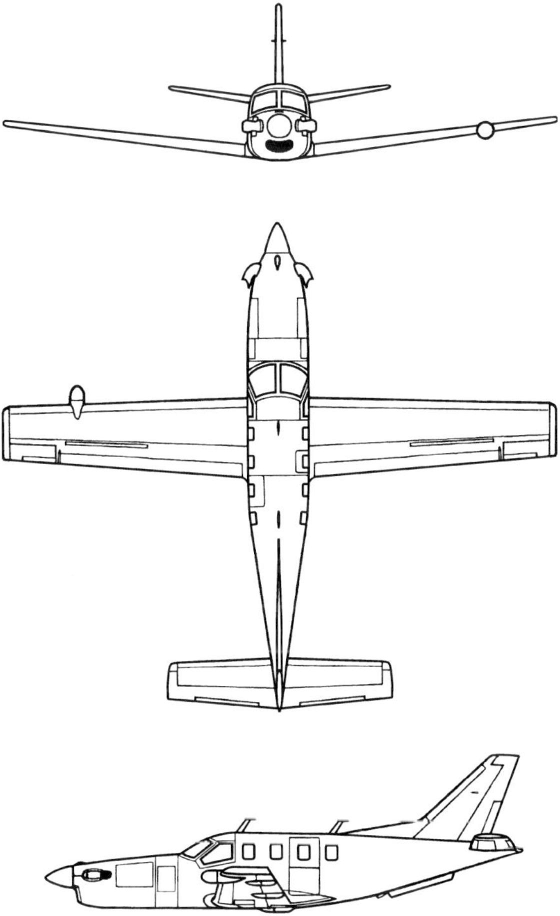

SUCHOJ SU-27SK/SU-30MK

Ursprungsland: Russland.
Kategorie: Einsitziger bordgestützter Abfangjäger (Su-27SK), zweisitziges landgestütztes Mehrzweckkampfflugzeug (Su-30M/MK).
Triebwerke: Zwei Mantelstromtriebwerke Saturn (Lyulka) AL-31F von je 8100 kp (79,43 kN) Standschub ohne und 12500 kp (122,60 kN) mit Nachbrenner.
Leistungen: Höchstgeschwindigkeit 2500 km/h auf 11000 m (Mach 2,35), 1345 km/h auf Meereshöhe (Mach 1,1); Dienstgipfelhöhe 18000 m; Einsatzradius im Unterschallbereich und mit je vier Luft-Luft-Lenkwaffen R-27 und R-73 1500 km; Reichweite mit max. Treibstoffzuladung 4000 km.
Gewichte (Su-30M): Startgewicht norm. 24000 kg; max. 33000 kg.
Bewaffnung: Eine sechsläufige 30-mm-Revolverkanone und (Su-27SK) bis zu zehn Luft-Luft-Lenkwaffen, typischerweise sechs AA-10 Alamo-Mittelstrecken- und vier AA-11 Archer-Kurzstreckenlenkwaffen, (Su-30M) div. Modelle von Boden-Luft-Lenkwaffen, Antischiffs-Lenkwaffen und Bomben aller Art bis zu 8000 kg an zwölf Aufhängepunkten unter dem Rumpf und den Flügeln.
Entwicklungsstand: Die Jagdversion Su-27SK fliegt seit 1984, die Mehrzweckversion Su-30M seit 30. Dezember 1989. Die Volksrepublik China erhält zurzeit 72 Su-27SK (siehe Silhouette). Anschliessend werden 200 Einheiten eventuell weiterentwickelter Ausführungen in Lizenz bei Shengyang unter der Bezeichnung Jianjiji-11 hergestellt. Weitere Besteller: Vietnam 10+ (Su-27SK), Indien 40 Su-30MK(I), Indonesien 12+ SU-30K.
Bemerkungen: Die doppelsitzige Ausführung Su-30M ist vorwiegend für Jagdbomber-Einsätze vorgesehen. Entsprechend dem Einsatzspektrum wurden anstelle des Allwetterradars ein neues Kampfelektroniksystem sowie ein Navigationssystem Loran eingebaut. Besonders die Heckpartie wurde überarbeitet und verstärkt. Sie verfügt über die gleichen Vorflügel wie die Su-27M (siehe Seiten 280/281). Eine Exportversion heisst Su-30MK, ebenfalls mit Vorflügeln und auf Wunsch mit zusätzlicher Vektorsteuerung (Su-MKI) der Su-27M/35/-37 ausgerüstet. Ein weiterer Unterschied zur SU-30M besteht in der Kampfelektronik.
Hersteller: Suchoj Design Bureau/KnAAPO, Werk Komsomolsk, Moskau, Russland.

Abmessungen: Spannweite 14,70 m, Länge ohne Bugsonde 21,90 m, Höhe 5,93 m, Flügelfläche 63,20 m^2.

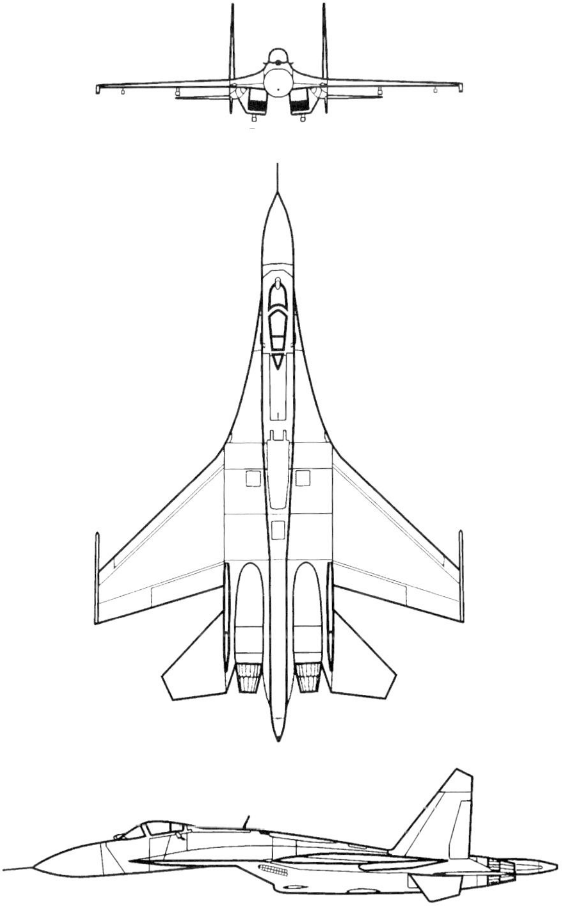

SUCHOJ SU-27M FLANKER

Ursprungsland: Russland.
Kategorie: Einsitziger Luftüberlegenheitsjäger.
Triebwerke: Zwei Mantelstromtriebwerke Saturn (Lyulka) AL-35F von je mindestens 9070 kp (88,9 kN) Standschub ohne und 14000 kp (137 kN) mit Nachbrenner.
Leistungen: Höchstgeschwindigkeit auf optimaler Höhe 2500 km/h (Mach 2,35), 1400 km/h auf Meereshöhe (Mach 1,14); Dienstgipfelhöhe 18000 m; Reichweite mit max. internem Treibstoff 4000 km, mit Luftbetankung über 6500 km.
Gewichte: Max. Startgewicht 34000 kg.
Bewaffnung: Eine sechsläufige 30-mm Revolverkanone GSh-301 und an 14 Aufhängepunkten an Rumpf und Flügeln eine Waffenlast von 8000 kg.
Entwicklungsstand: Die mittlerweile neu wieder als Su-27M (ex. Su-35) bezeichnete Weiterentwicklung der Su-27 fliegt seit Mitte 1988. Bisher sind rund ein Dutzend Exemplare hergestellt worden. Der letzte Prototyp als Erprobungsträger der Vektorsteuerung fliegt seit April 1996. Ein Serienbau steht immer noch aus.
Bemerkungen: Obwohl äusserlich vom Ausgangsmuster Su-27 nicht allzu unterschiedlich, findet im technologischen Bereich ein eigentlicher Sprung von der analogen zur digitalen Technik statt. Die Su-27M besitzt ein wesentlich leistungsfähigeres Mehrzweck-Radar neuester Scanner-Technolgie. Es kann Ziele bis zu einer Reichweite von 400 km entdecken und gleichzeitig 15 Flugzeuge bekämpfen. Eine verbesserte ECM-Ausrüstung mit «Jammers» an den Flügelspitzen wurde eingebaut. Das Cockpit ist mit CRT-Bildschirmen und HUD ausgerüstet, die Steuerung erfolgt auf Fly-by-wire-Basis. Weitere Merkmale: Kleine Vorflügel aus Verbundwerkstoffen zur Verbesserung der Wendigkeit sowie in den Seitenleitwerken integrierte Treibstofftanks. Ein Prototyp wurde mit einer Schubvektorsteuerung ausgerüstet. Damit werden Flugmanöver mit einem Anstellwinkel bis zu 120° und Kurvenradien von 50 Metern möglich! Zudem kann eine Art «Salto rückwärts» vollzogen werden, ohne die Flugkontrolle zu verlieren. Dafür ist sie mit leistungsstärkeren Saturn AL-37FU-Triebwerken ausgerüstet, deren Düsen sich vertikal um +/-15° schwenken lassen.
Hersteller: Suchoj Design Bureau/KnAAPO, Werk Komsomolsk, Moskau, Russland.

Abmessungen: Spannweite inkl. ECM-Pods 15,00 m, Länge ohne Bugsonde 21,90 m, Höhe 5,93 m, Flügelfläche 63,20 m^2.

SUCHOJ SU-27IB

Ursprungsland: Russland.
Kategorie: Zweisitziger Jagdbomber.
Triebwerke: Zwei Mantelstromtriebwerke Saturn (Ljulka) AL-35F von je rund 14000 kp (137 kN) Leistung mit Nachbrenner.
Leistungen (geschätzt): Höchstgeschwindigkeit 2500 km/h auf 11000 m (Mach 2,35), auf Meereshöhe 1400 km/h (Mach 1,35); max. Reichweite 4000 km.
Gewichte: Max. Startgewicht 44360 kg.
Bewaffnung: Zwei eingebaute 30-mm-Kanonen und eine Waffenlast von 8200 kg, z.B. Luft-Boden-Lenkwaffen Kh-25M (AS-10 Karen), Kh-29 (AS-14 Kedge), Kh-58 (AS-11 Kilter), Antiradar-Lenkwaffen Kh-31P oder Antischiffs-Raketen Kh-31A oder Kh-35 sowie gelenkte und freifallende Bomben aller Art. Zudem können Luft-Luft-Lenkwaffen R-73 oder RVV-Ae (R-77) mitgeführt werden.
Entwicklungsstand: Noch unter der Bezeichnung Su-27IB startete der erste Prototyp am 13. April 1990 zum Erstflug. Der danach als Su-34 bezeichnete erste Serienprototyp fliegt seit September 1993. Bisher sind drei Su-34 hergestellt worden. Die Serienproduktion, neu wiederum als Su-27IB bezeichnet, ist 1996 aufgenommen worden. Bisher sind rund sieben Su-27IB hergestellt.
Bemerkungen: Der augenfälligste Unterschied zum Ausgangsmuster Su-27 ist der völlig neu konstruierte Vorderrumpf mit Sitzen nebeneinander. Die Piloten verfügen über ein geräumiges, z.T. gepanzertes Cockpit, in dem man sogar stehen kann. Die Su-27IB ist mit kleinen Vorflügeln hinter dem Cockpit sowie mit bis an die Nase weitergezogenen Vorflügelkanten ausgerüstet. Für den harten Erdkampfeinsatz ist sie zudem punktuell verstärkt und verfügt über ein neues Hauptfahrwerk mit Doppelrädern hintereinander. Gegenüber dem Prototypen wurde der Heckkonus vergrössert, um Platz für einen Bremsfallschirm und ein rückwärts gerichtetes Radar zu schaffen. Zudem ist das Seitenleitwerk etwas kleiner. Einem Prototypen wurde ein modernstes Mehrzweckradar Leninetz mit hochauflösender Kartendarstellung sowie ein Inertial-Navigationssystem mit GPS eingebaut. An den Flügelspitzen sind die gleichen ECM-Pods Sorbtsiya-S der Su-27M montiert. Eine Aufklärer-/ECM-Version soll ebenfalls hergestellt werden.
Hersteller: Suchoj Desing Bureau, Sovjet Aerospace Industries Association, Werk Novosibirsk, Moskau, Russland.

Abmessungen: Spannweite 14,70 m, Länge 23,95 m, Höhe 6,10 m, Flügelfläche 62,00 m^2.

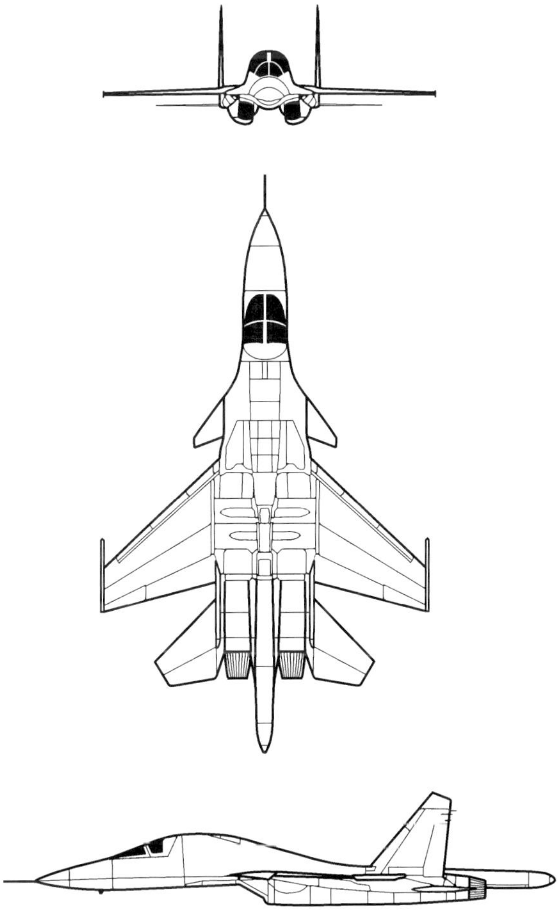

SUCHOJ S-37 BERKUT

Ursprungsland: Russland.
Kategorie: Hochmanövrierfähiger Lufüberlegenheitsjäger bzw. Erprobungsträger.
Triebwerke: Entweder zwei Mantelstromtriebwerke Lyulka/Saturn AL-41F von 8100 kp (79,43 kN) Standschub ohne und 12500 kp (122,60 kN) mit Nachverbrennung oder Aviadvigatel D-30F6 von je 15300 kp (151,9 kN) Standschub mit Nachverbrennung.
Leistungen: Höchstgeschwindigkeit 2500 km/h in grossen Höhen, 1400 km/h auf Meereshöhe; Dienstgipfelhöhe 18000 m; Reichweite etwa 3300 km.
Gewichte: Max. Startgewicht 34000 kg.
Bewaffnung: Waffen zum Teil in sog. «konformen» Vertiefungen unter dem Rumpf, zusammen aber mit konventionellen Waffenstationen unter den Flügeln insgesamt 14 Aufhängepunkte.
Entwicklungsstand: Der Prototyp flog erstmals am 1. Oktober 1997. Soweit bekannt, ist vorderhand kein Serienbau geplant.
Bemerkungen: Nachdem seit Jahren über eine Su-32 bzw. S-37 spekuliert wurde, aber nie genaue Angaben erhältlich waren, ist nun durch den für viele überraschend erfolgten Erstflug dieses Projekt offenbar in eine konkretere Phase getreten. Leider sind vorerst noch sehr wenige Informationen erhältlich. Deshalb sind alle hier gemachten Angaben noch mit Vorsicht zu geniessen. Auffallend bei der S-37 sind die nach vorne gepfeilten Hauptflügel, offenbar vollständig aus Verbundwerkstoff. Zudem wurden hinter dem Cockpit noch zwei Entenflügel angebracht. Der ganze Rumpf ist mit einer radarabsorbierenden Schicht bedeckt. In der Grösse gleicht dieser zweimotorige Jäger der Su-27 (siehe Seiten 278/279). Der Entwurf ist aber sehr stark auf gute Manövrierbarkeit und extreme Anstellungswinkel ausgelegt. Im Rahmen der Flugerprobung wird der Prototyp zu einem späteren Zeitpunkt mit Schubvektorsteuerung ausgerüstet. Sehr gross ausgefallen sind die Triebwerkseinlässe, ergänzt durch auf beiden Seiten des Rumpfes plazierte zusätzliche Luftöffnungen. Die S-37 besitzt offenbar einen Fanghaken.
Hersteller: Suchoj Desing Bureau/KnAAPO, Moskau, Russland.

Abmessungen: Spannweite 16,70 m, Länge 22,60 m.

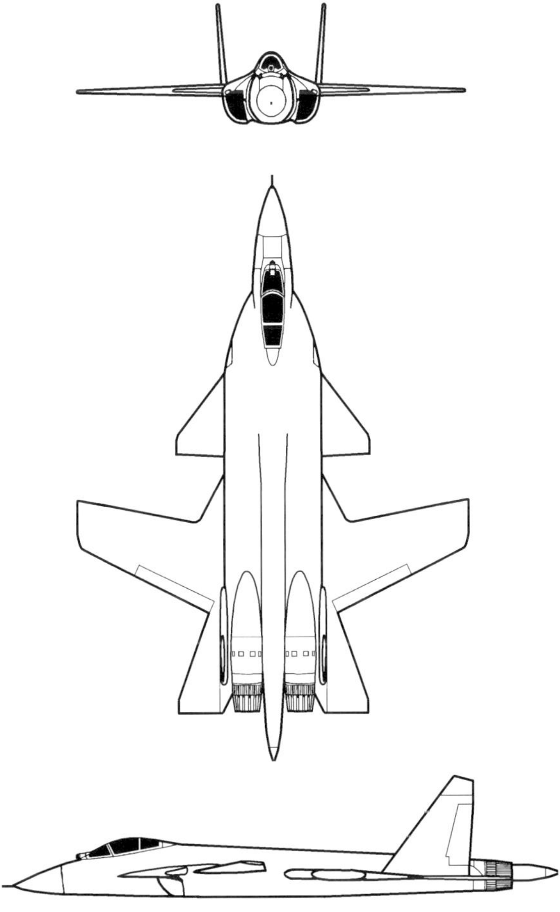

SUCHOJ S-80

Ursprungsland: Russland.
Kategorie: Leichtes Passagier- und Mehrzweckflugzeug.
Triebwerke: Zwei Propellerturbinen General Electric CT7 (Lizenzbau Rybinsk Motors) von rund 1800 WPS (1341 kW) Leistung.
Leistungen (provisorisch): Höchstgeschwindigkeit 480 km/h.
Gewichte (provisorisch): Max. Startgewicht 9000 kg.
Zuladung: Zwei Piloten und bis 26 Passagiere.
Entwicklungsstand: Der Prototyp befindet sich in Bau und soll Anfang 1998 die Flugerprobung aufnehmen. Bisher ist nichts über den Bestellungseingang bekannt.
Bemerkungen: Dieses leichte Mehrzweckflugzeug ist gedacht, die Nachfolge der noch zahlreich im Einsatz befindlichen An-24/26, An-28 sowie Yak-40 anzutreten und ist als Konkurrenzprodukt zur An-38 (siehe Seiten 36/37) anzusehen. Der Prototyp wird eine kombinierte Passagier-/Frachtausführung sein. Eine gestreckte Variante für bis zu 32 Passagiere ist geplant. Der Verkaufspreis soll mit rund US$ 6.5 bis 7 Mio. recht günstig sein. Für die heutige Zeit recht eigenwillig ist das Doppelrumpfleitwerk als Verlängerung der Triebwerkgondeln, welches aus Stabilitätsgründen mit dem Heck des Rumpfes durch grosse Verstrebungen verbunden ist. Voraussichtlich erhalten alle S-80 eine Heckladerampe. Für die russische Grenzwacht soll eine Patrouillenversion S-80PT abgeleitet werden, welche unter den Flügeln mit leichten Waffen (Maschinengewehr-Behälter, ungelenkte Raketen, Kurzstrecken-Luft-Luft-Lenkwaffen usw.) ausgerüstet werden kann. Im Bug ist ein Überwachungsradar eingebaut.
Hersteller: Suchoj Design Bureau/KnAPPO, Werk Komsomolsk-Amur, Moskau, Russland.

Abmessungen (provisorisch): Spannweite 32,16 m, Länge der Rumpfgondel 16,68 m, Höhe 5,58 m.

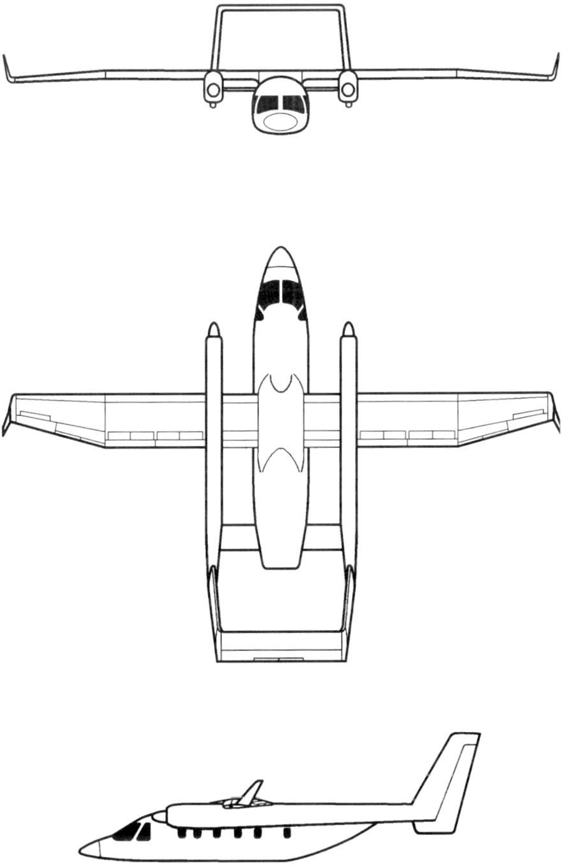

TUPOLEW TU-204/TU-214

Ursprungsland: Russland.
Kategorie: Mittelstrecken-Verkehrsflugzeug.
Triebwerke: Zwei Mantelstromtriebwerke (Tu-204/-214) Perm (Solowiew) PS-90 von je 16000 kp (156,9 kN) oder (Tu-224) Rolls Royce RB.211-535E4 von je 18930 kp (193 kN) Standschub.
Leistungen (Tu-204 mit PS-90-Triebwerken): Max. Reisegeschwindigkeit 850 km/h auf 10650 m; ökonom. Reisegeschwindigkeit 810 km/h; Dienstgipfelhöhe 12200 m; Reichweite mit 196 Passagieren 3850 km, mit max. Nutzlast 2500 km; max. Reichweite (Tu-234) 9000 km.
Gewichte: Leer 56500 kg; max. Startgewicht (Tu-204) 93850 kg.
Zuladung: Zwei Mann Cockpitbesatzung und bis zu 214 Passagiere in Sechserreihen mit Mittelgang in Einheitsklasse oder, bei gemischten Klassen, 12 Erstklasse-, 47 Businessklasse- und 111 Touristenklassepassagiere. Max. Nutzlast als Frachter 29000 kg.
Entwicklungsstand: Der erste Prototyp der Tu-204 flog am 2. Januar 1989. 1997 begann nach erfolgter Zulassung die Auslieferung an die ersten Kunden: U.a. Aviastar 20, Balkan 16, KrasAir 10, Sirocco 15. Die erste mit RR-Triebwerken ausgestattete Ausführung Tu-224 fliegt seit August 1992; 30 Einheiten dieser Version (+ 200 Letters of Intent) hat die ägyptische Kato-Gruppe bestellt.
Bemerkungen: Um ein möglichst geringes Leergewicht zu erzielen, wurden in weiten Bereichen neue Werkstoffe, meist Kunststoffe angewandt. Das Cockpit ist mit sechs Farbbildschirm-Anzeigegeräten ausgerüstet. Weitere Neuerungen sind die vollelektrische Steuerung, ein superkritisches Flügelprofil und das dreifache Inertial-Navigationssystem. Die oben beschriebene Variante Tu-204 wird durch eine Version Tu-214 (siehe Silhouette, Erstflug 22. März 1996) ergänzt, welche dank höherem Startgewicht von 110000 kg grössere Reichweiten ermöglicht. Beide haben russische Triebwerke und Avionik. Die mit westlichen Motoren und Elektronik ausgerüstete Ausführung heisst Tu-224. Folgende weitere Varianten werden angeboten: Tu-204C Frachter; Langstreckenausführung Tu-234 (siehe Ausgabe 1997) mit einem um rund 6,00 m verkürzten Rumpf und Abfluggewicht von 103000 kg bzw. Kurzstreckenversion mit einem Abfluggewicht von 84800 kg und einer Reichweite von 3400 km.
Hersteller: Tupolew Joint Stock Comp., Werke Ulyanovsk (Tu-204/-224) und Kazan (Tu-214), Moskau, Russland.

Abmessungen: Spannweite 42,00 m, Länge 48,00 m, Höhe 13,90 m, Flügelfläche 184,1 m².

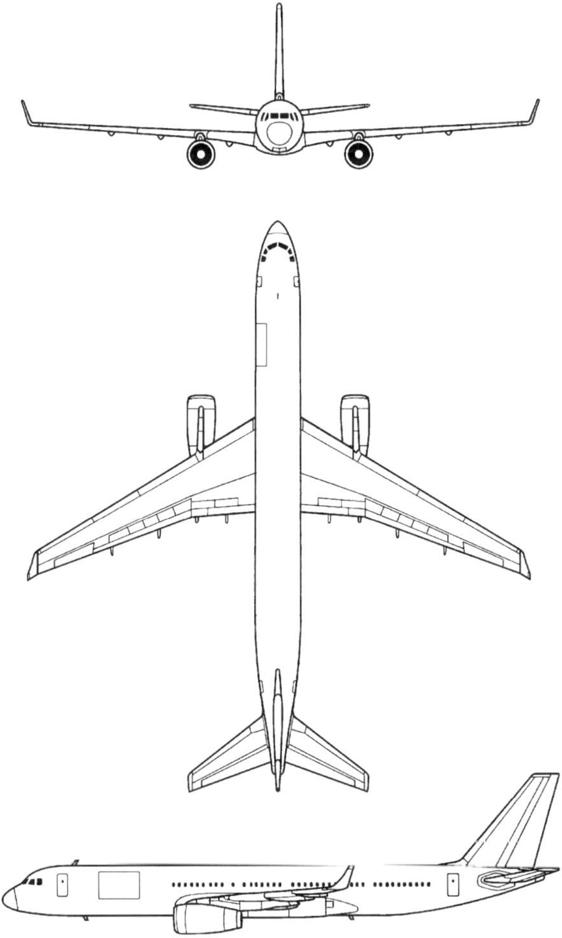

TUPOLEW TU-334-100

Ursprungsland: Russland.
Kategorie: Kurz- und Mittelstreckenverkehrsflugzeug.
Triebwerke: Zwei Mantelstromtriebwerke (-100) ZMDB/Zaporozheye/ Lotarew D-436T1 von je 7500 kp (73,5 kN) oder (-120) BMW Rolls-Royce BR 715-48 von je ca. 6800 kp (67,0 kN) Standschub.
Leistungen (nach Angaben des Herstellers): Norm. Reisegeschwindigkeit 800 – 820 km/h; Dienstgipfelhöhe 11100 m; Reichweite mit einer Nutzlast von 9251 kg (= 102 Passagiere) 3000 km, mit 5500 kg bis zu 4000 km.
Gewichte: Leergewicht 30050 kg; max. Startgewicht 43600 kg.
Zuladung: Zwei bis drei Mann Besatzung und normal 86 Passagiere in einer Zweiklasseneinrichtung oder maximal 110 Passagiere in Sechserreihen mit Mittelgang. Nutzlast 11000 kg.
Entwicklungsstand: Der erste Prototyp wurde der Öffentlichkeit am 22. August 1995 vorgestellt. Offensichtlich aus Finanzmangel steht der Erstflug aber immer noch aus. Drei Erprobungsmuster sind geplant. Bisher haben 13 Gesellschaften Optionen für rund 160 Einheiten unterzeichnet.
Bemerkungen: Die Tu-334 ist als Nachfolgemuster der noch in grosser Zahl eingesetzten Tu-134 gedacht. Nebst der hier beschriebenen Ausführung war ursprünglich auch eine verlängerte Version mit Propfan-Triebwerken vorgesehen. Diese ist aber mittlerweile aufgegeben worden. Der Rumpf weist gegenüber vergleichbaren Mustern einen wesentlich grösseren Querschnitt auf. Er ist in weiten Teilen von der Tu-204 übernommen. Die Avionik entspricht dem heutigen Standard. In der Konstruktion werden in weiten Bereichen neue Werkstoffe eingesetzt. Bereits sind unter der Bezeichnung Tu-334C eine Frachtausführung sowie eine um 3,90 m verlängerte Tu-354 geplant. Letztere wird mit D-436T-2-Triebwerken mit einem Schub von 8210 kp (80,5 kN) und grösseren Flügeln ausgerüstet sein. Bei einem Abfluggewicht von 54800 kg können 126 Passagiere mitgenommen werden.
Hersteller: Tupolew Joint Stock Comp., Werke Kiew und Taganrog, Moskau, Russland.

Abmessungen: Spannweite 29,80 m, Länge 31,26 m, Höhe 9,38 m, Flügelfläche 83,2 m^2.

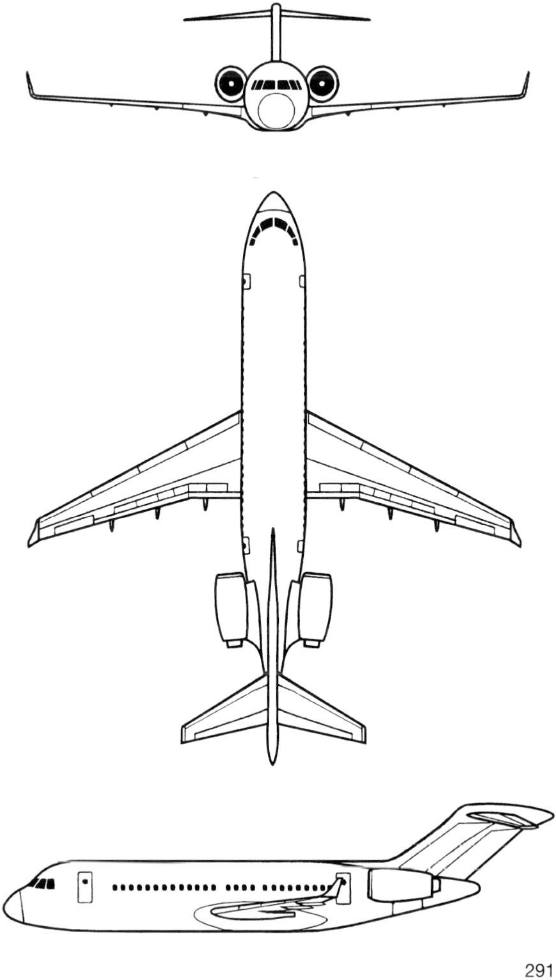

VISIONAIRE VA-10 VANTAGE

Ursprungsland: USA.
Kategorie: Firmenflugzeug.
Triebwerke: Ein Mantelstromtriebwerk Pratt & Whitney Canada JT15D-5 von 1315 kp (12,9 kN) Leistung.
Leistungen: Max. Reisegeschwindigkeit auf 12500 m 650 km/h; Anfangssteiggeschwindigkeit 20,33 m/Sek, Dienstgipfelhöhe 12500 m; Reichweite mit 45 Minuten Reserve 1540 km; Überführungsreichweite 2000 km.
Gewichte: Leergewicht 1842 kg; max. Startgewicht 3175 kg.
Zuladung: Pilot und bis zu sechs Passagiere; max. Nutzlast 558 kg.
Entwicklungsstand: Ein Konzepterprobungsträger flog erstmals am 16. November 1996. Zwei eigentliche Prototypen folgen bis Mitte 1998. Die Auslieferung soll in der zweiten Hälfte von 1999 beginnen. Bisher sollen mehr als 100 Einheiten bestellt worden sein.
Bemerkungen: Die Vantage ist das erste Firmenflugzeug, das vollständig aus Verbundwerkstoffen hergestellt und entsprechend leicht ist. Einige der typischen Konstruktionsmerkmale der Vantage sind die nach vorne gepfeilte Tragfläche und die beiden Triebwerkeinlässe oberhalb des Rumpfes. Der Erprobungsträger noch ohne Druckkabine wurde bei Scaled Composites in Mojave, Kalifornien, USA, hergestellt, während die etwas längeren Serienflugzeuge im neu errichteten Werk Ames, Ohio, produziert werden. Das futuristisch aussehende Cockpit von AlliedSignal umfasst u.a. ein Wetterradar, GPS und ein Flight Management System. Die VA-10 soll das erste Muster einer ganzen Familie von kostengünstigen Flugzeugen sein, begonnen beim zweisitzigen Schulungsflugzeug, über eine vierplätzige Variante bis zu einer grösseren Ausführung der heutigen Vantage. Alle wären aber nach dem gleichen Prinzip aufgebaut und hätten in etwa den gleichen Flügel. Die VA-10 soll nur US$ 1,65 Mio. kosten und somit in Konkurrenz zu vergleichbaren, mit Propellerturbinen angetriebenen Modellen treten.
Hersteller: VisionAire Corp., Chesterfield/St. Louis, Missouri, USA.

Abmessungen: Spannweite 14,87 m, Länge 12,71 m, Höhe 4,21 m, Flügelfläche 20,55 m^2.

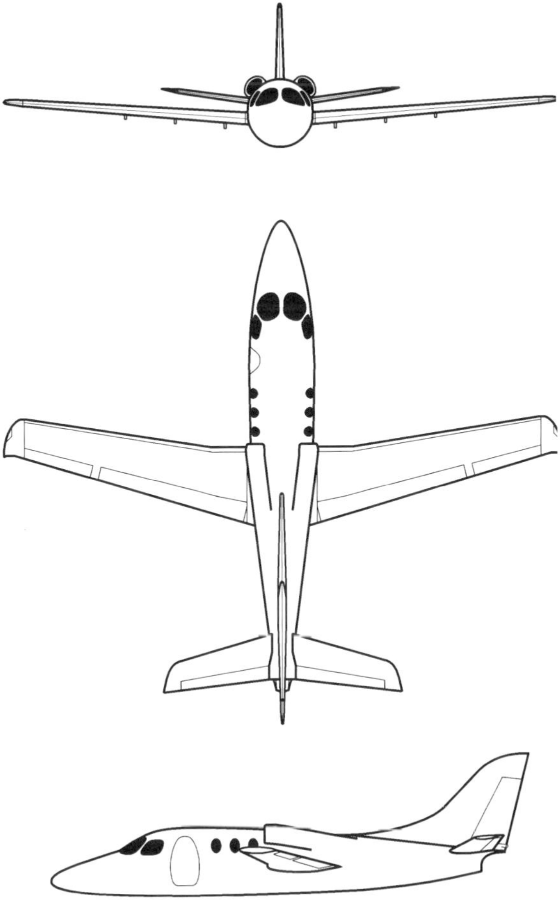

WESTLAND LYNX

Ursprungsland: Grossbritannien.
Kategorie: Militärischer Mehrzweckhubschrauber für Armee- (Battlefield Lynx) und Marineeinsätze (Super Lynx).
Triebwerke: Zwei Gasturbinen Rolls-Royce Gem 42-1 von je 1120 WPS (835 kW) Leistung.
Leistungen: Max. Reisegeschwindigkeit 256 km/h auf Meereshöhe; normale Reisegeschwindigkeit 230 km/h; Schrägsteiggeschwindigkeit 10 m/Sek; Reichweite bei taktischem Einsatz 685 km; Dauer einer Anti-Tank-Mission 46 km von der Basis entfernt 2 Std.
Gewichte: Rüstgewicht 3943 kg; max. Startgewicht 5125 kg.
Zuladung: Ein bis zwei Piloten und je nach Einsatzzweck bis zu 12 Personen in der Kabine. Als Rettungshubschrauber drei bis acht Patienten samt Pfleger; Rettungswinde von 272 kg Tragkraft.
Bewaffnung: Als Panzerabwehrhubschrauber besteht die Möglichkeit, an bis zu acht Aufhängepunkten TOW-, HOT- oder Hellfire-Lenkwaffen mitzuführen; als Schiffsabwehr-Hubschrauber und U-Boot-Jäger bis zu vier Lenkwaffen Sea Skua, AS12TT oder zwei Penguin.
Entwicklungsstand: Erstflug dieser vorläufig letzten Version am 29. November 1989. Die Royal Army erhielt 16 neue und 8 umgebaute AH. Mk.9. Neueste Bestellungen für die Marineversion Super Lynx HAS Mk.8: BRD zusätzliche 7 Mk. 88, Korea 13 zusätzliche Super Lynx, Malaysia (3+), Portugal 5 und Brasilien 8.
Bemerkungen: Die Marineversion Super Lynx wird derzeit in drei Ausführungen angeboten: Srs.100 mit Rolls-Royce Gem 42-1-Triebwerken und Hauptrotor aus Verbundwerkstoff, 360°-Seaspray-Radar im Rumpfbug und konventionellem Cockpit; Srs.200 in ähnlicher Konfiguration, aber mit LHTEC CTS800-Triebwerken und FADEC-System; Srs.300-Topausführung zusätzlich mit Night-Vision-Goggles (NVG), Glascockpit, digitaler Avionik und doppelt reduntantem Databus Mil-Std.-1553D.
Hersteller: Westland PLC, Yeovil, Somerset, Grossbritannien.

Abmessungen: Rotordurchmesser 12,80 m, Rumpflänge mit gefalteten Rotorblättern 13,24 m, Höhe inkl. Rotorkopf 3,50 m.

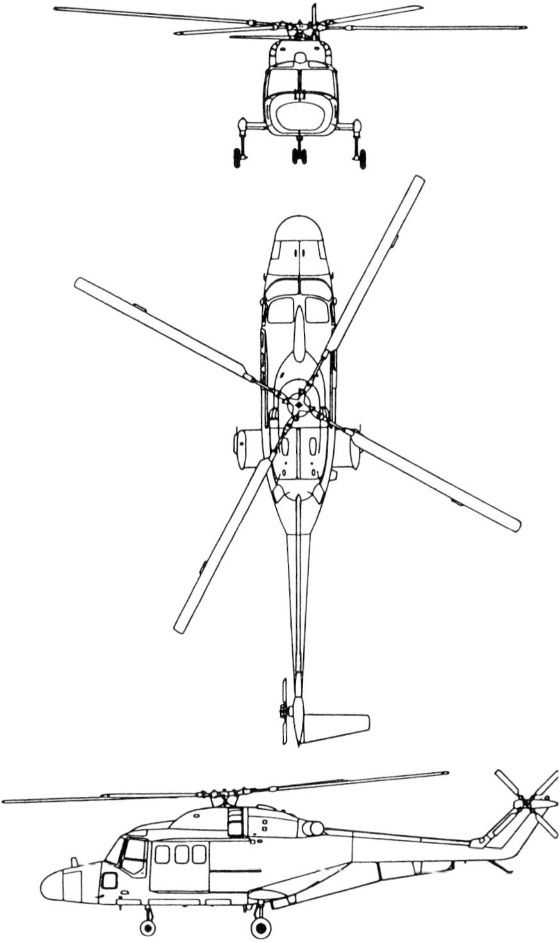

XIAN YUN-7-200A

Ursprungsland: Volksrepublik China.
Kategorie: Kurzstrecken-Passagier-, Kombi- und Frachtflugzeug.
Triebwerke (Y-7-200B): Zwei Propellerturbinen Dongan WJ5A-1 von je 2917 WPS (2175 kW) bzw. (Y-7-200A) Pratt & Whitney Canada PW127C von je 2750 WPS (2050 kW) Leistung.
Leistungen: Reisegeschwindigkeit 456 km/h; Anfangssteiggeschwindigkeit 8,05 m/Sek; Dienstgipfelhöhe 6000 m; Reichweite mit max. Nutzlast 1000 km, mit max. Treibstofffüllung 2646 km.
Gewichte: Leergewicht 14000 kg; max. Startgewicht 21800 kg.
Zuladung: Zwei Piloten und normal 56 Passagiere oder bei dichter Bestuhlung 60 Passagiere; max. Nutzlast als Frachter 5500 kg.
Entwicklungsstand: Erstflug der Y7H-500 Ende 1988, der Y7-200A im 3. Quartal 1993. Von allen Ausführungen sind bisher gegen 100 Maschinen aller Versionen an meist chinesische Fluggesellschaften sowie an diverse Luftwaffen geliefert worden.
Bemerkungen: Diese ursprünglich aus der damals sowjetischen An-24/26 abgeleitete Ausführung wurde in verschiedenen Etappen wesentlich weiterentwickelt. Derzeit werden folgende Varianten angeboten und gebaut: Passagier- bzw. Executiveversion Y7-100, Y7-100A mit Winglets, Y7-100C mit westlicher Avionik von Rockwell Collins und verlängertem Rumpf, die Commuterversion Y7-200A sowie die zivilen und militärischen Frachter Y7-200B und Y7H-500 mit Heckladerampe.
Hersteller: XI AN Aircraft Company, Xi'an, Shaanxi, VR China.

Abmessungen: Spannweite 29,20 m, Länge 24,71 m, Höhe 8,85 m, Flügelfläche 74,98, m^2.

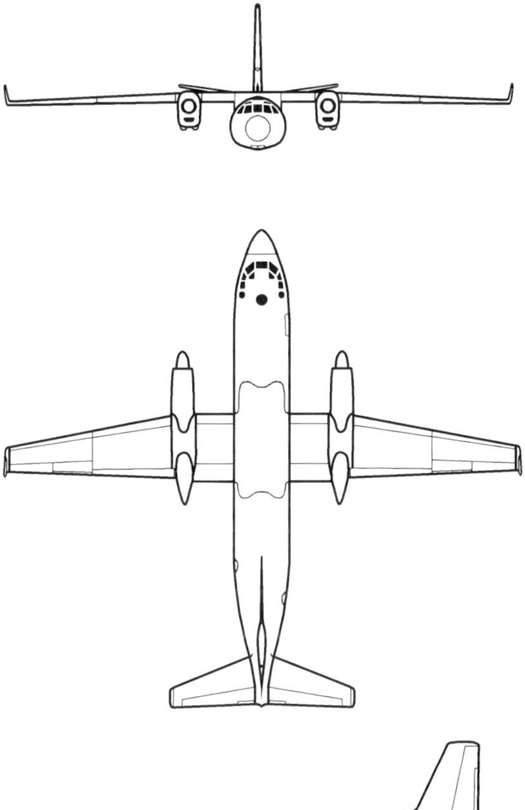

YAKOWLEW YAK-130

Ursprungsland: Russland.
Kategorie: Zweisitziger Fortgeschrittenentrainer.
Triebwerke: Zwei Mantelstromtriebwerke (Prototyp) Povarske Stroyary DV-2 bzw. (Serie) Klimow RD-35M von je 2220 kp (22,0 kN) Standschub.
Leistungen (nach Angaben des Herstellers): Höchstgeschwindigkeit auf optimaler Höhe 1000 km/h+, auf Meereshöhe 850 km/h+; Anfangssteiggeschwindigkeit 75 m/Sek; Reichweite mit normaler Treibstoffzuladung 2200 km; max. Überführungsreichweite 2500 km.
Gewichte (geschätzt): Normales Startgewicht 6200 kg; max. Startgewicht 9000 kg.
Entwicklungsstand: Der erste von voraussichtlich vier Prototypen startete mit grosser Verspätung am 25. April 1996 zum Erstflug. Mit der Indienststellung wird 1999 gerechnet, nachdem die russische Flugwaffe kürzlich vorerst zehn Exemplare bestellt hat. Der Bedarf wird mit 800 Maschinen angegeben. Die Slowakei zeigt ebenfalls Interesse an der Yak-130 sowie an der Yak-131.
Bemerkungen: Mit diesem Modell bewirbt sich Yakowlew zusammen mit vier anderen Herstellern für die Nachfolge der heutigen Trainingsflugzeuge Aero L 29 Delfin und L 39 Albatros bei der russischen Luftwaffe. Sie soll die wichtigsten Flugmanöver der heutigen Kampfflugzeuggeneration Su-27/35 und MiG-29 für die Schulung ausführen können. Die Entwicklung der Yak-130 erfolgt in Kooperation mit der italienischen Aermacchi. Die Konstruktion ist von konventioneller Art und besonders robust ausgelegt. Ungewöhnlich sind der komplexe Deltaflügel mit den ovalen Triebwerkeinläufen. Das Triebwerkmanagement (FADEC) ist vollständig digitalisiert, ebenso die übrige Avionik. Die Flugsteuerung stützt sich auf ein vierfach redundantes FBW-System ab. Die Serienmaschinen werden in den Dimensionen rund 15 % kleiner sein. Bereits wird eine einsitzige Erdkämpferversion Yak-131 studiert, allenfalls ausgerüstet mit dem amerikanischen Triebwerk AlliedSignal F124.
Hersteller: OKB Alexander S. Yakowlew, Werke Nizhniy Novgorod und Saratow, Russland.

Abmessungen: Spannweite 10,40 m, Länge 11,24 m, Höhe 4,76 m, Flügelfläche 23,50 m^2.

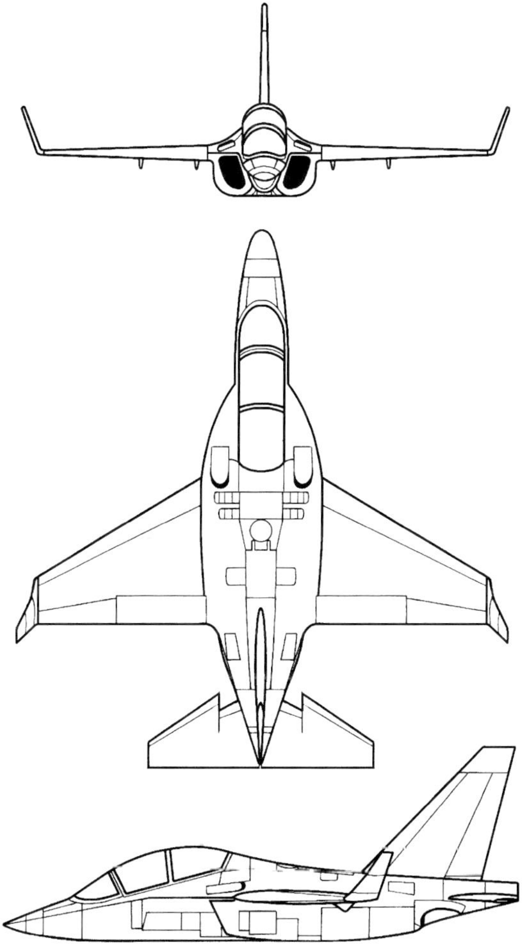

VERZEICHNIS DER FLUGZEUGTYPEN

ABKÜRZUNGEN IM TEXT

Aéronavale = Französische Marineluftwaffe
AAM = **A**ir-to **A**ir-**M**issile, Lenkwaffen gegen feindliche Flugzeuge
AEW/C = **A**irborne **E**arly **W**arning/**C**ommand, fliegende Radarfrühwarn- und Kommandoflugzeuge
ALAT = **A**viation **L**égère de l'**A**rmée de **T**erre, französische Heeresluftwaffe
Armée de l'Air = Französische Luftwaffe
ASTOR = **A**irborne **St**and-**O**ff **R**adar
ASW = **A**nti-**S**ubmarine **W**arfare, U-Boot-Bekämpfung
AWACS = **A**irborne **W**arning **A**nd **C**ontrol **S**ystem, Frühwarnflugzeug
COMINT = **COM**munications **INT**elligence, Fernmelde-Aufklärung
CRT = **C**athode-**R**ay-**T**ube, Kathodenröhren-Anzeigen
Doppler = Doppler-Radar zur Geschwindigkeitsmessung und zum Erkennen von beweglichen Objekten in der Luft und am Boden
ECM = **E**lectronic **C**ounter **M**easures, Sammelbegriff für alle Massnahmen zur Störung feindlicher Funk- und Radareinrichtungen auf elektronischem Weg
EFIS = **E**lectronic **F**light **I**nstrument **S**ystem, Elektronische Bildschirmanzeigeinstrumente
Elint = **El**ectronics **Int**elligence, elektronische Aufklärung
FADEC = **F**ull **A**uthority **D**igital **E**ngine **C**ontrol, Digitales Triebwerkmanagement-System
FBW = **F**ly **B**y **W**ire, Steuerung des Flugzeuges mittels elektrischen Impulsen
FLIR = **F**orward-**L**ooking **I**nfra**R**ed, Infrarot-Nachtsichtgerät
GFK = **G**las**f**aserverstärkter **K**unststoff
GPS = **G**lobal **P**ositioning **S**ystem, präzise Navigationshilfe mittels Satelliten
HOTAS = **H**ands-**O**n-**T**hrottle-**A**nd-**S**tick, alle wichtigen Bedienungsfunktionen sind im Steuerknüppel vereinigt
HUD = **H**ead-**U**p **D**isplay, Blickfelddarstellungsgerät. Die wichtigsten Flugdaten werden auf die Frontscheibe projiziert
IFR = **I**nstrument **F**light **R**ules, Instrumentenflugregeln
LANTIRN = **L**ow-**A**ltitude **N**avigation **T**argeting **IR** for **N**ight, Tiefflugnavigations- und Infrarot- Angriffssystem für Nachteinsätze
MAD = **M**agnetic **A**nomaly **D**etection, Magnetometer, Gerät zum Aufspüren magnetischer Unregelmässigkeiten (Einsatz zur U-Boot-Bekämpfung)
RAAF = **R**oyal **A**ustralien **A**ir **F**orce, australische Luftwaffe
RAF = **R**oyal **A**ir **F**orce, britische Luftwaffe
RN = **R**oyal **N**avy, britische Marineluftwaffe
RNZAF = **R**oyal **N**ew **Z**ealand **A**ir **F**orce, neuseeländische Luftwaffe
SIGINT = **SIG**nals **INT**ellingence, Funkaufklärung
STOL = **S**hort **T**ake-**O**ff and **L**anding, Kurzstart und -landung
USAF = **U**nited **S**tates **A**ir **F**orce, Luftwaffe der USA
USCG = **U**nited **S**tates **C**oast **G**uard, Küstenwache der USA
USMC = **U**nited **S**tates **M**arine **C**orps, Marineinfanterie der USA
USN = **U**nited **S**tates **N**avy, Marine der USA
VFR = **V**isual **F**light **R**ules, Sichtflugregeln
VTOL = **V**ertical **T**ake-**O**ff and **L**anding, Senkrechtstart und -landung
WPS = **W**ellen-**PS**, Leistung einer Propeller- oder Gasturbine, gemessen an der Welle; der Restschub wird nicht berücksichtigt, Englisch: shp (Shaft Horse Power)